HEYNE FILMBIBLIOTHEK

RAINER DICK

LAUREL & HARDY

DIE GRÖSSTEN KOMIKER ALLER ZEITEN

Originalausgabe

WILHELM HEYNE VERLAG
MÜNCHEN

HEYNE FILMBIBLIOTHEK
Nr. 32/221

Herausgeber: Bernhard Matt
Redaktion: Rolf Thissen

*Für meine Eltern und für Marita,
weil sie meine Verehrung für Laurel & Hardy
erdulden und während der Entstehung dieses
Buches oft auf mich verzichten mußten.*

Dank an Hermann

SEHT, DIE STERNE SIND EIN ALTES FEUER
UND DIE NEUERN FEUER LÖSCHEN AUS.

(Rainer Maria Rilke)

Copyright © 1995 by Wilhelm Heyne Verlag GmbH & Co. KG, München
Printed in Germany 1995
Umschlagfoto: Archiv Dr. Karkosch, Gilching
Rückseitenfoto: Bildarchiv Engelmeier, München
Innenbilder: Sämtliche Abbildungen stammen aus dem Archiv des Autors
Umschlaggestaltung: Atelier Ingrid Schütz, München
Herstellung: H+G Lidl, München
Satz: Ebner Ulm
Druck und Bindung: Ebner Ulm

ISBN 3-453-09006-3

Inhalt

Vorwort *Von Hanns Dieter Hüsch* 7

ERSTER TEIL
Das Leben von Laurel & Hardy

45 Minuten nach Hollywood	11
Pflück' dir einen Star	32
Laß' sie lachen	44
Sie steigen auf	62
Nichts als Ärger	87
Schmutzige Arbeit	106
Das fliegende Doppel	116
Ich und mein Kumpel	131
Söhne der Wüste	137

ZWEITER TEIL
Die Komik von Laurel & Hardy

Mal wieder ein schöner Schlamassel	145
Unsere Frau	149
Ihr schwacher Augenblick	159
Wie du mir, so ich dir	169
Lange Leitung	181
Knirpse	185
Wir gehen zaubern	195
Die Music-Box	205
Stan und Ollie in Deutschland	214

FILMOGRAFIE

1. Die Filme von Oliver Hardy	231
2. Die Filme von Stan Laurel	235
3. Die Filme von Laurel & Hardy	236
4. Kompilationsfilme	272
Bibliografie	276
Anmerkungen	279
Register	283

Vorwort

Von Hanns Dieter Hüsch

Ich habe ihnen jahrelang gegenüber gestanden. Ich stand in einem Studio der Beta-Film in Unterföhring hinter einem Stehpult und sah auf eine Leinwand, um zur rechten Zeit für jede Filmschleife die entsprechenden Takes zu sprechen, und oft waren es mehrere Personen, die ich dialogisch verbinden mußte. Dann kam noch der Erzähler dazu. Dann noch ein Hund. Dann noch Husten, Prusten und Niesen, und natürlich sie.
Mein Synchronregisseur Heinz Caloué sagte mir immer, den Ollie nimm fester und dunkler und den Stan leichter und heller. Und wir erfanden für Stan ein fast philosophisches Kichern und für Ollie ein hartes Räuspern. Das war alles nicht so schwierig. Auch daß ich allein im Studio stand und von 9 bis 17 Uhr oft 180 bis 200 Takes mit Sprache versah, hysterischen Damen, verquasten Professoren, dampfenden Bäckern, kreischenden Polizisten und exaltierten Neureichen meine kleine Stimme lieh.
Nein, ich mußte immer lachen, und das ging ja nicht, ich mußte auch immer traurig sein. Das ging auch nicht, und so wurde ich ständig hin und her gerissen von diesen komischen Tragikern, diesen beiden verlorenen zweisamen Einzelgängern. Ich bin kein Cineast, kein Filmwissenschaftler und kein Kritiker. Ich weiß zwar, was ein »Double Gag« ist, und unter einem »Fade away« kann ich mir auch etwas vorstellen. Aber ansonsten bin ich mit der Technik der Komik nicht sehr vertraut und erlebe einfach diese Kunst von der Hand in den Mund. Und nicht nur als gelegentliches Zerstreuungsmittel, sondern ganz einfach: Ich möchte auch so sein, und zwar nicht so sehr wegen der Sahnetorten-Schlachten oder der Wasser- und Schlamm-Schlachten, sondern mehr wegen des geradezu exakt vorgeführten Unvermögens, unsere Welt zu akzeptieren, sich einzurichten und dann erwachsen zu werden.
Genau das wollen diese beiden nicht und verschreiben sich einer infantilen Anarchie, um zuletzt nur mit den Schultern zu zucken oder mit leeren Händen um Verzeihung zu bitten. In unseren Landen nennt man sie ja Dick und Doof. Ein typisch deutscher Schnell-Titel. »Stan und Ollie« wäre besser gewesen, denn doof sind die beiden keinesfalls. Sie sind nur von einer ganz anderen Intelligenz, nämlich einer chaotischen, und die brauchen sie auch, denn wer körperlich so unbeholfen ist, muß die Unbeholfenheit derart auf die Spitze treiben, um sich im Dickicht der Realitäten zurechtzu-

finden. Unvermögen leitet zu Trotz über, und der Trotz zur Unlogik, und so beginnt langsam die Eskalation, die zu den Ausschreitungen der Fantasie und zu den Entartungen des Herzens führt, wo man dann jegliche Kontrolle verliert und die Groteske ausgiebig Kirmes feiert.

Dahinter muß ein unabwendbarer Hang zum »reinen Unsinn machen« liegen. Sie bitten sich gegenseitig zum Tanz, wobei Ollie zunächst immer der Sicherere, der Elegantere, der Geschulture ist, aber Stan durch unberechenbares Aus-der-Reihe-Tanzen das Duo eigentlich zusammenhält und für Aufregung sorgt, wobei es manchmal zu Zusammenstößen kommt, die Ollie dann zu bereinigen versucht, und daraus ergeben sich neue Bekanntschaften oder neue Verfolgungen. Rein oder raus, sich erheben oder sich ducken, vormachen und nachmachen und falsch machen, neu machen und alles noch schlimmer machen und verschwinden.

Dafür gibt es keine Erklärung, keine direkte Philosophie, sondern es passiert. Und das ist gut so. Das ist Spiel. Und jede(r) von uns könnte es spielen – es traut sich nur keine(r). Stan und Ollie konnten es, und sie konnten es einfach auch so, wie es Hal Roach, der ja neben Mack Sennett gewissermaßen der Schöpfer des Slapstick war, gesagt hat: »Gerade die großen Komödianten spielen Kinder oder die Dinge, die Kinder tun. Eins der großen Geheimnisse einer erfolgreichen Komödie ist, alles mit Kindheit in Verbindung zu bringen. Stan Laurel und Oliver Hardy haben ihr ganzes Handwerk darauf aufgebaut.« Stimmt. Ich kenne beide seit meiner Kindheit. Sonntagnachmittags gingen wir Kinder für dreißig Reichspfennig in einen Film mit Dick und Doof. Und heute, sechzig Jahre später, bin ich immer noch fasziniert.

Sie können ihren Überlebensängsten nicht entrinnen, und so flüchten sie sich, wie auf Kommando, aber ganz langsam, schrecklich langsam, in die nächste Zerstörungsorgie, vernichten seelenruhig Häuser, Autos und Pianos, und wenn sie nach getaner Arbeit locker die Hände zusammenklatschen, um den Staub von den Fingern zu kriegen, weiß man, was die Glocke geschlagen hat: Entweder kommt jetzt der brutale Polizist um die Ecke oder ihr eigenes Auto wird nun vom Besitzer des zerstörten Hauses vernichtet. Hier wird mit Besitz und Symbolen umgegangen, als stünde man außerhalb jeder Soziabilität, als wisse man gar nicht, was man tut. Das Spiel wird auf die äußerste Spitze getrieben. Soll doch die Kinderschwester sehen, wie sie das Spielzeug wieder zusammen bekommt. Und wenn die beiden die Chance haben, ihren Ehefrauen zu entfliehen, dann nutzen sie sie. Aber alles endet mit Katastrophen und mit einer neuen Flucht.

Stan und Ollie (um 1930)

Es ist eigentlich nicht das übliche Leben, das Stan und Ollie zeigen, beschreiben und leben, obwohl man es vielleicht manchmal gerne so haben möchte. Den berühmt-berüchtigten Alltag mit dem lachenden und dem weinenden Auge, nein, es ist ein Aufstand gegen das Leben, so wie wir es leben müssen, ein Aufbegehren

alleine und zu zweit gegen die eingefrorenen und verbrauchten Betriebsanleitungen des Alltags. Mensch, werde praktisch, sei realistisch, lerne, dich zu arrangieren. Das alles können und lernen Stan und Ollie nie.
Ich habe sie Jahre gesehen und ihnen meine Stimme leihen dürfen. Viel abgeguckt und auch fürs Leben, Lachen und Weinen eine Menge mitnehmen können. Marcel Marceau hat gesagt: »Alle Mimen der Welt schulden Laurel & Hardy unendlich viel.« Ich bin kein Mime, aber vielleicht ein Komiker, und sage danke an Stan und Ollie, wenn sie mit ihren Filmen durch unsere Wohnungen spazieren, aus Tragödien Komödien machen und umgekehrt, immer wieder von vorne anfangen, damit wir nicht aufhören zu lachen und zu leben.

ERSTER TEIL
Das Leben von Laurel & Hardy

45 Minuten nach Hollywood

Arthur J. Jefferson war ein perfekter Show-Mann und hatte bereits als Schauspieler, Regisseur, Stückeschreiber, Theaterdirektor und Impresario gearbeitet. Aber er gab als Beruf »Komödiant« an, als er am 16. Juni 1890 in der nordenglischen Stadt Ulverston die Geburt eines Kindes beurkunden ließ. Seine Frau, die bekannte Bühnentragödin Madge Metcalfe, hatte einem Söhnchen das Leben geschenkt, das unter dem Namen Arthur Stanley Jefferson in das Geburtenregister der Kleinstadt nahe der schottischen Grenze – mitten im vielbesungenen »Lake District« der Grafschaft Lancashire – eingetragen wurde.

Arthur Stanley Jefferson, der sich später Stan Laurel nennen sollte, hatte zwar noch drei Geschwister (ein weiterer Bruder starb bereits im Kindesalter), ein idyllisches Familienleben kannte er nicht. Seine Mutter stand bis zu ihrem frühen Tod im Jahre 1906 fast jeden Abend auf der Bühne, sein Vater übernahm nach einem halben Leben im Tingeltangel um die Jahrhundertwende die Leitung des angesehenen Metropol-Theaters in Glasgow, die Kinder verbrachten die meiste Zeit in Internaten. *»Wir waren sehr selten wirklich alle zusammen. Ich selbst verbrachte meine Zeit entweder in Internaten oder lebte bei meinen Großeltern in Ulverston. Aber dennoch waren wir – so seltsam das klingen mag – eine sehr verbundene Familie.«*[1]

Dennoch entdeckte Stanley bereits früh seine Liebe zur Bühne. Als Jugendlicher schwärmte er vor allem für den populären Varietékomiker Dan Leno, den er bei seinen ersten »Auftritten« auch imitierte. Einer seiner Lehrer pflegte ihn abends in sein Zimmer zu rufen, wo er und seine Kollegen Whisky tranken und sich von Stanley unterhalten ließen. *»Ich kann mich an keine Zeit erinnern, wo ich nicht in und außerhalb der Klasse herumgehüpft wäre. Mehr als alles andere hat mich wohl dies zu einem schlechten Schüler gemacht. (...) Das mußte ein angeborenes Talent von meinem Vater sein. Denn obwohl er überwiegend in Melodramen mitwirkte, liebte und schrieb er Komödien.«*[2]

Dennoch wußte Vater Jefferson, von Fans und Freunden kurz A. J. genannt, um die Mühen und Gefahren einer Schauspielerkarriere. Er hieß deshalb Stanleys erste komödiantischen Gehversuche gar nicht gut, sondern versuchte ihn zu überreden, sich dem Theaterbe-

Publicity-Foto für Stan Laurels frühe Solofilme

trieb mehr von der ökonomischen Seite zu nähern. Schließlich machte er ihn zu einem der Geschäftsführer des Metropol-Theaters. Es bestand das stille Einvernehmen, daß er eines Tages die Leitung der Jefferson'schen Bühnenbetriebe übernehmen würde. Aber der Junge hatte andere Pläne. Bereits kurz nach seiner Übersiedlung nach Glasgow – er war gerade 15 Jahre alt – stand für ihn fest, Berufskomiker werden zu wollen. Im Jahre 1906 schuf Stan eine Posse, die vom Niveau der üblichen Schwänke erheblich abwich, ging damit zu »Albert E. Pickard's Glasgow Museum« und bat darum, sein Opus hier aufführen zu dürfen. Der Besitzer war mit A. J. eng befreundet und vermutete, daß Stanley mit väterlichem Einverständnis gekommen sei, und er ließ ihn im

Mai 1906 seine Show einem kleinen Publikum präsentieren. Der Zufall wollte es, daß A. J. ausgerechnet an diesem Abend im Auditorium saß. Von Stanleys sonderbarer Mischung aus Liedern, Gags und ungewollt exzentrischen Späßen war A. J. nicht sonderlich angetan. Aber er war gerührt von den pantomimischen Fähigkeiten seines Sohnes, akzeptierte fortan dessen Wunsch, ein komischer Schauspieler zu werden, und ließ ihm seine größtmögliche Unterstützung angedeihen. Einer von A. J.s Freunden, der Produzent von »Levy & Cardwell's Pantomimie Company« war, stellte Stanley als stellvertretenden Geschäftsführer, Nummernjunge und Hauptnummer ein. Die Weichen für eine Karriere als Komiker waren gestellt.

Das Stück »Sleeping Beauty«, mit dem die Truppe 1907 auf Tournee ging, gab Stanley Jefferson Gelegenheit, sich allmählich von untergeordneten Rollen zum profilierten Komiker hochzuarbeiten. Während der folgenden Saison spielte er vom rührseligen Melodram über beschwingte Operetten bis hin zu komischen Possen in allen Sparten des damaligen Vaudeville- und Music-Hall-Betriebes, das zwischen heiterer Muse und »seriöser« Kunst noch weniger Unterschiede machte, als dies heute der Fall ist. Danach versuchte er sich kurzzeitig als Solokomiker mit eigenem Material, bis durch A. J.s Vermittlung seine Tätigkeit eine neue Wendung erfuhr. A. J. engagierte den Sohn für seine aufwendige Produktion »Home from the Honeymoon« – ein Stück übrigens, das später als Vorlage für die beiden Laurel-&-Hardy-Filme DUCK SOUP und ANOTHER FINE MESS diente.

In den Music Halls, deren Charakter sich mit Varieté nur unzureichend übersetzen läßt, wurde Unterhaltung jedweder Art angeboten. Die Palette des Unterhaltungsangebots umfaßte Sänger, Zauberkünstler, Athleten und die Zurschaustellung mißgebildeter Menschen, aber eben auch komische Musiknummern, finstere Melodramen und heitere Schwänke. Einer der legendären Impresarios der Music Halls war Fred Karno, der zugleich der letzte große Vertreter dieser Tradition war. In ganz Europa hatte er 30 verschiedene Komikertruppen im Einsatz; zusammengefaßt waren diese Ensembles in »Fred Karno's Fun Factory«. Stanley Jefferson wurde im Jahre 1910 von diesem Unternehmen engagiert.

Karnos »Factory« war die gründlichste und beste Schule, die ein angehender Komiker durchlaufen konnte. Von Stanleys Talent war Karno so überzeugt, daß er ihn zur Zweitbesetzung seines zugkräftigsten Stars machte: Charles Chaplin. Genau wie Stan stammte auch Chaplin aus einer Schauspielerfamilie, hatte sich allerdings ohne die Protektion eines berühmten Vater emporarbeiten müssen. In späteren Jahren hat sich Stan Laurel stets sehr warmherzig an die gemeinsame Zeit bei Karno erinnert und Chaplin immer wieder als den bedeutendsten Komiker des Films gewürdigt: »*Später habe ich mich oft gefragt, was wohl aus uns geworden wäre, wenn ich mich nicht mit Oliver Hardy zusammengetan hätte. Vielleicht hätte ich mit meinen Pantomimen weitergemacht. Vielleicht wäre ich aber auch Gagman oder Regisseur bei Chaplin geworden. Ich weiß es nicht. Aber ganz bestimmt hätte es dann niemals Laurel & Hardy gegeben.*«[3] Chaplin dagegen erwähnt den Namen Laurels in seiner Autobiographie nicht, obwohl er seiner Arbeit bei Karno breiten Raum widmet.

Porträtstudie von Stan Laurel (um 1920)

Stan Laurel (zweite Reihe ganz links) mit Charles Chaplin (im Rettungsring) und weiteren Mitgliedern der Karno-Truppe bei der Überfahrt nach Amerika im Herbst 1910

Das Stück, in dem Stanley Jefferson der Ersatzmann Charles Chaplins war, hieß »Mumming Birds« und war außerordentlich erfolgreich. Karno entschloß sich daher, im September 1910 auf Tournee nach Amerika zu gehen. Man titelte das heitere Singspiel um in »A Night in an English Music Hall« und hatte in den USA so großen Erfolg, daß Karno zwei Jahre später mit gleicher Besetzung noch einmal eine Gastspielreise über den Ozean unternahm. Von dieser Tournee kehrten weder Chaplin noch Laurel zurück.

Denn im Dezember 1913 wurde Chaplin von dem erfolgreichen Produzenten Mack Sennett zum Film geholt. Sennett war in den Jahren vor dem Ersten Weltkrieg der ungekrönte König des komischen Films und hatte bei seiner Firma Keystone alle großen Komi-

Szene aus Laurels Solofilm ›Postage Due‹ (1924)

ker-Stars unter Vertrag. Der beliebteste von ihnen war Ford Sterling, der Sennett kurz zuvor verlassen hatte. Daher suchte er nach einem ebenso zugkräftigen Star und fand ihn in Charles Chaplin, den er allein im ersten Jahr ihrer Zusammenarbeit mit 35 Kurzfilmen zum Topstar machte. »Fred Karno's Fun Factory« dagegen hatte nach dem Fortgang ihres Zugpferdes kaum mehr Zulauf. Karno mußte seine Ensemblemitglieder schließlich vor die Wahl stellen, entweder mit ihm nach Europa zurückzukehren oder aber eine stattliche Entschädigung für den Neuanfang in Amerika zu erhalten. Stanley Jefferson entschied sich für letzteres, blieb in den USA und machte zunächst sein Glück mit einer scheinbar todsicheren Masche: Nachdem die ersten Chaplin-Filme mit phänomenalem Erfolg in den Kinos gelaufen waren, versuchte er aus dessen Popularität Kapital zu schlagen und trat als Imitator in der

Maske Charlies auf: »*Es fiel mir nicht schwer, Charlie nachzumachen. Seine Bewegungen und sein Gang steckten mir noch in den Gliedern.*«[4]

Zusammen mit dem Komödianten-Ehepaar Edgar und Wren Hurley kreierte er das Trio »The Three Comiques«, das sich völlig unverhohlen an den Erfolg Sennett'scher Keystone-Filme anzuhängen versuchte. Stan spielte Charlie, die Hurleys traten in der Verkleidung zweier anderer populärer Keystone-Stars auf, nämlich als schnauzbärtiger Chester Conklin und als adrette Mabel Normand. Um es noch deutlicher zu machen, benannten sich die drei 1915 in »The Keystone Trio« um. Aufgrund privater Zerwürfnisse brach das Ensemble jedoch noch im selben Jahr auseinander, und Stan formierte mit dem Ehepaar Alice und Baldwin Cooke das »Stan Jefferson Trio«. Die Cookes blieben zeitlebens enge Freunde von Stan Laurel, der ihnen außerdem immer wieder Kleinstrollen in seinen Filmen zukommen ließ.

Das »Stan Jefferson Trio« reiste quer durch die USA und trat auf allen wichtigen Varietébühnen auf, freilich ohne sich wirklich einen zugkräftigen Namen zu machen. »*Es war ein hartes Leben beim Vaudeville. Wenn man 250 Dollar in der Woche einnahm, war man schon ein Großverdiener – mehr war nicht zu erwarten. Auf den Tourneen machte man weite Reisen von Stadt zu Stadt, und von unseren Gagen hatten wir außerdem die Agenten, die Hotel-, Bahn- und Transportkosten zu bezahlen und den Bühnenarbeitern Trinkgelder zu geben.*«[5] Dennoch blieb Stan bis Mitte der 20er Jahre dem Tingeltangel treu. Eine Wendung seiner Karriere zeichnete sich indes bereits 1917 ab, als zwei Ereignisse sein Leben in neue Bahnen lenkten: Er hatte den ersten Kontakt zum Medium Film, und er traf jene Frau, mit der er fast zehn Jahre zusammenbleiben sollte.

Ihr Name war Mae Dahlberg Cuthbert. Sie war die Frau eines australischen Schauspielers und trat gerade zusammen mit einer Partnerin als »Hayden Sisters« auf, als ihr Stan Jefferson in Philadelphia begegnete. Sie war einige Jahre älter als Stan und wie er dem Alkohol nicht abhold. Jedenfalls taten sich die beiden auf und hinter der Bühne zusammen. Stan machte sie zu seiner Sketchpartnerin und war mit ihr praktisch von 1917 bis Frühjahr 1922 auf Tournee. Im Privatleben avancierte Mae Dahlberg zu seiner »Gewohnheits-Ehefrau«, da sie von Amerika aus in Australien ihre Scheidung nicht durchsetzen konnte. Er hat diese Lösung in späteren Jahren wohl noch einige Male bereut, da sie ihn emotional wie künstlerisch unter Druck setzte und in den 30er Jahren außerdem erhebliche Geldforderungen an ihn stellte. Dennoch verdankte er Mae etwas sehr Wichtiges, nämlich seinen Namen.

Szene aus Laurels Solofilm ›Half a Man‹ (1925)

Sie machte ihn darauf aufmerksam, daß der Name Stan Jefferson 13 Buchstaben hat. Auf der Suche nach einem Pseudonym kam ihr beim Blättern in einem Geschichtsbuch die Idee, sich Laurel (engl.: Lorbeer) zu nennen. Auf den Plakaten wurden sie denn auch als »Stan und Mae Laurel« angekündigt. Stan behielt diesen Namen bis zu seinem Tode bei; 1934 nahm er ihn offiziell an.

Im übrigen scheint die Beziehung zu Mae Dahlberg von Anfang heftigen Krisen ausgesetzt gewesen zu sein. Der Komiker George Burns, der in seinen Vaudeville-Tagen mehrfach mit den Laurels zusammentraf, erinnert sich: »*Sie schienen Tag und Nacht zu streiten. Und bei den dünnen Wänden der Garderoben konnte man es im ganzen Theater hören. Wenn die Garderobentür aufging, lächelten sie einander an als wäre nichts gewesen. Aber sobald die Tür wieder zu war, begann die Schlacht von Neuem. Sie hatte eine laute Stimme, er hatte das Talent.*«[6]

Bei einem Gastspiel der Laurels im Hippodrom-Theater von Los Angeles brachte sie der Direktor, Adolph Ramish, mit dem Film-

Porträtfoto von Stan Laurel (um 1925)

regisseur Robin E. Williamson zusammen. Die beiden waren der Ansicht, daß Stan Laurel durchaus das Potential eines Leinwand-Komikers besaß, und überredeten ihn, es einmal im Film zu versuchen. Ramish übernahm die Kosten für die ausfallenden Bühnenauftritte der Laurels, und im Frühjahr 1917 flimmerte in seinem Theater der erste Film mit Stan Laurel über die Leinwand: NUTS IN MAY, die zehn Minuten lange Geschichte eines aus der Anstalt entsprungenen Irren in Sakko und Napoleonshut. Neben Charlie Chaplin wohnte der Probeaufführung auch Carl Laemmle bei, der deutschstämmige Chef der Produktionsgesellschaft Universal, der Stan Laurel sofort einen Jahresvertrag gab.
Dennoch stand der Anfang von Laurels Filmkarriere unter keinem guten Stern. Für die Universal drehte er drei Ein-Akter um eine tolpatschige Type namens »Hickory Hiram«, die in den Kinos nicht sonderlich gut ankamen. Die Figur wurde deshalb rasch wieder aufgegeben, und Laurel wandte sich erneut überwiegend dem Theater zu, ohne jedoch die Filmerei ganz an den Nagel zu hängen. Obwohl er erst in den 20er Jahren durch langfristige Verträge an bestimmte Studios gebunden war, hielt er sich stets einige Wochen im Jahr für Dreharbeiten frei. Bis 1922 tingelte er durch die Varietés, um nur ab und zu kurzfristige Filmaufträge für Produzenten wie LKO, Sunkist oder Vitagraph anzunehmen. Er hatte einfach noch nicht den Typus gefunden, der ihn aus dem Heer der mehr oder weniger originellen Slapstick-Komiker hervorhob. *»Für jemanden, der immer weiß, was er will, verbrachte Stan schrecklich viel Zeit, um herauszufinden, wie er es anpacken sollte. Während seiner gesamten Solokarriere war er ein frustrierter Komiker auf der Suche nach einem passenden Charakter. In den gut 60 Filmen, die er alleine machte, spielte er abwechselnd einen kecken Springinsfeld oder einen dämlichen Einfaltspinsel – gewöhnlich offenbarte er Züge beider Typen in ein und demselben Film.«*[7]
1918, als er gerade im »Care Portola Theater« in Santa Barbara gastierte, erreichte Laurel ein Telegramm, in dem er um Probeaufnahmen bei der Produktionsgesellschaft Rolin gebeten wurde. Rolin war die Firma von Hal Roach, der bereits den bebrillten Fassadenkletterer Harold Lloyd und den traurigen Schnauzbartträger Snub Pollard zu Star-Komikern gemacht hatte. Sein aktuelles Zugpferd war der Zirkusclown Toto, der gerade im Begriff stand, die Roach-Studios wieder zu verlassen. Roach sah sich deshalb nach einem geeigneten Nachfolger um, da er bei seinen Verleihern die vertraglich vereinbarte Zahl von Kurz-Komödien abliefern mußte. Laurel, zermürbt vom Alkohol und den ewigen Krächen mit Mae, drehte für die Rolin-Studios 1918/19 fünf Filme, unter ande-

Stan Laurel mit seiner ›Gewohnheits-Ehefrau‹ Mae Dahlberg in einer Szene des Films ›Near Dublin‹ (1924)

rem als unschuldiger Tramp (JUST RAMBLING ALONG), ausgeflippter Sträfling (NO PLACE LIKE JAIL) und als ungeschickter Diener (DO YOU LOVE YOUR WIFE?). Nach diesen Produktionen ging man wieder getrennte Wege. Roach und Laurel hatten im Laufe ihrer Zusammenarbeit ständig heftige Meinungsverschiedenheiten. Auf die Frage, warum er Laurels komisches Potential zu diesem

Zeitpunkt nicht erkannt und ihn in seinem Studio gehalten hat, verwies Roach indes auf technische Probleme: »*(Laurel) hatte ganz hellblaue Augen, und der (Nitrat-) Film, den wir seinerzeit benutzten, konnte die Farbe Blau nur schlecht wiedergeben. Laurel sah in den Probeaufnahmen wie ein Blinder aus. Und so konnten wir ihn, jedenfalls als Darsteller, überhaupt nicht einsetzen. Dann, als es (...) den panchromatischen Film gab, machten wir Probeaufnahmen mit Laurel, und seine Augen kamen gut raus.*«[8]
Hal Roach wurde wenige Jahre später zu einem der »Väter« des Duos Laurel & Hardy. Doch der Mann, der mit Laurels Karriere schon bald untrennbar verbunden sein sollte, betrat erst jetzt die Szene. Auftritt Oliver Hardy.

Anders als im Falle Laurels hatte die Familie Hardy keinerlei Beziehungen zum Showgeschäft. Sie besaß englische und schottische Vorfahren und konnte ihren Stammbaum direkt auf jenen Sir Thomas Hardy zurückführen, der 1805 in der Schlacht von Trafalgar den sterbenden Seehelden Nelson in seinen Armen hielt. Daß Oliver Hardy der Sohn eines Rechtsanwalts war, ist dagegen die Erfindung eines Publicity-Agenten. Sein Vater, Oliver Hardy der Ältere, hatte sich im US-Bürgerkrieg hervorgetan, war dann Aufseher bei einer Eisenbahngesellschaft geworden und wurde schließlich Geschäftsführer eines kleinen Hotels im US-Südstaat Georgia. Er war 48 Jahre alt und ein kranker Mann, als am 18. Januar 1892 in dem Städtchen Harlem sein Sohn Norvell auf die Welt kam, der später zur Erinnerung an den Vater den Namen Oliver annahm. Knapp elf Monate nach Norvells Geburt starb er.
In der benachbarten Kleinstadt Madison übernahm Emily Hardy, die bereits aus einer früheren Ehe vier Kinder hatte, nach dem Tod ihres Mannes ein anderes Hotel, »The White House«. Oliver erinnert sich: »*Aus dieser Zeit gibt es nichts Besonderes zu berichten, außer daß ich eine Angewohnheit annahm, die ich noch heute besitze. Ich sitze im Vestibül (eines Hotels) und sehe mir die Leute an. Ich mag es, Leute zu betrachten. Ab und zu fragt man mich, wie Stan und ich unsere Figuren denn erfunden hätten, die wir im Film spielen. Anscheinend glaubt man, die beiden Burschen seien anders als andere. Tatsächlich aber gibt es eine Menge Laurels & Hardys. Wenn ich auf Reisen bin, sitze ich im Foyer eines Hotels und sehe mir die vorbeikommenden Leute an – und ich kann Ihnen sagen, ich sehe viele Laurels & Hardys. Ich habe sie schon im Hotel meiner Mutter gesehen, als ich noch ein Kind war: den Einfaltspinsel, dem nie etwas passiert, und den Neunmalklugen, der noch viel dämlicher ist, nur daß er es nicht weiß.*«[9]

Seinen Vornamen hatte Norvell Hardy übrigens vom Mädchennamen seiner Mutter abgeleitet, die er »Miss Emmie« nannte, während er sein farbiges Kindermädchen mit »Mammy« anredete. Emily bestärkte ihre Kinder stets in ihrer Liebe zur Musik, die zudem gefördert wurde durch die regelmäßie Anwesenheit von

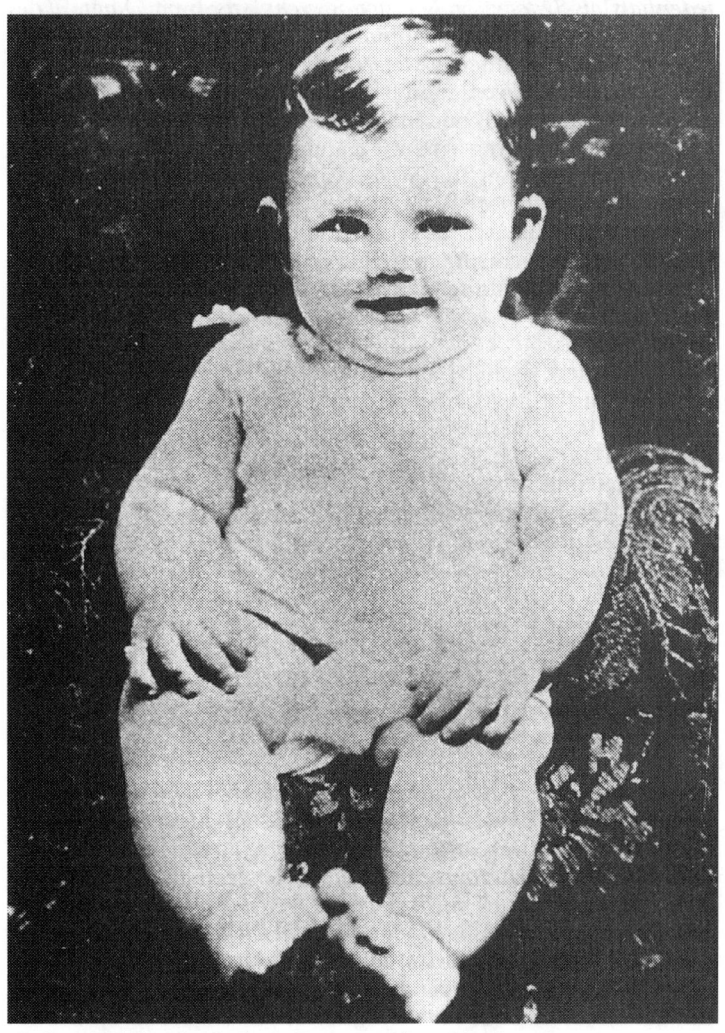

›Babe‹ als Baby: das früheste Foto von Oliver Hardy

fahrenden Schauspielern, Sängern und Tänzern im »White-House«-Hotel. Sie erzählten dem begierig lauschenden Jungen phantastische Geschichten von ihrem Beruf, so daß er gleichfalls in dieses Metier gehen wollte. Als Norvell acht Jahre alt war, unternahm er mit »Coburn's Minstrel Show« eine Tournee durch die gesamten US-Südstaaten. Minstrel Shows waren bunte Abende, die darauf abzielten, irgendein dubioses Produkt an den Mann zu bringen – ähnlich wie man heute Butterfahrten mit musikalischen oder kabarettistischen Programmen umrahmt. Norvell trat als »Boy Soprano Wonder« auf und hatte in der Show zwei wirksame Auftritte mit den Liedern »When you and I were young, Maggie« und »Silver threads among the Gold«. Aber noch war der Achtjährige zu jung für das ruhelose Wanderleben eines Gastspieltheaters, und er wurde wieder in die mütterliche Obhut gegeben.

Die Musik blieb jedoch ein wichtiges Moment in seinem Leben. Seine Mutter stimmte schließlich zu, ihn in Georgias Hauptstadt Atlanta Gesangunterricht nehmen zu lassen, obwohl seine regulären schulischen Leistungen nicht unbedingt erfreulich waren. Als Emily Hardy schließlich dahinter kam, daß ihr Sprößling gar nicht die Musikschule besuchte, sondern statt dessen in einem Kino zur Diareklame Werbesprüche sang, schickte sie ihn kurzerhand in eine Militärschule. Der Leiter der Anstalt war mit den Hardys befreundet und pflegte Norvell, wie seine Schwester Elizabeth Sage berichtete, den lustigsten Jungen der Welt zu nennen: *»Ich kann mich erinnern, daß er mit 14 Jahren 250 Pfund wog. Damals wurde er auf die Militärschule von Milledgeville geschickt. Es gefiel ihm dort gar nicht, weil die Jungs Witze über Dicke machten. Aber er war ein guter Sportler und selbst dieser Situation gewachsen. Er konnte eine Menge Ulk vertragen und gab ihn auch weiter. (...) Trotzdem konnte er auch ärgerlich werden. Als er wieder zu Hause war, wurde er immer darum gebeten, als Schiedsrichter bei den Baseballspielen zu fungieren – wegen der Show, die er dabei abzog. In der Stadt ging das Gerücht, daß die Banken geschlossen würden, damit man Norvell als Schiedsrichter sehen könne. Er traf manch unpopuläre Entscheidung. Aber wenn die Menge anfing, ihn als Dickwanst oder Dickerchen zu beschimpfen, stapfte er wütend auf und drohte, nach Hause zu gehen, wenn sie keine Ruhe geben würden. Sie ließen ihn niemals gehen. Er war das Leben der Stadt.«*[10] Einmal riß er übrigens von der Militärschule aus, weil er der Meinung war, nicht genügend zu essen zu bekommen.

Über Hardys Jugend ist viel Falsches geschrieben worden. Er selber hat kaum Selbstzeugnisse hinterlassen, die vielen Fehlinformationen beruhen größtenteils auf geschönten oder völlig über-

Unverkennbar: Oliver Hardy als Mitglied der Football-Truppe des Lubin-Studios (1914)

triebenen Publicityberichten der Filmstudios. So wenig sein Vater Rechtsanwalt war, hat auch er niemals an der Universität von Georgia Jura studiert. Er war auch keineswegs der Besitzer des ersten Kinos in Milledgeville, sondern lediglich als eine Art Mädchen für alles angestellt. In einem Adreßverzeichnis jener Jahre wird er als »Elektriker« geführt, eine damals verbreitete Bezeichnung für Filmvorführer. Gleichzeitig verdiente er sich weiterhin ein bißchen Geld als Sänger. Jedenfalls erregten die Filme, die in den kleinen Kino liefen, sein Interesse an der neuen Kunstform. Als ihm schließlich ein aus dem Urlaub heimgekehrter Freund berichtete, im benachbarten Florida würden Filme gedreht, gab er seinen Job auf und zog nach Jacksonville. Hier fand er rasch Arbeit als Sänger in den örtlichen Varietés und Kabaretts. Da seine Auftritte ausschließlich abends stattfanden, lungerte er tagsüber an den Drehorten der Lubin Film Company herum, die in Jacksonville Komödien drehte. Er übernahm diverse Gelegen-

heits-Jobs, bis irgendwann in einer Szene des Zehn-Minuten-Klamaukfilms OUTWITTING DAD die Rolle eines komischen Dicken zu besetzen war. In diesem Streifen, der am 14. April 1914 in die Kinos kam, absolvierte »O. N. Hardy«, wie es in den Ankündigungen hieß, sein Filmdebüt. Es ist dies außerdem das erste Mal, daß er den Namen seines Vaters, Oliver, benützte.
Einen anderen Namen, der ihm selbst und seinen Freunden viel geläufiger war, erhielt er ebenfalls in diesen frühen Tagen beim Film in Florida. Zusammen mit seinen Kollegen aus den Lubin-Studios ließ sich Norvell bei einem redseligen italienischen Friseur die Haare schneiden. Dieser Herr hatte eine entschieden lyrische Ader und offenbar großen Spaß daran, auf Norvells frisch rasierten Wangen Puder und Creme zu verteilen. Dabei murmelte er: »So ein süßes Baby, so ein süßes Baby.« Die Schauspieler, die dies hörten, griffen die Redewendung auf und nannten Hardy fortan Babe. Seiner Mutter war der neue Spitzname gar nicht recht, er selbst jedoch wurde damit so vertraut, daß er enge Freunde und

Als Sheriff: Hardy in seinem Solofilm ›The King of Wild Horses‹ (1924)

gute Bekannte bat, ihn mit Babe anzusprechen. Eine Zeitlang wurde er sogar im Vorspann seiner Filme als Babe Hardy angekündigt. In diesem Buch wird immer dann von Babe die Rede sein, wenn der Privatmann Oliver Hardy gemeint ist. Ollie ist der Name der Filmfigur, die er später an der Seite Stan Laurels kreierte.

In Jacksonville schloß sich Babe Hardy einer Freimaurer-Loge an und traf seine erste Frau. Madelyn Saloshin, ein dunkelhaariges jüdisches Mädchen, das gut zehn Jahre älter war als er, spielte Klavier im Orchester des Orpheum-Theaters. Er kannte sie bereits von Milledgeville her, wo sie ebenfalls im Musikensemble des Opernhauses gearbeitet hatte. Sie verschaffte ihm ein Engagement bei einer Wanderbühne, und während dieser Tournee heirateten die beiden am 17. November 1913 in Macon (Georgia). Babes Mutter war über die überraschende Hochzeit ihres 21jährigen Sohnes angeblich sehr erbost.

Die Zeit des Tingeltangels war für Oliver Hardy bald vorbei, da er in zunehmenden Maße Beschäftigung beim Film fand. Fünf Jahre lang arbeitete er für die Lubin Company in Florida. Gleichzeitig führten ihn gelegentliche Abstecher zu den Produktionsfirmen Vim Comedies und Edison Pictures nach New York. Dort fand auch sein vergeblicher Versuch statt, sich als Freiwilliger in den Ersten Weltkrieg zu melden. Denn die Offiziere im Rekrutierungsbüro lehnten ihn wegen seines Körperumfangs nicht nur ab, sondern machten auch noch Witze darüber. Babe hat dieser Zwischenfall sehr getroffen. Nach allem, was wir von ihm wissen, war er über seine Korpulenz keineswegs glücklich. Da er in seinen Solo-Stummfilmen bisweilen sehr viel dicker wirkt als in den Laurel-&-Hardy-Produktionen, dürfen wir durchaus vermuten, daß er ab und zu Schlankheitskuren gemacht hat, obwohl er dies in einem Interview ausdrücklich verneinte.

Was seine Filmarbeit anbelangt, war es auch gar nicht notwendig. Denn hauptsächlich spielte er »Heavies«, also Bösewichter mit mehr oder weniger komischem Einschlag, die dem jeweiligen Helden das Mädchen abspenstig zu machen versuchen und kurz vor dem Ende eines Films gemaßregelt werden. Von Anfang 1914, als OUTWITTING DAD entstand, bis 1917 brachte er es bereits auf rund 100 Filme. Unter anderem bildete er zusammen mit dem zierlichen Billy Rupge ein Komikerpaar, das in 35 Kurzfilmen unter dem Sammeltitel »Plump and Runt« (deutsch etwa: Plumps und Knilch) erschien. Ein anderer Film jener Jahre, THE PAPERHANGER'S HELPER, nimmt die Laurel-&-Hardy-Filme in Grundzügen vorweg.

»1915 habe ich einen Film gemacht, der meiner Meinung nach in einem gewissen Zusammenhang steht mit den Filmen, die ich später

Für seine Freunde und für gute Bekannte...

mit Stan gemacht habe. (...) Ich drehte ihn mit Bobby Ray. Er war ein kleiner, schmächtiger Mann, sah zwar ganz anders aus als Stan, bot aber zu mir eine Kontrastfigur. Wir spielten zwei Tapezierer. Ich war der Boß und Bobby mein Gehilfe. Ständig erteile ich ihm Befehle, und er hat immer das Nachsehen. Bobby war der Prügelknabe und ich der Neunmalkluge – genau wie in den Laurel-&-Hardy-Filmen, nur daß ich dort ja gleichzeitig auch noch der Prügelknabe bin.

... hieß Oliver ›Babe‹: Privataufnahmen von Hardy aus den frühen dreißiger Jahren

Was meine eigene Figur betrifft, sehe ich diesen Film gerne als Ursprung der Laurel-&-Hardy-Idee an.«[11]
Der Film ist übrigens eine ziemlich unverschämte Kopie des Chaplin-Streifens WORK, in dem Charlie mit Charles Insley ebenfalls ein Tapezierer-Gespann spielt. Überhaupt ist die Nähe der frühen Filme Hardys zu Chaplin größer, als es zunächst den Anschein haben mag. »*Man hat den frühen Oliver Hardy, den ›Hea-*

vy‹, oft mit Eric Campbell, dem hünenhaften ewigen Feind von Charlie (...) verglichen. Ollie jedoch war der bevorzugte Partner von Billy West. (...) Oft setzte man den Schauspieler auch schon im äußeren Kontrast zum Helden des Films ein.«[12] Billy West war ein gebürtiger Russe, der für die Firma King Bee als Chaplin-Kopierer arbeitete. Er trug – ähnlich wie Laurel bei seinen Bühnenauftritten – die gleiche Maske und das gleiche Kostüm, während Hardy mit mächtigem Schnauzbart und Zylinder das perfekte Abbild von Chaplins »Heavy« Eric Campbell bot. Derart ausstaffiert, sehen wir ihn beispielsweise in THE VILLAIN (1917) als pompösen Theaterdirektor, der den Violinspieler West bei einem Vorspiel ablehnt und dann auch noch seiner Freundin nachsteigt. Aus Rache hetzt West eine Lausbubenbande gegen den Bühnenim-

Hardy mit seiner ersten Frau Madelyn Saloshin (um 1920)

presario auf, die ihn mit Schmutz bewirft. In THE ROGUE (1918) fällt er auf den Vagabunden West herein, als dieser als reicher Graf auftritt. Auch diese Filme entstanden in Jacksonville, bis das komplette Team zunächst nach Long Island und dann nach New Jersey wechselte. Den Weg ins kalifornische Filmmekka Hollywood, das damals allerdings erst im Entstehen begriffen war, traten Oliver und Madelyn Hardy im Sommer 1917 an. Ein Freund hatte ihm geschrieben, hier würden Komiker und Heavies gesucht – und Babe war beides.

Nur ein paar Tage war Hardy in Hollywood ohne Beschäftigung, dann bot ihm der ehemalige Westernstar Gilbert M. Anderson eine kleine Rolle in einem Kurzfilm an[13]. Anderson, einer der Darsteller des Frühwesterns THE GREAT TRAIN ROBBERY von 1903, hatte in den Anfangstagen des Films als Wildwest-Held Broncho Billy reüssiert und später als Präsident der Essenay-Produktionsgesellschaft einige Chaplin-Filme hergestellt. Jetzt war er nur noch ein unbedeutender freier Produzent, der für die Metro Kurzfilme herstellte. Zusammen mit dem Regisseur Jesse Robbins, ebenfalls ein früherer Chaplin-Mitarbeiter, arbeitete er gerade an einem Drehbuch um einen sympathischen Verlierer, der die Freundschaft eines Hundes erringt. Titel des Films: LUCKY DOG, Hauptdarsteller: Stan Laurel. Er erinnert sich: *»Dies war meine erste Begegnung mit Babe Hardy. Wir waren einfach zwei arbeitende Komiker, und es war nichts Besonderes an unserem Zusammentreffen. Tatsächlich habe ich damals nur sehr wenig von Babe gesehen, weil seine Rolle kleiner war als die meine. Unsere gemeinsamen Szenen wurden sehr schnell gedreht, und wir haben sicherlich beide nicht im Traum daran gedacht, daß wir uns jemals wiedersehen würden, geschweige denn Partner werden würden. (*LUCKY DOG*) war einer meiner ersten Filme, während Babe schon weit über hundert gemacht hatte. Ich glaubte damals nicht, daß meine Zukunft im Film liegen würde.«*[14]

LUCKY DOG erzählt die Geschichte eines etwas ungeschickten jungen Mannes (Stan Laurel), der aus seiner Pension hinausgeworfen wird und einen streunenden Hund aufgabelt. Durch die Rennerei des Tiers stößt er mit einem Räuber (Oliver Hardy) zusammen, der gerade die Beute eines Überfalls einsteckt. Stan kann den Verbrecher überlisten, tritt mit dem LUCKY DOG in einer Hundeshow auf und wird schließlich in die dubiosen Machenschaften eines Zylinder-tragenden Schweizer Grafen verwickelt, der sich am Ende als der verkleidete Räuber entpuppt. Dies sind die beiden einzigen gemeinsamen Szenen von Laurel & Hardy in dem Film.

Babe Hardy spielt in LUCKY DOG die Rolle, die er in den zurückliegenden vier Jahren seiner Tätigkeit als Filmschauspieler fast immer gespielt hatte: den »Heavy«, der trotz furchterregender Visage seine Tölpelhaftigkeit nicht verhehlen kann. Stan Laurel dagegen hatte – sein Filmdebüt lag gerade ein Vierteljahr zurück – seinen Typus noch nicht gefunden. In einigen Szenen ist er ungeschickt und sympathisch, in anderen eher frech und grobschlächtig. Von jenen Charakteren, die beide in ihren gemeinsamen Filmen verkörpern, sind sie hier noch meilenweit entfernt. Laurel wird als geschniegelter Jugendlicher mit forscher Gangart eingeführt. Er ist lebensbejahend und gewandt – alles Eigenschaften, die der später von Stan geschaffenen Figur völlig abgehen. Babe verkörpert seine Standardrolle mit all der übertriebenen Boshaftigkeit und Hinterlist, die man von einer Schurkenparodie erwartet.

»Alles in allem kann von diesem Film gesagt werden, daß er vorführt, wie zwei Komiker mit ziemlich kontrastierenden Charakteren und Stilrichtungen dennoch eine Beziehung miteinander eingehen können. Aber LUCKY DOG *war lediglich ein kurzfristiger Flirt mit der Vorsehung. Es sollte noch (...) Jahre dauern, bis Laurel & Hardy wieder in ein und demselben Film auftreten würden. Die Schicksalsgöttinnen mußten sich noch gedulden.«*[15]

Pflück' dir einen Star

Der Film LUCKY DOG gab weder der Karriere von Stan oder Babe eine ungewöhnliche Wendung, noch dürfte er das zeitgenössische Publikum sonderlich beeindruckt haben. Babe blieb – von einer vorübergehenden Arbeitslosigkeit im Jahre 1923 abgesehen – ein vielbeschäftigter Nebendarsteller in komischen Kurzfilmen, Stan versuchte sein Glück weiterhin abwechselnd bei Varieté und Film. Erst Mitte der 20er Jahre brachte er es als Filmkomiker zu einiger Berühmtheit; vom weltweiten Starruhm jedoch waren beide noch weit entfernt.

Für Babe, der mit diesem Film ja seinen Hollywood-Einstand gegeben hatte, gab es nach Ende der Dreharbeiten zunächst gravierende Probleme. Seine Ehe mit Madelyn funktionierte nicht mehr, zumal man seiner Frau ihr Alter inzwischen ansehen konnte und er außerdem in den Filmateliers pausenlos von hübschen Mädchen seiner Generation umgeben war. Natürlich konnten seine außerehelichen Eskapaden Madelyn auf die Dauer nicht verborgen bleiben; Ende 1919 reichte sie die Scheidung ein. Babe war damit durchaus einverstanden, und kurz vor der endgültigen Verhandlung erreichten seine und Madelyns Anwälte eine gütliche Einigung. Das Paar konnte sich trennen, Babe mußte seiner Frau eine wöchentliche Unterhaltungszahlung von 30 Dollar überweisen.

Hardy mit seiner zweiten Frau Myrtle Reeves

Zur endgültigen Scheidung kam es erst im November 1920, nachdem Babe mehrfach bekräftigt hatte, er betrachte Madelyn nicht mehr als seine Frau. Bereits nach kurzer Zeit läuteten für ihn erneut die Hochzeitsglocken. Babes zweite Frau war ebenfalls ein Mädchen aus den Südstaaten, die 1897 in Atlanta geborene Myrtle Reeves. Die Pressestelle seines neuen Studios Vitagraph gab später bekannt, Babe und Myrtle hätten sich bereits während ihrer

Schulzeit gekannt, sie selbst bezeichneten sich dagegen nur als
»Landsleute«. Jedenfalls heirateten die beiden am Thanksgiving-
Tag 1921 in der Christuskirche von Hollywood, rund ein Jahr nach
Babes Scheidung von Madelyn Saloshin.

Zu diesem Zeitpunkt war er bereits ein etablierter Ensemblespieler bei Vitagraph. Nach den Dreharbeiten zu LUCKY DOG hatte er zunächst einige Wochen lang keinen neuen Job gefunden, bis ihn ein Freund aus alten Vim-Tagen an die Produktionsgesellschaft LKO vermittelte. Er drehte bei LKO eine Handvoll Kurzfilme und wechselte dann zur Firma Vitagraph über. Dieses Unternehmen produzierte Filme aller Genres, hatte jedoch bereits einen guten Ruf als Pionier in Sachen Komödie. Als Babe Hardy Anfang 1919 dazu stieß, waren gerade Jimmy Aubrey und Larry Semon die populärsten Komikerstars der Gesellschaft. Aubrey war ebenfalls durch Fred Karno nach Amerika gekommen und hatte – wie Laurel – auch in dessen Produktion »A Night in an English Music Hall« mitgewirkt. Obwohl Aubrey quasi keine anderen Götter neben sich duldete, wurde Hardy sein »Heavy« und trat mit ihm in Filmen auf, deren komische Substanz sich oft auf einen alliterierenden Titel wie BUNDS AND BUNGLERS, LIONS AND LADIES (beide 1919) oder DAMES AND DENTISTS (1920) beschränkte. Aubrey war sich seines Star-Status' nur allzu bewußt und stand in dem Ruf, Nebendarsteller schlecht zu behandeln. Dennoch akzeptierte er – wohl auch auf Druck seines Regisseurs Jesse Robbins – Babe fast drei Jahre lang als Partner, bestand allerdings darauf, stets in der Mitte der jeweiligen Szene aufzutreten. Bei dem 1919 gedrehten Film TOOTSIES AND TAMALES wird Babe Hardy zusammen mit dem Vitagraph-Mitarbeiter Budd Ross sogar als Ideenlieferant genannt.

Einige der Aubrey-Komödien wurden von Larry Semon inszeniert, dem zweiten komischen Zugpferd der Vitagraph. Er war es auch, der Hardy endlich zu der längst überfälligen Anerkennung als Komiker verhalf. Semon, der Sohn eines Zauberkünstlers, hatte nach einem kurzen Kunststudium Karikaturen gezeichnet und 1916 erste Kontakte zum Film geknüpft. Von Anfang an drehte er rasante, turbulent-abenteuerliche Slapstick-Filme, in denen sich seine Erfahrungen als Cartoonist niederschlugen. *»Auch das Äußere der von ihm dargestellten Figur erinnerte in vielerlei Hinsicht an klassische Kasperl-Charaktere. Er hatte eine reine Clowns-Figur geschaffen, die einen viel zu großen Hut und Latzhosen trug, die ihm fast bis unter die Schultern reichten. Er plazierte einen Gag neben dem anderen, ohne sich viel um Logik oder Psychologie zu kümmern und schuf so Slapstick in Reinform. Autos durchbrachen*

Häuserwände, Motorräder mit und ohne Beiwagen stürzten in Schluchten, Züge entgleisten, und Häuser flogen in die Luft. Und der Bösewicht, dessen perfider Hinterlist Semon permanent ausgesetzt war, wurde von Oliver Hardy mit impertinenter Boshaftigkeit dargestellt.«[16]

Bevor Babe Hardy zu Semon stieß, hatte übrigens kurzzeitig auch Stan Laurel für ihn gearbeitet, indem er 1918 Nebenrollen in einigen Semon-Filmen übernahm. Der Legende nach soll Semon Sze-

Dorothy Dwan, Larry Semon, Oliver und Myrtle bei der Premiere zu ›The Wizard of Oz‹ (1925)

nen, in denen Laurels komisches Talent seines zu verdrängen drohte, aus den Filmen herausgeschnitten haben.
Der von Hardy dargestellte »Heavy« war die Parodie des klassischen Bösewichts der viktorianischen Bühne. Er trug zumeist einen eleganten Zylinder und einen nicht minder großen Schnauzbart, den er ab und zu würdevoll zwirbelte. Mit gleicher Energie widmet er sich der Jagd nach dem Mammon wie nach der unschuldigen Freundin des Helden. *»Am wirkungsvollsten waren seine (...) Bösartigkeiten, wenn er in erlesener Eleganz einherschritt und Gelegenheit hatte, seine geistvollen Pantomimen gespielter Vornehmheit und aufgeblasener Lebemannsart zu gestalten, vermischt mit eindrucksvollen Zwischenspielen von Ungehaltenheit.«*[17] Die Bestrafung für die Schurken der Aubrey-, West- und Semon-Filme war fundamental: Sie versanken in ihrer honorigen Eleganz in Schlammlöchern, bekamen ganze Wagenladungen von Schrott übergekippt oder mußten mit grimmem Zorn erdulden, wie der Held irgendeinen Eimer mit Unrat über sie schüttete.
In GOLF (1922) sehen wir Hardy, wie er durch den über ihm wohnenden Sportfanatiker Larry am Verzehr seiner Suppe gehindert wird. In THE BELLHOP (1921) ist er ein durchtriebener Hotel-Manager, der von Larry bei seinen betrügerischen Machenschaften gestört wird. Vergleichsweise furchterregend ist dagegen sein Outfit in HER BOY FRIEND (1924), in dem er einen finsteren Piratenkapitän mit Augenklappe und Stoppelbart spielt.
Larry Semon wußte offenbar durchaus, was er an Hardy hatte und welche Konkurrenz er sich da heranzüchtete. Denn zum einen war er offenbar für Babe ein loyaler und liebenswürdiger Kollege, andererseits achtete Semon genau darauf, daß sein Partner niemals in den Vordergrund einer Szene rückte. Während es in den Filmen von Großaufnahmen des ständig grimassierenden Semon wimmelt, sieht man Babe auch in wichtigen Szenen immer nur in Nah- oder Totalaufnahmen.
Babe hat sich über Larry Semon stets nur voller Hochachtung geäußert. Einmal meinte er sogar, daß ihm bei der Ausarbeitung von Gags (Semon trug angeblich immer ein kleines Notizbuch mit einem unerschöpflichen Vorrat wirkungsvoller Gags bei sich) lediglich Stan Laurel ebenbürtig gewesen sei. Seine Mitwirkung in Larry-Semon-Filmen jedenfalls brachte ihm soviel Popularität ein, daß in den frühen 20er Jahren in Großbritannien kurzzeitig ein Comic mit dem Titel »The Artful Antics of Babe Hardy« erschien – ein Beweis, daß er jetzt auch außerhalb der USA ein Begriff war. Er hielt Semon deshalb auch die Treue, als dieser wegen seiner immer höher werdenden Produktionskosten Vitagraph verlassen

mußte und sein eigenes Unternehmen aufbaute. So spielte Babe Hardy beispielsweise in Semons 1924 in eigener Regie hergestellten Fassung des Märchens THE WIZARD OF OZ den Blechmann, während Semon selbst die Rolle der Vogelscheuche übernahm. Das Mädchen, das die Wunderfiguren des zauberhaften Landes Oz trifft, spielte Semons Frau Dorothy Dwan. Mit der Herstellung solch aufwendig produzierter Langfilme hatte sich Larry Semon jedoch finanziell übernommen. Der Erfolg ließ allmählich nach, andere Komiker liefen ihm den Rang ab. Der letzte Film, den er zusammen mit Oliver Hardy realisieren konnte, trug den ironischen Titel THE PERFECT CLOWN und kam Ende 1925 in die Kinos. Danach mußte seine Produktionsgesellschaft Konkurs anmelden, und Semon hielt sich mit Episodenrollen und einer Handvoll Kurzfilme über Wasser. Als er 1928 mit nur 39 Jahren starb, war er hoch verschuldet.

Babe hatte Vitagraph zusammen mit Larry Semon verlassen und arbeitete danach überwiegend für dessen Produktionsgesellschaft, trat aber auch in Filmen anderer Gesellschaften auf. So verkörperte er für die Metro in Buster Keatons THREE AGES (1923), einer intelligenten Parodie auf Monumentalfilme, in einer der drei Episoden einen rabiaten Römer. Im selben Jahr traf er mit einer weiteren Legende des klassischen Slapstick-Films zusammen, mit Mack Sennett. Unter dessen Ägide drehte er die Komödie CRAZY TO ACT, in der er einen respekteinflößenden Filmproduzenten spielt; doch die Diva poussiert nicht mit ihm, sondern mit ihrem schönen Partner. Für eine kleine Firma namens Arrow-Film drehte er 1925 den Zweiakter STICK AROUND mit Bobby Ray – ein Remake des 1915 entstandenen THE PAPERHANGER'S HELPER.

Nach dem Herumzigeunern von einer Produktionsfirma zur nächsten landete er schließlich bei Hal Roach. Der Produktionschef der Roach-Studios, Richard F. Jones, bezeichnete Babe einmal als den vielseitigsten Komiker überhaupt, und dieser bewies seine Wandlungsfähigkeit auch gleich mit einem Auftritt in einem Wildwest-Film, THE KING OF THE WILD HORSES (1924). Aber offensichtlich wußte Roach gar nicht so genau, was er wirklich mit Hardy anfangen sollte. In etlichen Filmen mit den Komiker-Stars Charley Chase und Mabel Normand konnte er zunächst sein Image als viktorianischer Schurke ablegen und sich ohne Maskerade als Komiker profilieren – etwa als wartender Taxifahrer, der den in Renaissance-Gewändern steckenden Chase in BROMO AND JULIET (1926) durch die Stadt kutschiert und vergeblich sein Geld verlangt. In FLUTTERING HEARTS (1927) will Charley Chase mit Hilfe einer verführerischen Kleiderpuppe Hardy in den dunkelsten Winkel einer

Kaschemme locken. In dieser Szene zeigt Hardy eine seiner Spezialitäten, die in seinen späteren Filmen häufig auftaucht: Der hinter einem Vorhang versteckte Chase versucht, das Kleid der Puppe über ihr Knie hochzuziehen, um Hardy anzubaggern. Durch eine ungewollt heftige Bewegung aber wird nicht nur das Knie, sondern die ganze Hüfte entblößt. Hardy, anfangs einem Flirt nicht abgeneigt, scheint sich von einem Moment zum anderen zu verschlucken, ringt um Luft. Die Kamera zeigt nun in Großaufnahme, wie Hardys Gesicht gleichzeitig Verwirrtheit, Schock und Lüsternheit widerspiegelt.

Mit Mabel Normand, die bereits in den 10er Jahren bei Mack Sennett Filmruhm erlangt hatte und 1926 bei Roach unter Vertrag stand, spielte Babe in THE NICKEL HOPPER; in dem Roach-Western NO MAN'S LAW (1927) war er ein harter Wildwest-Bösewicht. In WANDERING PAPAS (1925) schließlich, einem Film mit dem australischen Komiker Clyde Cook in der Hauptrolle, spielte er den Anführer eines Brückenbautrupps, der mit seinen Männern unter den Kochkünsten Cooks zu leiden hat. Dieser Film entstand unter der Regie von Stan Laurel. Sieben Jahre nach ihrem ersten zufälligen Zusammentreffen bei den Dreharbeiten zu LUCKY DOG kreuzten sich in den Roach-Studios in Culver City erneut die Wege von Stan Laurel und Oliver Hardy. Auch diesmal war es Zufall, und zunächst deutete erneut nichts auf eine dauerhafte Zusammenarbeit hin, zumal Laurel inzwischen fast nur noch hinter der Kamera tätig war.

Stan Laurel stand, nachdem er als Ersatz für den Zirkusclown Toto engagiert worden war, genau einen Monat lang bei Roach in Lohn und Brot: *»Für Einakter brauchte man nicht mehr als eine Idee, keine Story. Es reichte völlig, eine kleine Begebenheit zu erzählen. Ich hatte keine bestimmte Figur. Mal war ich ein Bäcker, mal ein Metzger – und entsprechend angezogen. Und nach fünf Filmen war ich durch.«*[18]

In den nächsten fünf Jahren arbeitete Stan nicht mehr für Roach. Er wirkte in einigen Filmen von Larry Semon mit und kehrte danach zusammen mit Mae Dahlberg, seiner »Gewohnheits-Ehefrau«, zum Vaudeville zurück. Seine Beziehung zu Mae war nicht besser geworden, beide tranken viel und stritten noch mehr. Der Retter in der Not erschien 1922 in Gestalt von Gilbert M. Anderson, dem Produzenten seines ersten Films NUTS IN MAY. Ohne daß Stan davon wußte, hatte »Broncho Billy« Anderson seit damals immer wieder auf Laurels Qualitäten aufmerksam gemacht. Aber erst jetzt hatte er das nötige Geld zusammen, um weitere Filme mit

Laurel & Hardy mit ihrem Produzenten Hal Roach

ihm produzieren zu können. Die ersten beiden hießen THE EGG und THE WEEKEND-PARTY und waren nur leidlich erfolgreich, der dritte dann jedoch erwies sich als absoluter Knüller. Rudolph Valentino, Sex-Symbol des Stummfilms und Schwarm aller Kinogängerinnen, hatte gerade großen Erfolg als Stierkämpfer in dem

Film BLOOD AND SAND. Anderson kam daher auf die Idee, eine Parodie zu drehen. In MUD AND SAND erscheint Stan Laurel ebenfalls als kühner Torero Rhubarb Vaselino. Seine Partnerin: Mae Dahlberg, die sich sehr zum Verdruß ihres Mannes immer häufiger in dessen berufliche Vorhaben einmischte. Die Resonanz, die der Film beim Publikum hatte, gab Anderson und Laurel indes recht. Sie legten gleich WHEN KNIGHTS WERE COLD (1923) nach, eine Persiflage des im Jahr zuvor entstandenen Ritterfilms WHEN KNIGHTS WERE BOLD mit Marion Davies. Stan erinnert sich: »*In dieser Komödie gab es eine wunderbar lustige Szene, wie ich sie vorher oder nachher nie wieder in einem Film gesehen habe. Wir hatten ein Ritterheer in einer Verfolgungs-Szene. Drei unter den dreihundert ritten auf Steckenpferden aus Pappe, wie sie von Zirkusclowns benützt werden und bei denen die Beine der Männer neben dem Pappmachékopf der Pferde stehen. Es war sehr erheiternd.*«[19]

Nach nur fünf Filmen für Gilbert M. Anderson hatte sich Stan Laurel auch beim Kinopublikum einen Namen gemacht. Anderson – dem als einzigen das Verdienst zukommt, Laurel aus dem anonymen Heer drittklassiger Varieté-Spaßmacher herausgeholt und zu respektablem Filmruhm verholfen zu haben – sah sich nach geeigneten Autoren um, die für Stan längere Filme zu schreiben in der Lage waren. Doch inzwischen war auch Hal Roach, dessen wichtigster Star Harold Lloyd sich selbständig gemacht hatte, an ihm interessiert. Roach hatte 1922 mit seiner Serie »Die kleinen Strolche« begonnen und den Bühnenkomiker Will Rogers unter Vertrag genommen. Er bot Stan 175 Dollar pro Woche – mehr als Anderson zahlen konnte. Am 2. März 1923 unterschrieb Laurel bei Roach. »Broncho Billy« konnte seine Neuentdeckung daher nicht halten und zog sich später völlig vom Filmgeschäft zurück.

Obwohl Roach noch kurz zuvor erklärt hatte, Stans blaue Augen könnten auf Nitratfilm nicht fotografiert werden, drehte er in den nächsten eineinhalb Jahren zwei Dutzend Komödien mit ihm – und Mae. Sie bestand nach wie vor darauf, in seinen Filmen die naive Unschuld zu spielen. Doch da sie um einiges älter war als ihr Mann – oder zumindest so aussah –, war ihre Mitwirkung der Qualität der Filme nicht unbedingt förderlich. Zudem war Stan von den endlosen Streitigkeiten mit Mae reichlich zermürbt. Jetzt, da er ein geregeltes Einkommen hatte, pflegte er nach besonders heftigen Auseinandersetzungen mit seiner »Gewohnheits-Ehefrau« einfach für eine oder zwei Nächte die gemeinsame Wohnung zu verlassen und ins Hotel zu gehen. Zudem litt sein ohnehin nicht von tiefer Freundschaft geprägtes Verhältnis zu Hal Roach unter dieser »Gewohnheitsehe«, da Roach mit Recht eine schlechte Publicity für seinen neuen Komiker befürchtete. Anfang der 20er Jahre begann sich in Hollywood gerade jene scheinheilige Doppelmoral zu etablieren, die über das Privat- und Sexualleben der großen Stars mit unerbittlicher Härte wachte und so manchem aufstrebenden Schauspieler das Genick brach. Nach der Fertigstellung des Films SHORT KILTS ließ Roach daher trotz ermutigender Erfolge an der Kinokasse seinen Vertrag mit Stan Laurel auslaufen.

Wieder einmal ohne festes Einkommen, wurden Stan und Mae im Haus seines damaligen Agenten Percy Pembroke aufgenommen, der ihm relativ schnell ein neues Filmengagement verschaffte. Ein Freund Pembrokes, der Produzent Joe Rock, wollte mit Laurel eine Serie von zwölf Zweiaktern drehen. Aber er bestand von Anfang an darauf, die Filme ohne Mae Dahlberg zu machen. *»Laurel, der wegen der Abneigung der Studios, ihn zusammen mit Mae zu beschäftigen, in heftigen finanziellen Schwierigkeiten war, akzeptierte. (...) Aber Rock leitete kein Wohlfahrtsinstitut, sondern war lediglich ein Bewunderer von Laurels früheren Werken. Außerdem war es nach wie vor schwierig, die Mittel für eine geplante Laurel-Serie zu beschaffen, zumal die Geldgeber von Laurels Alkoholproblemen gehört hatten. Aber der hartnäckige Rock entschloß sich, das Projekt zumindest bis zu einem Pilotfilm voranzutreiben. Während der dreiwöchigen Vorbereitungszeit lief alles glatt, die Probleme tauchten erst auf, als mit den Dreharbeiten begonnen werden sollte. Als ob er die schlachterprobten Ehemänner zukünftiger Stan-und-Ollie-Filme vorwegnehmen wollte, erschien Laurel mit tiefen Kratzspuren im Gesicht und überbrachte ein Ultimatum von Mae, sie wolle ebenfalls in dem Film auftreten (nachdem er Rock davon zu überzeugen versucht hatte, die Kratzwunden stammten von seiner Katze). Natürlich war Rock für dieses alte Argument nicht empfänglich.«*[20]

Laurel drohte sogar damit, im Falle einer Nichtbeschäftigung seiner »Gewohnheits-Ehefrau« ebenfalls aus dem Projekt auszusteigen. Joe Rock bot schließlich an, mit Mae Dahlberg zu reden. Er erklärte ihr, sie sei nur ein Mühlstein für Stans Karriere, und fädelte schließlich auch das Ende ihrer Beziehung ein. Rock zahlte Mae 1000 Dollar Handgeld, und sie verschwand wieder nach Australien. Es war dies Laurels erste einer ganzen Reihe sehr stürmischer Liaisons mit furienhaften Frauen, die ihn immer wieder an den Rand des Nervenzusammenbruchs brachten, stets seinen ohnehin recht üppigen Alkoholkonsum in die Höhe schnellen ließen und in späteren Jahren auch immer sehr viel Geld kosteten. Mit Mae Dahlberg war er sieben Jahre zusammen, aber nur kurze Zeit wirklich glücklich gewesen.

Nachdem Mae mit Joe Rocks Geld Amerika verlassen hatte, zeigte sich Stan seinem neuen Produzenten gegenüber überaus dankbar. Er versprach, für Rock die besten Komödien zu machen, die sich denken ließen. Das Resultat dieses Versprechens waren so ergötzliche Filme wie Dr. Pyckle and Mr. Pryde, eine in den aufwendigen Kulissen des »Glöckners von Notre Dame« entstandene Horrorfilm-Parodie; und die neuerliche Valentino-Persiflage Monsieur don't care.

Die Filme für Hal Roach und Joe Rock – alle zwischen 1923 und 1925 produziert – markieren in Laurels Solo-Schaffen eine deutliche Weiterentwicklung sowohl der Dramaturgie als auch der von ihm dargestellten Figur. Die parodistischen Schmonzetten im historischen Milieu ausgenommen, kristallisierte sich jetzt ganz allmählich ein erkennbarer Charakter heraus. Er trägt in der Regel ganz normale, aber zu groß geschnittene Kleidung, dazu oft einen Strohhut, der ihn als forschen Dandy charakterisiert. Wie die meisten Komiker des amerikanischen Stummfilms war er eine moderne Weiterentwicklung des klassischen Kasperl, der auf negative Umweltreize durchaus hinterlistig und vor allem grausam reagiert. Dennoch ist sein Tun von einer gewissen Unbefangenheit gekennzeichnet, die auch vor dem Spott über Minderheiten nicht halt macht: In The Soilers (1923) wirft ein homosexueller Cowboy mit einem Blumentopf nach ihm; in Mandarins Mix-up (1924) werden chinesische Einwanderer lächerlich gemacht; in Man about town (1923) gar finden sich ein paar rauhe Scherze mit einem Buckligen. In Kill or Cure sehen wir Laurel mit steifem Kragen und viel Pomade im penibel gekämmten Haar als dynamischen Vertreter für diverse absonderliche Arzneimittel, in Oranges and Lemons als eifrigen Obstpacker, in Roughest Africa als wagemutigen Großwildjäger – allein durch seine Rollen ist auch bereits die Handlung dieser zehn- bis zwanzigminütigen Kurzfilme hinreichend umrissen. Near Dublin ist eine Parodie auf biedermeierliche Kostümfilme und zeigt Stan Laurel unter anderem als verliebten Grubenarbeiter unter Tage, während er in Postage Due seinen sexuellen Gelüsten als Postexpeditor frönt. Mit der verklemmten Spießigkeit der Laurel-&-Hardy-Filme kann dieser Stan nichts anfangen. Er steht der Damenwelt äußerst aufgeschlossen gegenüber. In der Regel hat er bereits zu Beginn eines Films ein Auge auf seine Herzdame geworfen und muß im weiteren Verlauf gegen diverse Nebenbuhler oder eifersüchtige Väter antreten. Die beiden Filme, die vielleicht am ehesten auf die künftigen Charakterzüge seiner Filmfigur hinweisen, sind On the Front Page und Scorching Sands. Beide zeigen ihn in panischer Furcht vor einer

bedrohlichen Weiblichkeit. In letzterem verschlägt es ihn auf eine nur von Frauen bewohnte Insel, in ON THE FRONT PAGE muß er sich in der Rolle eines Reporters einer sexuell erregten Diva erwehren, die ihm auf den Leib rückt. In THE SLEUTH ist er als eifriger Kaufhaus-Detektiv auch bereits in Frauenkleidern zu bewundern.
Demütigungen werden von ihm auf die Art eines rachelüsternen kleinen Jungen quittiert. Er befindet sich im Stadium einer pragmatischen Unschuld – vergleichbar etwa den ersten, mitunter noch recht brutalen Filmen Charles Chaplins. Obwohl sich die Bandbreite dieser Solo-Filme von der Satire bis hin zu reinem Slapstick erstreckt, bleibt seine Standardfigur gleich: Er ist temperamentvoll bis zur Aggressivität, erfinderisch und einfallsreich, aber nicht sonderlich liebenswert. Diese Charakteristika bildeten sich jedoch erst unter der Ägide Joe Rocks heraus. Erst ab 1923, als er sich von Mae trennte und mit Rock zusammentat, fand Laurel zu einem eigenen Typ. Es gelang ihm jetzt, sich dem Publikum einzuprägen. Um so unverständlicher erscheint es, daß Stan sich relativ kurzfristig von Rock trennte.
Dabei hatte ihm Rock nicht nur zu erstem wirklichen Filmruhm verholfen, er war Laurel überdies bei der schwierigen Trennung von Mae Dahlberg behilflich gewesen. Darüber hinaus lernte Stan durch Rocks Vermittlung sogar seine erste wirkliche Ehefrau kennen: Lois Neilsen. Wie Mae war auch sie von Haus aus Schauspielerin. Sie kam vom Varieté und stand in den 10er Jahren auch vereinzelt vor der Filmkamera. Ohne sich näher kennenzulernen, traten sie und Stan 1918 sogar gemeinsam in einigen Filmen von Hal Roach auf, wobei ihr allerdings mehr oder weniger Statistenrollen zufielen. Danach war sie lange Zeit mit Joe Rock liiert, ehe dieser eine andere heiratete. Sie blieb Rock und seinem Bruder Murray jedoch weiterhin verbunden und bekam ab und zu kleine Rollen in ihren Filmen. Ausgerechnet am Tage von Mae Dahlbergs Abreise nach Australien nahm Murray Rock den sehr nervösen Stan mit in die Wohnung von Lois Neilsen. So lernte er sie kennen. Er zog bereits nach wenigen Wochen in ihr Apartment und machte sie mit seinen Freunden – unter anderem seinen alten Varieté-Partnern Alice und Baldwin Cooke sowie den Pembrokes – bekannt. Lois Neilsen war fünf Jahre jünger als Stan und eine attraktive Blondine von einnehmendem Wesen. Aber sie wußte auch von Laurels Ruf als trinkfreudigem Schürzenjäger und drängte zur Heirat. Am 13. August 1926 wurden die beiden in Los Angeles getraut.
Die Gründe für die Trennung von Joe Rock waren offenbar finanzieller Natur. Laurel hatte sein vertraglich fixiertes Pensum an

Kurzfilmen früher erfüllt als erwartet. Aufgrund separater Abmachungen mit seinen Verleihern konnte Rock jedoch nur einen Laurel-Film pro Monat in die Kinos bringen, so daß er Stan auch keine Gage zahlen konnte. Dieser war daher durchaus gesprächsbereit, als Hal Roach bei ihm anklopfte. Joe Rock später: *»Ich wußte, daß Roach mit Stan verhandelte. Hollywood war damals ein Dorf, und wie ich hörte, stand Stan nicht nur mit Roach in Gesprächen, sondern auch mit zahlreichen der großen Studios. Sie alle wußten, daß Mae fort und Stan glücklich war. Es sah wirklich sehr gut für ihn aus. (. . .) Stan wollte für Roach schreiben, daneben aber auch vor die Kamera treten. Ich bat ihn in mein Büro und erklärte ihm, daß er von mir aus durchaus schreiben und Regie führen konnte, da ich ihn ja momentan nicht bezahlte und er ein Recht darauf hatte, seinen Lebensunterhalt zu verdienen. Er konnte auch spielen, aber nur solange er nicht der Star war. Denn in diesem Fall hätte Stan selber den von mir produzierten ›Stan Laurel Comedies‹ Konkurrenz gemacht, von denen fünf oder sechs ja noch gar nicht gelaufen waren«.*[21]

Es kam zu einem Prozeß, der aber nach einem halben Jahr abgebrochen wurde. Während dieser Zeit war Laurel bereits für Roach tätig, trat jedoch nicht auf, sondern führte lediglich Regie und arbeitete an den Drehbüchern mit. So inszenierte er Filme mit den Roach-Stars Charley Chase (THE MERRY WIDOWER) und James Finlayson (NEVER TOO OLD, beide 1925) sowie den »Kleinen Strolchen« (SEEING THE WORLD, 1926). Auch mit Oliver Hardy, Roachs wandlungsfähiger Allzweckwaffe in Sachen Komik, traf er hier wieder zusammen. Er führte Regie bei vier Filmen, in denen Babe mitwirkte: WANDERING PAPAS; YES, YES NANETTE (beide 1925); ENOUGH TO DO und MADAME MYSTERY (beide 1926). Ein Zwischenfall bei den Dreharbeiten zu einem fünften gemeinsamen Film, GET'EM YOUNG, führte schließlich zur Partnerschaft zwischen Stan Laurel und Oliver Hardy.

Laß' sie lachen

Nach einer bewegten Jugend als Goldschürfer und Maultiertreiber in Kalifornien traf der 1892 in Elmira (US-Bundesstaat New York) geborene Hal E. Roach anno 1912 mit dem Komparsen und Stuntman Harold Lloyd zusammen, als beide Statistenrollen in schnell produzierten Wildwest-Filmen übernahmen. Eine kleine Erbschaft, die ihm zu Investitionskapital und Kreditwürdigkeit verhalf, gab den Startschuß zu Roachs Karriere als Filmproduzent, Regisseur und Autor. Ab 1914 drehte er eine Serie von heiteren

Stan Laurel mit seiner ersten Frau Lois und Tochter Lois jr.

Kurzfilmen mit Harold Lloyd in der Rolle des vertrottelten Träumers »Lonesome Luke« – auch dies eine weitere, allerdings stark abgeänderte Chaplin-Variante –, die zunächst nicht den erwarteten Erfolg hatte. Der stellte sich erst ein, als Lloyd jene Figur eines bebrillten jungen Mannes auf dem Weg nach oben kreierte, die ihn legendär machte.

Populäre Stummfilm-Komiker wie Snub Pollard, Charley Chase, Max Davidson oder Mabel Normand, die zum Teil in kleineren Parts bereits bei Mack Sennett begonnen hatten, erwarben sich in Hal-Roach-Produktionen Starruhm. 1922 begann er mit der Herstellung von »Our Gang«, einer überaus amüsanten Serie um die Abenteuer einer Riege lausbübischer Kinder, die in Deutschland unter dem Sammeltitel »Die kleinen Strolche« zum Begriff wurde. Roach verließ sich dabei in erster Linie auf die Wirkung seiner kindlichen Darsteller. Die Reihe lief – mit wechselnder Besetzung – bis 1944.

Das Gros der Stummfilm-Komiker war dem Slapstick verpflichtet. Der Begriff meint ursprünglich die Narrenpritsche im Kasperltheater, mit welcher der komische Held Schläge verteilt. Denn in seiner unbekümmert-naiven, temporeich-destruktiven, zuweilen aber auch sadistisch-pornographischen Art ist der Slapstick dem klassisschen Puppentheater, den Stehgreif-Komödien der historischen Commedia dell'Arte sehr wesensähnlich. Die ersten Slapstick-Filme entstanden in Europa, aber erst in Hollywood wurde das Genre ausgebaut und vervollkommnet: »*Mack Sennett wurde der bedeutendste Produzent von Slapstick-Filmen, er erfand die Tortenschlacht, die finale Verfolgungsjagd, die komischen Polizisten und die Bathing Beauties. Sennett ließ viel improvisieren – ideale Hintergründe dafür fand er in gerade stattfindenden Ereignissen (Sportveranstaltungen, Ausstellungen, Verkehrsunfälle, Brände etc.). Charakteristisch für seine Filme war das hektische, nie abreißende Tempo. Dagegen arbeitete Hal Roach später mit langsam ausgespielten, immer wiederkehrenden Gags, die sich oft in sorgfältig aufgebauten Kulissen abspielen.*«[22]

In den 20er Jahren, als kurze Slapstick-Filme eine erste Blütezeit erlebten, war Hal Roach der einzige ernstzunehmende Konkurrent des »King of Comedy« Mack Sennett. Zusammen stellten die beiden nahezu 70 Prozent aller Filmgrotesken her. Roachs erste Produktionsgesellschaft, für die 1918 ja auch Stan Laurel kurzzeitig gearbeitet hatte, hieß Rolin. In Culver City, einem kleinen Ort direkt an der Grenze zu Hollywood, errichtete er 1919 einen eigenen Atelierkomplex, die Hal E. Roach Studios.

Als Stan Laurel im Mai 1925 seine Arbeit in den Roach-Studios begann, war das bereits der dritte Anlauf einer Zusammenarbeit zwischen diesen beiden Männern. Auch Oliver Hardy war zu dieser Zeit regelmäßig für Roach tätig, wurde aber erst am 6. Februar 1926 von ihm langfristig unter Vertrag genommen. In drei Filmen hatte Babe bereits unter Stans Regie gespielt, als es im Juli 1926 zu einem denkwürdigen Zwischenfall kam, den Laurel später so schilderte: »*Es begann, als ich die Regie eines Films übernahm, in dem Hardy mitwirken sollte. An einem Freitag, drei Tage vor Beginn der Dreharbeiten, kochte Hardy zu Hause eine Lammkeule. Als er das Lamm aus dem Ofen herausnahm, rutschte er aus. Das ganze heiße Bratfett ergoß sich über seinen Arm, und er erlitt eine Verbrennung dritten Grades. So mußte er ins Krankenhaus gebracht werden und konnte in dem Film nicht mitwirken. Wir versuchten, einen anderen Schauspieler für die Rolle zu bekommen, aber es war niemand verfügbar. Da fragte mich Roach, ob ich nicht Hardys Rolle übernehmen würde. Natürlich mußten wir sie umschreiben. Aber als der Film abgeschlossen war, gefiel er Roach, und er bat mich, auch für den nächsten Film eine Rolle für mich selbst zu schreiben. Aber dann war Hardy wieder fit genug, um im nächsten Film mitzuspielen. Deshalb bin ich in dem Film mit ihm zusammen aufgetreten. Das war das erste Mal, daß wir zusammen gespielt haben.*«[23]

Im Roach-Studio: Laurel & Hardy mit Arthur Houseman bei Dreharbeiten zu ›Our Relations‹ (1936)

Star des Films GET'EM YOUNG, in dem Babe einen Butler hätte spielen sollen, war Harry Myers, ein ehemals populärer Herzensbrecher, der bei Roach sein Comeback versuchte. Stan Laurel sträubte sich zunächst dagegen, Babes Rolle zu übernehmen. Zum einen galt sein momentanes Interesse ohnehin mehr der Arbeit hinter der Kamera – er hatte sich von Anfang an sehr für die Ausarbeitung von Gags und die Entwicklung einer Story interessiert und fand bei Roach Gelegenheit, sich in dieser Sparte der Filmherstellung zu engagieren. Zum anderen war noch immer sein Rechtsstreit mit Joe Rock anhängig, der ihm zwar eine Tätigkeit hinter der Kamera, jedoch keine Filmauftritte zubilligen wollte. Den eigentlichen Ausschlag, Hardys Rolle als Diener zu übernehmen, gab daher eine Gehaltserhöhung von 100 Dollar pro Woche.

Auch in RAGGEDY ROSE, übrigens dem letzten Film der großen Komikerin Mabel Normand, sollte Stan Regie führen und Babe eine Rolle übernehmen. Diesmal jedoch wurde Hardy durch einen anderen Schauspieler ersetzt. Ironischerweise waren übrigens sowohl Babe Hardy als auch seine Frau Myrtle zu dieser Zeit krank. Während er unter den Brandverletzungen zu leiden hatte, mußte sich Myrtle mit einer Zerrung am rechten Bein plagen, da sie kurz zuvor auf eine Schlange getreten und im ersten Schrecken einen Abhang hinabgestolpert war.

Der zweite Film, für den Laurel die Rolle Hardys für sich bereits umgeschrieben hatte, war 45 MINUTES FROM HOLLYWOOD, dessen Regie er Fred Guiol übergab. Als dieser Streifen in Produktion ging, war Babe jedoch bereits wieder genesen. So standen plötzlich beide für den Film zur Verfügung – und traten schließlich auch beide darin auf. Dieser Film, der erste von Roach mit Laurel & Hardy produzierte, erzählt die Geschichte eines naiven Jungen (Glenn Tryon), der mit seiner Familie einen Ausflug nach Hollywood unternimmt. Er trifft dort auf eine ganze Reihe von Roach-Stars – neben den »Kleinen Strolchen« unter anderem Theda Bara, den ersten Vamp der Filmgeschichte – und hat einen Zusammenstoß mit einer Bande von Bankräubern, die sich als Filmteam verkleidet haben. Oliver Hardy spielt einen Hotel-Detektiv, der seine meiste Zeit in der Badewanne verbringt. Stan Laurel, mit einem riesigen Schnauzbart versehen, hat einen kurzen Gastauftritt als arbeitsloser Schauspieler, der in Hardys Hotel absteigt. Eine wirkliche gemeinsame Szene haben die beiden nicht. Man sieht lediglich, wie Hardy sich an einer Tür zu schaffen macht, hinter der Laurel im Bett liegt. Aber dennoch markiert 45 MINUTES FROM HOLLYWOOD den Beginn der Partnerschaft von Laurel & Hardy, da dieser Film den Grundstein legte für ihre gemeinsame

Karriere. Noch waren beide nichts anderes als Angestellte von Hal Roach, aber schon bald sollten sie seine weltweit zugkräftigsten Kassenmagneten sein.

45 MINUTES FROM HOLLYWOOD wurde im August 1926 gedreht, und schon im darauffolgenden September arbeitete Laurel an einem Drehbuch, das davon handelte, wie zwei Landstreicher sich in der Villa eines gerade auf Großwildjagd befindlichen Obersten verstecken. Die Geschichte war Stan nur zu vertraut, denn sie beruhte auf einem Sketch von Arthur J. Jefferson, seinem Vater. Aus dem Sketch »Home from the Honeymoon« entstand der Film DUCK SOUP. Regie sollte erneut Fred Guiol führen, die beiden Vagabunden sollten Stan Laurel und Syd Crossley, ein Mitglied von Roachs Darsteller-Ensemble, spielen. Es ist nicht bekannt, aus welchen Gründen Crossley diese Rolle dann doch nicht übernahm. Tatsache ist jedenfalls, daß an seiner Stelle Oliver Hardy den zweiten Landstreicher spielte. Der Film erschien innerhalb von Roachs »All Star Series«, und Laurel & Hardy wurden auch nicht als Paar angekündigt. Tatsächlich aber treten sie durchaus als Duo auf, wenn auch Stan weitaus mehr Szenen hat als Babe. Denn der von ihm dargestellte Vagabund schlüpft in die Maske des Dienstmädchens, als potentielle Mieter in der leerstehenden Villa auftauchen. Für zwei Komiker wie Laurel & Hardy gibt diese Konstellation natürlich eine ergötzliche Story ab, so daß sie von DUCK SOUP nach drei Jahren das Remake ANOTHER FINE MESS produzierten.

»In DUCK SOUP *schimmert bereits eine vage Andeutung des späteren Teams durch. Danach jedoch schwankten die gemeinsamen Filme von Laurel & Hardy zwischen Auftritten als veritables Paar und der bloßen Mitwirkung im selben Film. Beispiele für letztere Gruppe schließen* SLIPPING WIVES *und* WITH LOVE AND HISSES *ein, in denen sie nicht als Duo erscheinen. Es war McCarey, der dieser Angelegenheit eine Wendung gab.«*[24]

In der Tat war Leo McCarey der Mann, der an der Bildung des Teams Laurel & Hardy den meisten Anteil hatte. Er stammte aus Los Angeles und hatte seine Filmkarriere als Assistent von Mack Sennett und Horror-Regisseur Tod Browning begonnen. Mit Anfang 20 schloß er sich dem jungen, ideenreichen Team von Roach an und betreute zunächst die Filme von Charley Chase. Nachdem Produktionschef Richard Jones die Roach-Studios Ende 1927 verlassen hatte, übernahm McCarey die künstlerische Leitung über die Filmherstellung. Das Team Laurel & Hardy – oder besser gesagt: das, was einmal aus ihrem zufälligen Zusammenspiel werden sollte – lag ihm dabei besonders am Herzen.

45 Minutes from Hollywood war im Dezember 1926 in die Kinos gelangt, und während der folgenden sechs Monate drehten Laurel & Hardy sieben weitere gemeinsame Filme, ohne daß wirklich von jenem Paar die Rede sein könnte, als das wir die beiden heute kennen. In Sailors beware beispielsweise ist Laurel ein Taxifahrer, der auf der Jagd nach seinem Fahrgeld an Bord eines Luxusdampfers gerät, auf dem Hardy als Zahlmeister arbeitet. In Slipping Wives sehen wir Stan in der Rolle eines Dienstboten, der einen ehemüden Maler eifersüchtig machen soll; Babe spielt den Butler des Künstlers. In all diesen Filmen ist Stan Laurel die komische Hauptfigur, während Oliver Hardy lediglich Nebenrollen bestreitet. Die Szenen, in denen beide gemeinsam auftreten, sind mehr oder weniger zufälliger Natur. Zudem sind die von Laurel & Hardy dargestellten Figuren keine von Film zu Film wiederkehrenden Charaktere, die sie als Paar hätten etablieren können. Die Rollen, die sie in diesen Filmen spielen, hätten durchaus auch andere Darsteller der Roach-Mannschaft gestalten können.

Obwohl Hal Roach – der übrigens den größten Teil des Jahres 1927 auf einer Weltreise verbrachte – das komische Potential eines aus Laurel & Hardy bestehenden Teams durchaus erkannte, wurde seine Bildung einzig und allein von Leo McCarey betrieben. Denn er konnte alle Beteiligten davon überzeugen, daß die beiden Figuren, die Laurel & Hardy verkörperten, unabhängig von Film und Handlung sofort erkennbar sein müßten. McCarey und Laurel kannten sich aus der Drehbuch- und Gag-Abteilung der Roach-Studios und hatten ein weitaus innigeres Verhältnis, als es die von ewigen Streitigkeiten geprägte Beziehung zwischen Laurel und Roach je sein konnte. Als Regisseur wird McCarey, der später an den Einnahmen der Filme beteiligt war, nur bei einigen wenigen Laurel-&-Hardy-Filmen genannt. Doch dürfen wir aufgrund der Arbeisstrukturen bei Roach annehmen, daß er an der Entstehung der Filmstoffe mitgewirkt und die Dreharbeiten mit Interesse und Engagement begleitet hat. Überdies sind die Roach-Produktionen das Ergebnis schöpferischer Teamarbeit, in deren Verlauf gute Ideen aufgegriffen wurden, egal wer sie geäußert hatte. Leo McCarey jedenfalls, der so eng mit Laurel & Hardy verknüpft war, daß er auch noch als Ideengeber ihrer Filme aufgeführt wurde, als er Roach längst verlassen hatte, ist für das Zustandekommen des Paares eine Art Katalysator. Als »Supervisor«, dem die Gesamtleitung einer Filmproduktion oblag, war er für die Ausarbeitung der Story, für die Gags, die Koordination, den Schnitt, die Auslieferung der Kopien und gegebenenfalls auch für den reibungslosen Ablauf von Nachaufnahmen verantwortlich.

Welche Produktion nun der erste veritable Laurel-&-Hardy-Film ist, darüber haben Kritiker und Historiker seit jeher trefflich gestritten. Zusätzliche Verwirrung stiftet die Tatsache, daß die Filme teilweise nicht sofort nach Abschluß der Dreharbeiten ins Kino kamen, so daß die Chronologie der Herstellung nicht mit der Reihenfolge der Aufführung übereinstimmt.

Doch wie dem auch sei, der erste Film, in dem die später so vertrauten Figuren Stan und Ollie als Paar auftauchen, entstand im Mai 1927 unter dem Titel Do Detectives Think. Wir sehen sie hier als reichlich inkompetente Privatdetektive, die einen Richter vor der Rache eines aus dem Zuchthaus entflohenen Mörders schützen sollen. Schon in der ersten Szene, als sie mit viel Brimborium ob ihrer Stellung als detektivische Geheimnisträger das Haus des angsterfüllten Richters betreten, etablieren sie in Auftreten, Verhalten und Äußerem das Zweiergespann Stan und Ollie, das fortan in all ihren Filmen wiederkehren sollte. Der Dicke spielt sich als besserwisserische Vaterfigur auf, ist so selbstbewußt wie egoistisch und versucht mit einer Reihe affektierter Manierismen, den Mann von Welt herauszukehren. Er trägt ein zu enges Jackett, eine Krawatte, das nüchterne Bärtchen und wie sein Kumpan einen Melonenhut. Stan, der mickrige Tolpatsch, ist mit einem bürgerlichen Anzug ausstaffiert, hat eine wild zu Berge stehende Frisur. Daß sein Freund und Partner ihn beständig ausnutzt, wird ihm nur selten klar.

Dennoch ist Do Detectives Think noch kein »richtiger« Laurel-&-Hardy-Film, weil er erstens in Roachs »All-Star-Serie« erschien und zweitens hektischer ist, als es dem Stil ihrer späteren gemeinsamen Filme entspricht. Er enthält zahlreiche Szenen entsetzter Reaktionen des Richters, wildes Herumrennen in den opulenten Dekors und einige Stürze, wie es den rasant temporeichen Vorgaben des klassisschen Slapstick-Films entspricht. Laurel & Hardy dagegen bevorzugten eher eine gemächliche Komik, deren Gags sich langsam und vor allem aus der Handlung heraus aufbauten. Auch diese völlige Abkehr von der Machart der damals gängigen Kurz-Komödien à la Mack Sennett wurde von Leo McCarey bewußt betrieben: »*Damals hatten die Komiker eher die Neigung, zuviel zu machen und zu übertreiben. Mit Laurel & Hardy führten wir das Gegenteil ein. Wir versuchten, sie so in Szene zu setzen, daß sie nichts taten und nichts ausdrückten. Und das Publikum, das ja etwas ganz anderes erwartete, lachte, weil wir ernst blieben. In* From Soup to Nuts *beispielsweise spielt Hardy einen Diener, der eine Torte zu servieren hat. In dem Augenblick, da er über die Türschwelle tritt, stolpert er, schlägt der Länge nach hin und bekommt die Torte mitten ins Gesicht. Ich rief ihm zu: ›Bleib' so, beweg' dich nicht, bleib' ganz ruhig und laß' dir die Torte im Gesicht verlaufen.‹ Und eineinhalb Minuten hörte das Publikum nicht auf zu lachen, während Hardy ganz unbeweglich blieb und ihm die Torte im Gesicht verlief.«*[25]

In den Filmen von Laurel & Hardy gab McCarey die bis dahin üblichen Handlungsmuster und dramaturgischen Elemente des Slapstick auf. Es gibt keine wilden Verfolgungsjagden mehr, wie sie etwa für Sennett-Filme obligatorisch waren. Szenen reinen Grimassierens fehlen ebenso wie Tortenschlachten, die von Stan und Ollie in THE BATTLE OF THE CENTURY endgültig ad absurdum geführt werden, indem der gesamte Film nur von einer einzigen, riesigen Tortenschlacht handelt. Auch die Stories sind deutlich realistischer angelegt. Die Filme spielen nicht in einer irren Welt voller wunderlicher Verrückter, sondern handeln eher von den Schwierigkeiten, die der Irrsinn des wirklichen Alltags bereitet. Typische Versatzstücke Laurel & Hardy'scher Komik, wie sie in ihren späteren Filmen immer wieder auftauchen, wurden in diesen ihren Frühwerken eingeführt. So bekam Oliver Hardy bei den Dreharbeiten zu WHY GIRLS LOVE SAILORS, in dem er als finsterer Seebär noch Laurels Gegenspieler ist, von irgendwoher einen Eimer Wasser ins Gesicht geschüttet: *»Ich wußte, daß dies im Drehbuch vorgesehen war. Aber in diesem Augenblick hatte ich nicht damit gerechnet. Für ein paar Sekunden war ich völlig verwirrt und wußte nicht, was ich als nächstes tun sollte. Aber die Kamera lief weiter, und ich mußte irgend etwas tun. In die Krawatte schneuzen, dachte ich. Aber als ich die Krawatte schon angehoben hatte, schien es mir, daß dies doch ein bißchen zu vulgär sein würde. (...) Deshalb begann ich mit ihr herumzuwedeln. (...) So entstand der ›Tie-twiddle‹.«*[26]

Der »Tie-twiddle«, Hardys verlegenes Nesteln an der Krawatte, wurde eines der populärsten Charakteristika der Ollie-Figur. Es kommt stets in Momenten des Zwiespalts und der Verlegenheit zum Einsatz. Ollie ist verwirrt und zugleich darauf bedacht, sein jeweiliges Gegenüber für sich einzunehmen, wenn er mit der Krawatte wedelt. Völlige Orientierungslosigkeit und das gleichzeitige Bestreben, möglichst freundlich zu erscheinen, machen dieses Stilmittel aus. Gegenüber Stan dagegen tritt er als eine Art autoritäre und pompöse Vaterfigur auf. Stan ist ein reiner Tor, der schlafwandlerisch durch eine Welt schreitet, die er weder versteht noch in sie eingebunden ist. Jederzeit bereit, über die Ungereimtheiten dieser Welt in Tränen auszubrechen, ist sein Flennen jedoch nicht der Ausdruck von physischem Schmerz oder psychischer Trauer

Auch wenn der Schein trügt: Laurel hatte die Kontrolle bei den Dreharbeiten (Szene aus ›Scram‹, 1932)

(eine Trennung, die es im Innenleben von Laurel & Hardy ohnehin nicht gibt), sondern Indikator seiner Unfähigkeit, einen wie auch immer gearteten Sachverhalt zu begreifen. In seinem Weinen äußern sich Ratlosigkeit und die Angst vor einer unverständlichen Umwelt. Das Flennen ist mithin ein ganz wesentlicher Bestandteil des Laurel'schen Blickwinkels auf seine Umwelt. Interessanterweise hat Stan Laurel selbst gerade dieses Merkmal seiner Figur nie sonderlich geschätzt: (In GET'EM YOUNG) *»war ich ein äußerst schüchterner Bursche. Ich rannte umher und reagierte mit Entsetzen auf alles, was um mich herum passierte. Um dies zu unterstreichen, begann ich zu heulen, verzog mein Gesicht – und habe es seither immer wieder benutzt. So komisch dieses Flennen sein mag, es ist der einzige Charakterzug (der Filmfigur), den ich nicht mag. Ich*

erinnere mich, daß, wenn wir beim Improvisieren nicht mehr weiterkamen oder einfach einen schlechten Tag hatten, Roach darauf bestand, daß ich dieses Flennen benutzen sollte. Es war immer für einen Lacher gut und gehörte ja auch zum Standard meiner Figur, aber irgendwie konnte ich mich nie dafür erwärmen.«[27]
Dieses Statement deutet eine Arbeitsweise an, die für Roachs Produktionsstruktur typisch und zweifelsohne der Qualität auch der Filme von Laurel & Hardy ungemein förderlich war. Denn es gab weder ausgefeilte Drehbücher noch exakte Produktionspläne. Häufig formulierte Roach oder einer der Autoren nur eine Ausgangsidee, um die dann ein vages Handlungsgerüst konstruiert wurde. Nach McCareys Fortgang übernahm Stan Laurel mehr oder weniger offen die Gesamtleitung über die Filme. Wer auch immer nominell Regie führte, die eigentliche Kontrolle über die Dreharbeiten lag bei Laurel, der darauf bestand, die Szenen chronologisch und nicht nach der Verwendungsfähigkeit von Bauten und Dekors aufzunehmen. Das führte zum einen dazu, daß die Gags auf diese Weise ungewöhnlich spontan wirken. Andererseits wären nachträglich gedrehte Anschlußszenen bei der Improvisationsfreudigkeit von Laurel & Hardy auch kaum möglich gewesen. Stan hat diese Arbeitsweise einmal so formuliert: »*Wir hatten sehr wohl ein Drehbuch, aber es bestand nicht – wie üblich – aus einzelnen Gags. Es legte lediglich die Grundzüge der Handlung fest und war nur ein grober Plan, an den wir uns hielten. Wenn es aber zur Aufnahme kam, dann haben wir und die Gag-Men die Ideen ausgearbeitet. Natürlich waren einige der Gags in diesem Drehbuch bereits erwähnt, aber sie wurden erst am Drehtag ausgearbeitet.*«[28]
Nach eigenem Bekunden bestand Laurel stets darauf, daß die Stories ihrer Filme realistisch und glaubwürdig waren. Die Erlebnisse von Stan und Ollie sind deshalb mehr oder weniger alltäglich und für das Publikum nachvollziehbar. Sie gehen ganz normal zur Arbeit, leben das Leben durchschnittlicher Mittelstandsbürger und unterscheiden sich von ihren Zuschauern in nichts – außer ihrer enormen Ungeschicklichkeit. Ausgangspunkt für einen Film war daher oft nur die Idee irgendeines Alltags-Phänomens. A PERFECT DAY sollte eigentlich von einem sonntäglichen Picknick mit der Familie handeln. Während der Dreharbeiten ergaben sich jedoch allein aus den aufwendigen Vorbereitungen für den Ausflug so zahlreiche Gags, daß der Film mit dem aufgrund von vielerlei Pannen und Zwischenfällen hinausgezögerten Aufbruch zum Picknick endet.
Man hat Laurel & Hardy deshalb scherzhaft »Melker« oder »Ausbeuter« genannt, weil sie aus einer einzigen Situation eine Vielzahl

an Pointen herausholten. Die Geschichte ihrer (kurzen) Filme läßt sich oft in einem einzigen Satz erzählen. Two Tars handelt von den Erlebnissen zweier Matrosen auf Landurlaub; The Finishing Touch von der Arbeit an einem Fertighaus; Be big von nichts anderem als dem Versuch, ein enges Paar Stiefel auszuziehen. Von »Handlung« im eigentlichen Sinne kann keine Rede sein, gezeigt werden lediglich die aus einer bestimmten Situation resultierenden Ereignisse. Ein strikt vorgegebenes Drehbuch war für Laurel & Hardy mithin durchaus entbehrlich. Sie mußten lediglich die Notwendigkeiten des Filmschnitts beachten, der indes ebenfalls von Stan Laurel kontrolliert wurde.

Die Gesamtleitung lag damit bei ihm, und er schreckte auch vor Auseinandersetzungen mit Roach nicht zurück. Wenn es um die Qualität seiner Filme ging, erwies er sich als ausgesprochen dickköpfig. Aber Roach wußte um Laurels Talent sowohl bei der Ausarbeitung von Gags als auch bei der Realisation eines Filmes. Stan war in Sachen Komik ein absoluter Profi, dem viele seiner Kollegen und Mitarbeiter einen Hauch von Genialität attestieren. Hal Roach war daher auch im Falle von differierenden Meinungen über Gags, Handlung, Timing oder Schnitt klug genug, um Laurels Ansichten zu akzeptieren. Er unterband nicht einmal die Neigung von Laurel & Hardy, am ursprünglichen Script vorbei zu improvisieren. Zum Problem wurde dies erst, als die Filme länger und damit teurer wurden, so daß es detaillierterer Vorausplanungen bedurfte.

Leo McCarey meinte einmal in einem Interview, Stan Laurel habe während der Vorbereitungen und Dreharbeiten zu einem Film doppelt soviel geleistet wie Oliver Hardy. Das stimmt insofern, als Stan sich auch mit diversen Tätigkeiten hinter der Kamera beschäftigte, während sich Babe ausschließlich als Darsteller betrachtete. Seit er in den 20er Jahren von Roach als Gagman, Regisseur und Autor angeheuert worden war, hatte Stans Interesse an der Ausarbeitung komischer Szenen nie nachgelassen: *»Hardy hat nie gern an der Vorbereitung eines Films gearbeitet. Er war mehr eine Art Playboy. (...) Ich dagegen habe auch an einem Film weitergearbeitet, wenn die Dreharbeiten zu Ende waren. Bis er für die Vorführung abgeschlossen war, habe ich am Schnitt gearbeitet. Dann habe ich mit dem Drehbuchautor bereits die nächste Story entwickelt. So habe ich auch die ganze Zeit zwischen den Filmen im Studio gearbeitet.«*[29]

Angemerkt sei in diesem Zusammenhang, daß Laurel von Hal Roach, der beide separat unter Vertrag genommen hatte, auch eine höhere Gage erhielt als Hardy. In den 30er Jahren, auf dem Höhepunkt ihrer weltweiten Popularität, kassierte Stan pro Woche 3500 Dollar, während Babe knapp die Hälfte erhielt.

Doch zum gegenwärtigen Zeitpunkt, im Juni 1927, deutete trotz zweier Handvoll gemeinsamer Filme noch nichts auf das später so erfolgreiche Gespann hin. Denn Stan Laurel war alles andere als angetan, als ihm McCarey seine Vorstellungen von einer Partnerschaft mit Babe Hardy unterbreitete. Der Grund hierfür war keine Antipathie gegen Babe, sondern Stans Wunsch, auch weiterhin überwiegend hinter der Kamera zu arbeiten. Babe dagegen, der bis zu diesem Zeitpunkt ausschließlich als komischer Nebendarsteller fungiert hatte, versprach sich von der Tatsache, Teil eines Duos zu werden, endlich größere Rollen. Er war, wie wir aus den Erzählungen einiger seiner Freunde wissen, begierig auf die Teamarbeit.
Auch die Werbeabteilung von Roachs Verleihfirma – er hatte seine Filme bisher von der franko-amerikanischen Firma Pathé vertreiben lassen und war soeben zur mächtigen Metro-Goldwyn-Mayer übergewechselt – kündigte Laurel & Hardy noch keineswegs als Paar an. Die Werbung für THE SECOND HUNDRED YEARS stellte auf »das beliebte Komik-Trio« Laurel, Hardy und James Finlayson ab, in verschiedenen zeitgenössischen Presseberichten wird Babes Name noch vor dem von Stan genannt. Dennoch betrachten viele Kritiker THE SECOND HUNDRED YEARS als ersten »regulären« Laurel-&-Hardy-Film, weil hier das für sie typische gedrosselte Tempo spürbar ist und die bereits aus DO DETECTIVES THINK bekannten Charaktere auftreten. Auch das Stilmittel des völligen Ausspielens einer einzigen Situation taucht hier erstmals auf. Der Film spielt im Gefängnis und besteht im wesentlichen aus drei Einzelepisoden, die jeweils bis zur Neige »gemolken« werden: Laurel & Hardy sitzen im Kittchen, verkleiden sich nach ihrer Flucht zunächst als Tüncher und danach als Diplomaten, die ausgerechnet jenes Gefängnis inspizieren müssen, aus dem sie eben erst getürmt sind. Die beiden heißen laut Vorspann noch »Oliver Hardy und der kleine Tölpel«, im übrigen ist ihre Rollenverteilung jedoch endgültig klar.
Auch in PUTTING PANTS ON PHILIP – einem der schönsten Laurel-&-Hardy-Filme überhaupt – heißen sie noch nicht Stan und Ollie. Der aus Schottland kommende Philip (Laurel) erhält bei seinem ersten Besuch in den Vereinigten Staaten von seinem Onkel Piedmont Mublethunter (Hardy) zunächst ein Paar Hosen. Dennoch wurde in der Werbung für den Film, wiewohl Bestandteil der »All Star Series«, bereits auf die beginnende Popularität des Teams

abgestellt. Ab sofort kündigte Metro-Goldwyn-Mayer die beiden als Paar an, wie aus einem internen Memo der MGM-Presseabteilung zu PUTTING PANTS ON PHILIP hervorgeht: »*Es wurde bereits Anweisung gegeben, eine weitere Laurel/Hardy-Komödie zu starten. (...) Stellen Sie sicher, daß eine ausgedehnte Werbekampagne auf der Leinwand sowie in Programmankündigungen, Vorschauen, Schaukästen und Zeitungsartikeln stattfindet.*«[30]

Spätestens ab diesem Zeitpunkt wurden Laurel & Hardy gezielt als Gespann vermarktet. Im Laufe des Jahres 1928 hatten sie so erfolgreiche Filme wie THE BATTLE OF THE CENTURY, LEAVE'EM LAUGHING und TWO TARS produziert und wurden dem Publikum schnell zum Begriff. Gegen Ende des Jahres waren sie als Paar bereits auch außerhalb der Vereinigten Staaten etabliert. Zwei Ereignisse des Jahres 1928 markieren schließlich die endgültige Geburt des Duos Laurel & Hardy. Am 21. März 1928 absolvierten Stan und Babe im Metropolitan Theater von Los Angeles ihren

Ganz erschöpft: Laurel leistete angeblich doppelt so viel wie Hardy (Szene aus ›Bohemian Girl‹, 1936)

Nur das Auge des Gesetzes (Edgar Kennedy) findet das Gespann Laurel & Hardy nicht komisch: ›Leave'em Laughing‹ (1928)

ersten gemeinsamen Bühnenauftritt; zusammen mit einer Riege weiterer Filmstars wirkten sie in einer Benefiz-Gala für die Opfer einer Dammkatastrophe mit. (Im Jahr darauf erklärten sie sich sogar bereit, im Fox Theater in San Francisco eine Woche lang allabendlich auf der Bühne zu erscheinen, allerdings bestanden ihre Auftritte aus wenig mehr als einigen Dialogen und langen Verbeugungen.) Am 8. September 1928 schließlich ließ Hal Roach ihren Film SHOULD MARRIED MEN GO HOME ins Copyright-Register eintragen – die erste Produktion, die innerhalb der neu geschaffenen »Laurel and Hardy Series« in die Kinos gelangte.

Diesem phänomenalen Erfolg stand im Falle sowohl Stans als auch Babes ein Privatleben gegenüber, das nur auf den ersten Blick zufrieden und glücklich war. Zu seinem 38. Geburtstag kaufte Laurel im Juni 1928 am Bedford Drive in Hollywoods Nobelviertel Beverly Hills ein Haus. Er war inzwischen Familienvater, denn am 10. Dezember 1927 hatte Lois Laurel einem Mädchen das Leben

geschenkt, das ebenfalls den Namen Lois bekam. Stan nannte sie »Big Lois« und »Little Lois«, kaufte seiner Tochter einen Bernhardiner und schien tatsächlich ein liebender Vater zu sein, als er sein Baby den Kollegen im Roach-Studio vorführte.
In Wahrheit hatte er längst eine andere Frau. Er war Alyce Ardell begegnet, einer ebenso schönen wie geistreichen Französin mit kastanienbraunem Haar, die in einigen Produktionen von Joe Rock und Hal Roach kleine Rollen gespielt hatte. Was Stan am meisten zu ihr hinzog, war ihr Akzent, wie er Zeit seines Lebens Frauen mit europäischem Akzent für unwiderstehlich hielt. Doch

Oliver und Myrtle

war Alyce Ardell, die mit zahlreichen Produzenten befreundet war und schon allein deshalb durchaus nicht hinter seinem Geld her sein mußte, mehr als nur seine Geliebte, denn seine Beziehung zu ihr dauerte mehr als ein Jahrzehnt und hielt länger als jede seiner Ehen während dieser Zeit. Für Stan war Alyce ein Hort der Ruhe, und während seiner bewegten Ehen, die vielfach von heftigen Streitigkeiten und Alkohol-Abenteuern geschüttelt wurden, fand er in der hübschen Französin eine loyale und verständnisvolle Partnerin.

Zu einer Zeit, in der Hollywood seinen ersten Drogen-Boom erlebte, sahen sich Babe und Stan mehrfach alkoholbedingten Problemen gegenüber. Stan hatte während seiner stürmischen Beziehung mit Mae Dahlberg regelmäßig zur Flasche gegriffen und tat dies seitdem immer wieder, wenn er sich in emotionalen Extremsituationen befand. Babe sah angesichts der Trunksucht seiner Frau Myrtle ihre Ehe ernsthaft in Gefahr. Die beiden waren gerade fünf Jahre verheiratet, als durch Myrtles heftige Alkoholprobleme das allmähliche Ende ihrer kinderlosen Ehe eingeläutet wurde. Mehr und mehr wurde Babe, der seine Frau »Baby« nannte und von ihr als »Daddy« angeredet wurde, zum Wächter über Myrtles Nüchternheit. Alle, die sie kannten, schildern sie als einnehmende und gutherzige junge Frau, die jedoch beim kleinsten Schluck Scotch ins Schleudern geriet. In ihren trockenen Perioden versprach sie mehrfach, ein »gutes Mädchen« zu werden und begleitete Babe sogar zu seinem heißgeliebten Hobby, dem Golfsport.

Ob Myrtle zu trinken begann, weil ihr Mann fremdging, oder ob er sich erst eine Geliebte nahm, als Myrtle immer öfter betrunken war – Tatsache ist, daß Babe seit Ende der 20er Jahre mit Viola Morse liiert war. Auch sie stammte aus den Südstaaten, war geschieden und hatte einen kleinen Sohn, der – wie Babe selbst – die meiste Zeit in Militärinternaten verbrachte. Babe erklärte Viola offiziell zu seiner »engen Gefährtin«, doch alle Freunde akzeptierten sie als neue Frau an seiner Seite. Sogar die Klatschspalten der Presse deuteten hin und wieder an, daß Viola die neue Frau Hardy werden würde.

Die wirkliche Frau Hardy reichte am 25. Juli 1929 die Scheidung ein. Myrtle klagte auf siebenjährige grausame Behandlung durch ihren Mann und warf ihm vor, nach der Arbeit im Studio nach Puder und Damenparfüm zu riechen. Er sei mehrere Nächte gar nicht in die gemeinsame Wohnung zurückgekehrt und habe ihr außerdem mehrfach erklärt, von ihr genug zu haben. Babe scheint diese Scheidungsklage überraschend unbeteiligt akzeptiert zu

Hardy mit seiner langjährigen Gefährtin Viola Morse beim Pferderennen

haben. Dennoch blieben beide vorerst in der gemeinsamen Wohnung in der Freedonia Avenue in Los Angeles. Diese Adresse gab Myrtle auch an, als sie 1931 völlig betrunken von Polizisten bei einer routinemäßigen Verkehrskontrolle aufgegriffen wurde. Von diesem Zeitpunkt an war die Ehe der Hardys bestimmt von permanenten Trennungen und anwaltlich herbeigeführten Versöhnungen. Vor dem Gesetz blieben Babe und Myrtle noch bis 1937 ein Ehepaar, in Wahrheit jedoch hatte sie der Alkohol längst völlig entfremdet.

Sie steigen auf

Als sich die Ära des Stummfilms ihrem Ende zuneigte, waren Laurel & Hardy weltweit ein Begriff und zusammen mit den »Kleinen Strolchen« die attraktivsten Zugpferde der Roach-Produktion. Ihr Erfolg hatte beide auch wirtschaftlich saniert, wenn auch zumindest Stan Laurel im Herbst 1929 einen schweren Schlag hinnehmen mußte, als er beim großen New Yorker Börsenkrach an die 30 000 Dollar verlor. Er bekam später nur mehr einen Bruchteil zurück und entschloß sich daraufhin, sein Vermögen künftig in Rentenpapieren anzulegen.

Keine zwei Jahre nach ihrem ersten zufälligen Zusammentreffen in einem Kurzfilm hatten Laurel & Hardy einen derart hohen Bekanntheitsgrad erreicht, daß Metro-Goldwyn-Mayer sie gemeinsam mit einer Riege weiterer Publikumsmagneten in der Zwei-Stunden-Musikrevue HOLLYWOOD REVUE OF 1929 groß herausbrachte, einer teilweise in Farbe gedrehten Nummernfolge, in der sich alle großen MGM-Stars ein Stelldichein gaben: ein deutliches Indiz für den ungeheuren Kassenwert, den sie in Hollywood inzwischen hatten. Hardy tritt als Zauberer auf, dessen Tricks von Laurel alle zunichte gemacht werden; daneben sind Stars wie Joan Crawford, Buster Keaton, John Gilbert, Jack Benny und Norma Shearer zu sehen. Ein Jahr später engagierte sie Metro-Goldwyn-Mayer für einige Nachaufnahmen des Films THE ROGUE SONG, der auf der Operette »Zigeunerliebe« von Franz Lehar beruhte. Held des abendfüllenden Films ist Lawrence Tibbett, der Star der New Yorker Metropolitan-Oper. Die Dreharbeiten waren bereits abgeschlossen, als sich MGM entschloß, einige komische Zwischenspiele einzubauen. Tibbett, der schon nach New York zurückgekehrt war, mußte wieder nach Hollywood fliegen, um mit Laurel & Hardy eine Szene nachzudrehen. Sie spielen in diesem – ebenfalls in Technicolor gedrehten – Film zwei komische Banditen. Obwohl es sich um nachträglich hinzugefügte Nebenrollen handelt, wurden sie für den Auslandsmarkt als die großen Stars herausgestellt.

Zusammen mit Buster Keaton, der zu dieser Zeit noch einer der unangefochtenen Stars von MGM war und erst einige Monate später unter sehr unrühmlichen Umständen gefeuert wurde, plante

Stan Laurel 1932 einen Film, der wahrscheinlich ein denkwürdiges Rencontre großer Komiker geworden wäre. Als Parodie auf das Star-Vehikel GRAND HOTEL (Menschen im Hotel), das gerade mit großem Erfolg in den Kinos lief, wollte Keaton das Projekt »Grand Mills Motel« realisieren. Noch Jahre später erinnerte sich Keaton an dieses Vorhaben, das er mit großem Engagement ausgearbeitet hatte: *»Oliver Hardy sollte den kraftvoll-lüsternen Fabrikanten spielen, den im Original Wallace Beery dargestellt hatte. In unserer Version sollte Hardy ein Fabrikant für vordere Kragenknöpfe sein, der eine Fusion mit Stan Laurel betreiben sollte, einem Fabrikanten für hintere Kragenknöpfe. Polly Moran sollte die Sekretärin sein – im Original die Rolle von Joan Crawford – und mit der Szene, in der Oliver Hardy Polly zu verführen versucht, hoffte ich, den Komik-Höhepunkt des Jahrzehnts zu landen. (...) Ich sah Jimmy Durante in der zuvor von John Barrymore gespielten Rolle des falschen Grafen, aber statt sich in Greta Garbo als alternde Ballerina zu ver-*

Besuch von den ›Kleinen Strolchen‹: George ›Spanky‹ McFarland mit Laurel & Hardy bei den Dreharbeiten zu ›Tit For Tat‹ (1935)

Nachträglich hinzugefügt: Laurel & Hardy als Banditen in dem Technicolor-Musical ›The Rogue Song‹ (1930)

lieben, sollte er Marie Dressler in den Armen halten. (. . .) Ich selbst wollte die Rolle von Lionel Barrymore (den todkranken Buchhalter, Anm.) übernehmen – mit einigen Abänderungen, versteht sich.«[31] So wäre »Grand Mills Hotel« wahrscheinlich ein furioses Kopf-an-Kopf-Rennen zwischen Keaton, Durante, Marie Dressler sowie Laurel & Hardy – die im übrigen alle für MGM arbeiteten – geworden, wäre seine Vorbereitung nicht ausgerechnet in die Zeit von Keatons Zerwürfnis mit MGM gefallen. Der Film wurde nie gedreht.

Die Wende zum Tonfilm brachte eine völlige Umrüstung aller Kinos mit sich – ein Prozeß, der sich naturgemäß über einige Monate hinzog. Hal Roach entschloß sich deshalb, die Filme seiner größten Publikumslieblinge sowohl in einer stummen als auch einer Ton-Fassung herauszubringen. Per Schallplatte wurden Musik- und Geräuscheffekte sowie einige wenige Dialoge aufgezeichnet. Schon HABEAS CORPUS, eine Parodie auf Gruselfilme, die im Juli 1928 gedreht wurde und mit durch die technische Umstellung bedingter Verspätung im Dezember in die Kinos kam, wurde in diesem Verfahren produziert. MGM kündigte den Streifen als »ersten Tonfilm von Laurel & Hardy« an, doch war er in Wahrheit ein reiner Stummfilm mit Schallplatten-Begleitung.

Die Filme, die Laurel & Hardy in den folgenden Monaten nach diesem relativ einfachen Verfahren drehten, sind nur zum Teil in beiden Fassungen erhalten geblieben. Sie waren zumeist weder Fisch noch Fleisch, weil man bei der Herstellung zwar unbedingt verbale und akustische Gags einbauen wollte, andererseits aber auf die Beschränkungen des Stummfilms Rücksicht nehmen mußte. So fragen Stan und Ollie in BERTH MARKS einen Bahnschaffner nach der günstigsten Verbindung, worauf dieser einen endlosen Schwall von Ortsnamen einschließlich sämtlicher Anschluß- und Umsteigemöglichkeiten herunterrattert; ein Gag, der in der stummen Version sinnlos erscheint. In MEN O'WAR wollen die beiden zwei hübsche Straßenbekanntschaften zum Drink einladen, haben aber nur Geld für drei Gläser. Deshalb schärft Ollie seinem Freund ein, er solle auf seine, Ollies, Frage antworten, er sei nicht durstig. Natürlich begreift Stan die Notwendigkeit dieser Finte nicht und bestellt unverdrossen einen Drink, so oft Ollie ihn auch fragt. Diese Nummer hatten Laurel & Hardy bereits ein Jahr zuvor in SHOULD MARRIED MEN GO HOME wirkungsvoll eingesetzt, aber nur in einem Sprechfilm kann sie effektiv zur Geltung kommen.

Eine wirklich einfallsreiche Anwendung des Tons weist schließlich UNACCUSTOMED AS WE ARE auf – bereits der Titel spielt darauf an, daß Laurel & Hardy hiermit Neuland betreten, denn es ist dies der erste reine Tonfilm des Duos. Beispielsweise gibt es übertriebene Geräusche, die Aktionen außerhalb des Bildes suggerieren und so dramaturgische Bedeutung gewinnen, etwa als Laurel eine Treppe hinabstürzt. Alles, was wir sehen, ist der Sturz Laurels aus dem Bild und danach das entsetzte Gesicht Hardys. Gleichzeitig hören wir ein fürchterliches Krachen, das uns über die Folgen von Stans Straucheln hinreichend in Kenntnis setzt. Frau Hardy hält ihrem Mann eine Gardinenpredigt, während das Radio läuft, und ganz unmerklich paßt sie sich mit ihrem Geschrei dem Takt eines Schlagers an. Hal Roach ließ sämtliche Szenen von vier Kameras aufnehmen, um jede spontane Improvisation aufzuzeichnen. Dennoch hatte er noch vor, in der Saison 1929/30 drei Laurel-&-Hardy-Filme ohne Ton herauszubringen, um auch Kinos in kleineren Städten sowie vor allem den Auslandsmarkt beliefern zu können. Dieser Plan wurde zwar nicht realisiert, doch hatte Roach einige Stummfilme zurückgehalten, die er erst jetzt in den Verleih gab.

Dieses übervorsichtige Vorgehen ist auf die damalige Furcht vieler Darsteller, Regisseure und Produzenten vor dem Mikrofon zurückzuführen. Ausländische Stars kehrten Hollywood fluchtartig den Rücken, sofern ihr Akzent nicht zu ihrem Rollentypus paßte, und in den Fachzeitschriften erschienen die Statements prominenter Filmemacher für und wider den Sprechfilm. Charles Chaplin distanzierte sich mit Nachdruck vom Tonfilm, Harold Lloyd dagegen begrüßte ihn, weil Komik nun nicht mehr gleichbedeutend mit Pantomime war. Stan Laurel war äußerst skeptisch, was seine eigene Stimme anging. Nach jeder Szene ließ er sich den Ton vorspielen und litt Höllenqualen, weil ihm sein britischer Akzent entsetzlich erschien und er den Buchstaben S etwas lispelnd aussprach – eine Eigenheit übrigens, die ihn später unverwechselbar machte.

»Der sanfte, warme Südstaaten-Tenor von Hardy und Stan Laurels weicher Lancashire-Akzent auf der Tonspur waren angenehm und charakteristisch (besonders kennzeichnend war Babes Betonung eines Südstaaten-Gentleman, wo ›Bird‹ wie ›Boid‹ und ›Word‹ wie ›Woid‹ klang; sowie Stans Betonung der ersten Wortsilbe, wie sie für Nordengland typisch ist, mit Con-trol, Con-dition). Der Übergang zum Tonfilm glückte ihnen mit Leichtigkeit. Es gibt zwischen ihren letzten Stumm- und den ersten Tonfilmen kaum einen Unterschied. Zwar ist der Ton da, aber er ist nur eine Beigabe, nicht die Hauptsache.«[32]

So gibt es in der Tat keinen klaren Einschnitt zwischen den Stumm- und den Tonfilmen von Laurel & Hardy, die fürderhin den Dialog auch zur Illustrierung ihrer eigenartigen Kameraderie einsetzten. Komplexe Wortspiele – etwa wenn Laurel verschiedene Sprichworte und Zitate verwechselt und zu völlig sinnleeren Phrasen verbindet oder in THICKER THAN WATER wortreich geklärt wird, an wen eine größere Summe Geldes nacheinander übergegangen ist – und ergötzliche Momente gestelzten Small Talks finden sich immer wieder. Stan Laurel meinte dazu einmal: *»Wir hatten beschlossen, daß wir keine plaudernden Komiker waren. So zogen wir es vor, wie in unseren Stummfilmen durch Gestik und Mimik zu wirken. Wir haben so wenig wie möglich gesagt – nur soviel, wie erforderlich war,*

Mit seinem sanften Südstaaten-Tenor trägt Hardy hier sentimental Weihnachtsgedichte vor: Mae Busch und Laurel lauschen in ›The Fixer Uppers‹ (1935)

um unsere Aktionen zu begründen. Wenn irgendeine Handlung erzählt werden mußte, haben wir dies im allgemeinen anderen überlassen. Wir haben den Ton hauptsächlich für die Effekte verwendet. Nach einer Weile haben wir den Tonfilm dann durchaus gemocht, weil er die Gags unterstrich. Mit der Zeit wurden wir vertrauter mit dem Ton und haben dann auch mehr geredet, als wir es ursprünglich beabsichtigt hatten.«[33]

Da die beiden komischen Antihelden Stan und Ollie in allen Filmen die gleichen Persönlichkeiten präsentierten (anders als später etwa Abbott & Costello, die zwar stets die gleichen Charakterzüge behielten, aber von Film zu Film ihre Identität wechselten), bekamen sie mit Aufkommen des Tons einige zusätzliche Wesenszüge, die genau wie die bereits bekannten Manierismen in den Filmen regelmäßig wiederkehrten. Ollies großtuerische Art, sein pompöses Gehabe dem Freund gegenüber sowie Stans Flennen und sein selbstzufriedenes Grinsen waren dem Publikum bereits hinreichend bekannt, als die beiden in ihren Filmen nach und nach einige weitere Markenzeichen etablierten.

Einer der Schlüsselsätze im Schaffen von Laurel & Hardy ist die gequält hilflose Feststellung »Well, here's another nice mess you've gotten me into« (Da hast du mich wieder 'mal in einen schönen Schlamassel gebracht). Dieser resignierte Aufschrei wird von Ollie in allen möglichen mißlichen Situationen vorgebracht, und in aller Regel senkt Stan als Reaktion auf den bitteren Vorwurf schuldbewußt die Augen. Von Ollie bisweilen zornig, meist aber als Ausdruck gepeinigter Resignation gebraucht, ist dieses Lamento die Zusammenfassung seines völligen Ausgeliefertseins in die von Stan ungewollt ausgelösten Katastrophen. Die Tragweite seiner Fehlleistungen erschließt sich Stan lediglich in einigen seltenen Momenten, in denen sein Geist sich zu intellektuell-kausalen Höhenflügen aufschwingt. In solchen Augenblicken – sie sind tragisch dünn gesät – nimmt Stan das Klagelied des dicken Freundes vorweg. »Well. . .«, hebt Hardy deprimiert an. Doch noch ehe er den Satz, den das Publikum ohnehin bereits kennt, zu Ende sprechen kann, fügt Laurel in einem Anfall logischer Schlußfolgerungs-Fähigkeit hinzu: »here's another nice mess I've gotten you into.« Es gibt in diesem Inferno Laurel'scher Inkompetenz für Hardy kein Entrinnen, und diese bittere Erkenntnis kulminiert in dem leidvollen Aufschrei »Well, here's another nice mess you've gotten me into«. Nicht ganz korrekt zitiert, taucht der Satz zum ersten Mal in ANOTHER FINE MESS auf, einer Neuauflage von DUCK SOUP, in der sich Stan und Ollie als Landstreicher in der leerstehenden Villa eines reichen Obersten verstecken.

Drückt sich in diesem Satz nur das Gequältsein eines von grenzenloser Einfalt gepeinigten Menschen aus, so birgt Ollies Ruf »Why don't you do something to help me« (Warum unternimmst du nicht etwas, um mir zu helfen) bereits einen Hilfeschrei, der um so sinnloser erscheint, als Ollie ja eigentlich um die Gefahren wissen müßte, die jede eingreifende Tätigkeit Stans nach sich zieht. Dennoch fleht er Laurel in Momenten physischen Schmerzes immer wieder um Hilfe an – ohne freilich Erlösung zu finden: In OUR WIFE hat er sich statt Atemsprays versehentlich Fliegengift in den Rachen gesprüht. Als er vor Schmerzen schreiend durch die Wohnung rennt und Stan um Hilfe anfleht, reicht ihm dieser ein Stückchen Eis. Da er es zuvor von einem großen Eisblock abgehauen hat, sind im ganzen Raum Eisbrocken verstreut, so daß Hardy, kaum daß sein Brennen im Rachen gelindert ist, auf einem Eisstückchen ausrutscht, einen Hechter ins Wohnzimmer macht und die gesamte Dekoration für die bevorstehende Hochzeit zerstört. In HELPMATES führt seine an Stan gerichtete Bitte, ihm beim Aufräumen seines Hauses zu helfen, sogar zur Explosion des gesamten Gebäudes.

Weitere häufig wiederkehrende Redewendungen sind Stans weinerlicher Ausruf »Ollie, I'm scared« (Ollie, ich habe Angst) und dessen stetige Präsentationsformel »Oliver Norvell Hardy. And this is my Friend, Mister Laurel« (Und das ist mein Freund, Herr Laurel). Dieser Satz, der eigentlich dem Vorstellen dient, erfüllt noch zwei andere Aufgaben. Denn zum einen führt er natürlich anschaulich vor, wie sehr sich Ollie auf feine Manieren und Umgangsformen versteht: Der Satz ist stets von gravitätischen Bücklingen und blumigen Handbewegungen begleitet und dient ferner immer wieder der ersten Kontaktaufnahme mit hübschen Mädchen. Zum anderen bittet Hardy indirekt von vornherein um Nachsicht für Laurels naiv-infantile Ungeschicklichkeit.

›Another nice/fine mess‹: ein schöner Schlamassel in ›Babes in Toyland‹ (1934)

Es irritiert ein wenig, daß Laurel & Hardy in ihren Filmen keine Rollennamen tragen, sondern ihre eigenen, tatsächlichen Namen verwenden. Dies hat in den Augen vieler Fans zu einer weitgehenden Kongruenz zwischen Laurel & Hardy einerseits und ihren Filmfiguren andererseits geführt, deren Maß die üblicherweise vorgenommene Identifikation von Filmschauspielern mit ihren Rollen übersteigt. Der Grund hierfür lag in den damaligen Gepflogenheiten bei der Herstellung von Filmkomödien, wie Oliver Hardy erläuterte: »*In der Frühzeit des Films besaß das Studio meist Eigentum an den Charakteren und ihren Namen, zum Beispiel ›Lonesome Luke‹ oder ›Hickory Hiram‹. Der Komiker konnte entlassen werden, aber er konnte diesen Rollennamen nicht mitnehmen. Deshalb haben wir einfach unsere eigenen Namen verwendet. Denn die konnte uns niemand wegnehmen. Ich habe nichts dagegen, mit diesem Dummkopf identifiziert zu werden. Denn trotz allem ist er auch ein äußerst netter Mensch. (...) Wann immer ich ihn vorstelle, sage ich: ›Ich möchte Sie mit meinem Freund, Herrn Laurel, bekanntmachen‹ (...) Diese beiden Burschen sind ungemein nette Leute. Sie bringen es nie zu etwas, weil sie ungemein dumm sind und nicht wissen, daß sie dumm sind. (...) Diese beiden Knaben haben genauso viel Existenzrecht wie irgend jemand sonst auf der Welt. Und deshalb haben sie auch genauso das Recht, mit ›Herr‹ angesprochen zu werden. Wenn ich mir überlege, wer sich heutzutage alles ›Herr‹ nennen läßt! Stan und Ollie sind wahrhaftige Menschen und gute Menschen. Es macht mir nichts aus, wenn die Leute mich mit einem sehr tolpatschigen Kerl in Verbindung bringen. Meiner Meinung nach ist er auch ein sehr netter Kerl – und es gibt viele seinesgleichen.*«[34]

Die Hürde zum Tonfilm war also genommen (der Sprung glückte übrigens auch – obwohl man sie gemeinhin für Stummfilmkomiker hält, deren Karriere mit Aufkommen des Tonfilms tragisch endete – Harold Lloyd und Buster Keaton, dessen frühe Tonfilme finanziell weitaus erfolgreicher waren als seine stummen Werke). Was Hal Roach jedoch vor weitaus größere Probleme stellte, war der Auslandsmarkt, der gerade für Laurel & Hardy ein beträchtliches Potential ihrer Popularität bedeutete: »*Die großen amerikanischen Komikerstars haben sich alle internationaler Berühmtheit erfreut und sind noch immer weltweite Publikumsmagnete. In den frühen 30er Jahren jedoch hatten Laurel & Hardy ihren Rivalen einen Vorteil voraus: Dem französischen, italienischen, deutschen und spanischen Publikum erschienen sie in der jeweiligen Landessprache.*«[35]
Das war zu einer Zeit, als die Synchronisation fremdsprachiger

Den Doktor brauchten sie nicht: Laurel & Hardy meisterten den Tonfilm ohne Probleme (Publicity-Foto für ›A Chump at Oxford‹, 1940)

Filme noch nicht verbreitet war, ein sehr aufwendiges Unterfangen, mußten doch alle Szenen eines Filme nacheinander in verschiedenen Sprachen wiederholt werden. Die großen Studios drehten mit ihren Topstars häufig mehrsprachige Fassungen ihrer Filme, wobei die kleineren Rollen zuweilen mit Schauspielern aus den betreffenden Ländern besetzt wurden. So stellte die deutsche Ufa ihre wichtigen Filme stets auch in Französisch, manchmal außerdem in Englisch her. In Hollywood machten unter anderen Buster Keaton und Greta Garbo deutschsprachige Versionen ihrer Filme. Durch gleich vier fremdsprachige Pendants ihrer Filme nehmen Laurel & Hardy jedoch in jeder Hinsicht eine Sonderstellung ein. Dies ist um so bemerkenswerter, als weder Babe noch Stan neben Englisch eine andere Sprache beherrschten. Sie lernten ihre fremdsprachigen Texte rein phonetisch. Über die Herstellung des Films »Glückliche Kindheit«, der deutschen Version von BRATS, hat der Autor Homer Croy eine hübsche Anekdote überliefert:

»*Der Sprachlehrer ließ sie die deutschen Vokabeln wieder und wieder wiederholen. Dann stellte er sich hinter die Kamera, hörte ihnen zu und drillte sie, indem er vorführte, wie die Lippen zu formen seien. Laurel mußte sagen: ›Ich will ein Glas Wasser!‹ Daraufhin hatte Hardy zu antworten: ›Ich auch.‹ Das hört sich leicht an. Aber immerhin mußte es so ausgesprochen werden, daß 40 Millionen Deutsche sagen würden: Ach dieser Junge kann das ›ich‹ aber schön aussprechen. ›Ich auch‹, sagte der Lehrer und reckte seinen Hals ein wenig. ›Ick auck‹, wiederholte Hardy. Ob Sie es glauben oder nicht, irgendwie haben sie es geschafft. Auf jeden Fall war Mister Germany zufrieden und sagte, es sei ›gutt‹ gewesen.*«[36]

Zumeist benutzten Laurel & Hardy große Tafeln, die für die Kamera unsichtbar postiert wurden und auf denen die fremdsprachigen Texte phonetisch niedergeschrieben waren. Die meisten Fremdversionen wurden in Spanisch hergestellt, daneben entstanden französische, italienische und deutsche Fassungen, von denen teilweise nicht einmal mehr die Titel bekannt, geschweige denn Kopien verfügbar sind. In deutscher Sprache drehten Laurel & Hardy sechs Kurzfilme, nämlich die Simultanfassungen von NIGHT OWLS, BRATS, BELOW ZERO, THE LAUREL & HARDY MURDER CASE, BE BIG und LAUGHING GRAVY. Mitunter variierten die Stories von einer Fassung zur nächsten, wobei aus Kurz- häufig Langfilme wurden, weil man verschiedene Szenen hinzufügte, während andere Filme Szene für Szene nachgedreht wurden.

LAUGHING GRAVY beispielsweise schildert Stans und Ollies Versuche, ein kleines Hündchen vor dem Besitzer eines schäbigen Hotels zu verstecken. Der Film endet reichlich makaber, als beide wegen unerlaubter Tierhaltung hinausgeschmissen werden. Da klopft es an die Tür, ein Polizist teilt dem Hotelbesitzer samt seinen Gästen mit, daß wegen Seuchengefahr Quarantäne verhängt wurde und niemand das Haus verlassen darf. Ein Schuß aus dem Off läßt uns wissen, daß der Hotelbesitzer aufgrund der Erkenntnis, noch länger mit Stan und Ollie zusammen sein zu müssen, Selbstmord verübt hat. Von diesem Finale existieren verschiedene Fassungen. In einigen Ländern nämlich klopft statt des Polizisten der Briefträger an die Tür und überbringt Laurel die Mitteilung, daß er Erbe eines Millionenvermögens geworden ist. Im Mittelpunkt der folgenden Szenen steht dann Laurels – übrigens hervorragend und mit zu Herzen gehendem Realismus gespieltes – Dilemma, ob er bei Hardy und dem Hündchen bleiben oder lieber das Erbe annehmen soll. Auch die fremdsprachigen Fassungen von PARDON US hatten eine längere Spieldauer als die amerikanische Version. Laurel & Hardy betraten mit dieser Produktion ein weiteres Mal Neuland, denn es war dies ihr erster abendfüllender Langfilm. Von den Gastauftritten in HOLLYWOOD REVUE OF 1929 und THE ROGUE SONG abgesehen, hatten Laurel & Hardy bisher ausschließlich in Kurzfilmen gespielt. Alle großen Kollegen der beiden – von Chaplin und Keaton über Lloyd und Langdon bis hin zu den Tonfilm-Neuentdeckungen Marx-Brothers und W. C. Fields – hatten die Kurzfilme irgendwann aufgegeben und danach ausschließlich abendfüllende Produktionen gedreht. Es war die Zeit der »Double-Feature«-Programme, die zwei Filme mittlerer Länge in einer Vorstellung umfaßten. Verleiher und Kinobesitzer hatten bereits den Wunsch geäußert, lange Laurel-&-Hardy-Filme aufzuführen, doch bisher war Roach dieser Bitte nicht nachgekommen. Dennoch war ihm klar, daß er früher oder später reagieren mußte. Laurel & Hardy waren jetzt bekannter als mancher Star in Langfilmen und wurden in vielen Lichtspielhäusern auch sehr viel größer angekündigt als der Hauptfilm einer Abendvorstellung.

Im Mai 1930 bereitete Stan Laurel die Produktion eines Kurzfilms vor, der Stan und Ollie im Gefängnis zeigen sollte; geplanter Titel: »The Rap«. Wallace Beery und Chester Morris hatten gerade großen Erfolg in dem Gefängnis-Drama THE BIG HOUSE (Menschen hinter Gittern), das Laurel & Hardy in ihrem Film parodieren wollten. Der Plan, daraus einen Langfilm zu machen, bestand zunächst nicht. Roach hatte seit Lloyds Weggang Anfang der 20er Jahre nur einen einzigen abendfüllenden Spielfilm produziert und wußte sehr wohl, daß der spezifische Witz von Laurel & Hardy auf Kurzfilme zugeschnitten war. Stan Laurel teilte diese Ansicht. In mehreren Interviews hat er immer wieder erklärt, die eigentliche Heimat von Laurel & Hardy sei der Kurzfilm. Daß aus dem 20minütigen »The Rap« dann doch der 60minütige PARDON US wurde, war mehr oder weniger Zufall.

Zunächst ließ Laurel Roach wissen, es sei genügend Gag-Material da, um den geplanten Gefängnis-Film auf vier Akte, also etwa 40 Minuten, auszudehnen. Das war nun weder ein Kurz- noch ein Langfilm, doch hätte ihn Roach lediglich zu den Konditionen eines Vorprogramms verkaufen können. Also fügten die Autoren zwei weitere Akte an, aber es war von Anfang klar, daß es ein kühnes Unterfangen sein müsse, einen als Zweiakter geplanten Film auf abendfüllende Länge zu dehnen. Als am 30. Juni die Dreharbeiten in den Kulissen von THE BIG HOUSE begannen, war Stan Laurel wenig zuversichtlich: *»Man kann nicht einfach eine beliebig lange Reihe unserer bekannten Gags über acht Akte hinweg aneinanderhängen und dann erwarten, daß ein ausgeglichener Film dabei herauskommt.«*[37] PARDON US untermauert diese These.

Nach den ersten Probevorführungen bereits wurde der Film radikal gekürzt, auf Laurels Drängen im Oktober eine ganze Sequenz nachgedreht, ehe Ende des Jahres Versionen in französischer, italienischer, spanischer und deutscher Sprache (Titel: »Hinter Schloß und Riegel«) in Produktion gingen. Jede Szene wurde nacheinander in den einzelnen Sprachen gefilmt, ehe die nächste Szene gedreht wurde. Die Story erschien im Ausland nicht ganz logisch, denn Stan und Ollie kommen wegen illegalen Bierbrauens in Amerikas alkoholloser Prohibitionszeit ins Kittchen. Dort erringt Stan die Freundschaft eines Schwerverbrechers, weil dieser das schnarrende Geräusch von Stans hohlem Zahn für ein Zeichen besonderer Härte hält. Nach einem Fluchtversuch, nach dem sie als Neger verkleidet auf einer Baumwollfarm arbeiten, müssen sie ins Gefängnis zurück und schlagen dort eher ungewollt eine Revolte nieder. Zur Belohnung schenkt man ihnen die Freiheit, doch schon bei der Entlassung versucht Stan, den Polizisten Bier zu verkaufen.

Die Episode auf der Baumwoll-Farm zeigt, daß PARDON US keinen durchgehenden Handlungsfaden hat. Das erkannten auch schon die zeitgenössischen Kritiker, die mit dem Film hart ins Gericht gingen und Laurel & Hardy keine große Zukunft im Langfilm voraussagten. Zum Glück ging diese Prophezeiung nicht in Erfüllung, und trotz aller dramaturgischer Mängel wurde PARDON US ein Kassenerfolg. Dennoch leidet der Film unter seinem unruhigen Schnitt (der vielleicht auch auf die gewaltsame Kürzung zurückzuführen ist) und einem etwas stolpernden Rhythmus. Die fremdsprachigen Versionen verbinden mit der Revolte die Szene eines Brandes, in dessen Verlauf Stan und Ollie die Tochter des Gefängnisdirektors aus den Flammen retten. Auch das Ende des Films war ursprünglich anders geplant. Nach ihrer Entlassung aus dem Gefängnis sollten Stan und Ollie als alte Männer gezeigt werden, die mit zwei Knaben reden, ehe Stan gedankenverloren einen Stein unter Ollies Rollstuhl wegzieht und dieser in einen See saust.

Sechs Monate lang – so lange wie nie zuvor – hatten Laurel & Hardy an diesem Film gearbeitet. Hinsichtlich des zu erwartenden Erfolgs und der Qualität waren Roach und Laurel sehr skeptisch. Der Film wurde daher noch fast ein dreiviertel Jahr zurückbehalten und gelangte erst im Spätsommer 1931 zur Aufführung. Für Stan Laurel war dies – am wenigsten wegen PARDON US – eine sehr schwere Zeit.

Ende 1929 war seine Ehe mit Lois Neilsen bereits so gefährdet, daß er ihr vorschlug, auf Hawaii ihre »zweiten Flitterwochen« zu verbringen. Bei ihrer Rückkehr nach Beverly Hills, wo sich inzwischen am North Alta Drive auch die Hardys angesiedelt hatten, war Lois zum zweiten Male schwanger. Beide projizierten alle Hoffnungen, ihre Ehe zu retten, auf dieses Kind. Doch die Schwangerschaft war schwer. Stans Neigung zum Trinken, seine Affäre mit Alyce Ardell und die regelmäßigen Presseberichte über seine Beziehungen zu anderen Frauen hatten Lois an den Rand der Hysterie gebracht. Als Ehemann war der Komiker eine glatte Fehlbesetzung, während Lois den hysterischen Nervenbündeln seiner Filme immer ähnlicher wurde.

Der Junge, den Lois am 7. Mai 1930 im Hollywood Hospital zur Welt brachte, kam zwei Monate zu früh und mußte sofort in den Brutkasten, hatte jedoch kaum Überlebenschancen. Stanley Robert Jefferson, wie das Baby laut Geburtsregister hieß, bekam schwere Hirnblutungen und wäre wahrscheinlich zeitlebens behindert gewesen, wäre er nicht nach neun Tagen gestorben. Stan Laurel betäubte seinen Schmerz im Alkohol.

Als Ehemann eine Fehlbesetzung: Laurel bringt Tochter Lois mit zu Dreharbeiten

Zur gleichen Zeit war Fred Karno, Stans früher Mentor, mit dessen Truppe er nach Amerika gekommen war, in großen finanziellen Schwierigkeiten. Die großen Jahre von Music Halls und Varietés waren vorüber, mit einem gigantischen Vergnügungs-Etablissement in London war Karno gescheitert. Jetzt war er nach Amerika gekommen und hoffte, von seinen prominenten Entdeckungen Chaplin und Laurel unterstützt zu werden. Stan überredete Roach, den großen alten Mann der britischen Music-Hall-Tradition als Autor zu engagieren. Doch nach nur sechs Monaten war Roach mit den Fähigkeiten Karnos unzufrieden und löste den Vertrag.

Die Ehe der Hardys war vorerst gerettet, nachdem Myrtle Ende 1929 ihre Scheidungsklage zurückgezogen hatte. Aber Anfang 1931 wurde Myrtle in ein Sanatorium für schwere Alkoholiker eingewiesen. Kurz danach begab sie sich in die Obhut ihrer leiblichen Schwester, wurde von Babe aber in ihr gemeinsames Heim zurückgeholt, nachdem sie kurz zuvor mit ihrem Wagen in volltrunkenem Zustand von einem Streifenpolizisten gestoppt worden war. Erneut wurde in der Presse über eine herzliche Versöhnung der Hardys berichtet. Angesichts dieses völlig desolaten Privatlebens, dessen Höhen und Tiefen von den Boulevardblättern Hollywoods begierig ausgebreitet wurden, brachte das Jahr 1932 dann zwei unerwartet großartige Höhepunkte im künstlerischen Bereich.

Bereits Anfang 1932 hatte sich Stan Laurel entschlossen, im Sommer seine alte Heimat England zu besuchen. Zum letzten Male hatte er sich 1927 für kurze Zeit in Europa aufgehalten, jetzt wollte er vor allem seinen Vater A. J. und dessen neue Frau besuchen. Es sollte sein erster längerer Urlaub werden, denn seit er mit Oliver Hardy ein Team bildete, hatten sich beide keine nennenswerte Erholungspause mehr gegönnt. Babe hatte eigentlich vor, für die Dauer von Stans Europareise nach Kanada zu gehen, um dort auszuspannen. Als er erfuhr, daß die Golfplätze von Schottland und England zu den besten der Welt zählen, schlug er Stan vor, ihn nach Europa zu begleiten. Die beiden wollten im Juli gemeinsam abreisen. So kam es dann auch, doch von Urlaub konnte keine Rede mehr sein. Dafür konnten sich die beiden zum ersten Mal davon überzeugen, wie ungeheuer populär sie waren und welch riesige Anziehungskraft ihr Name auf die Massen der Kinogänger in aller Welt besaß.

Zehn Tage nach Beendigung der Dreharbeiten zu SCRAM reisten Stan, Babe und Myrtle – ein Zeichen der Versöhnung – zunächst an die Westküste. Als sie in Chicago umsteigen wollten, waren sie

Blödeln für die Wochenschau: Laurel & Hardy in London (1932)

bereits von Hunderten von Fans, Fotografen und Reportern umringt. In New York war der Ansturm der Menschen so gewaltig, daß die Polizei auf dem Broadway die Massen zurückdrängen mußte. Als sie an Bord der »Aquitania« ablegten, hatte Metro-Goldwyn-Mayer bereits eine Abschiedsfeier arrangiert. In Anspielung auf das Firmenzeichen von MGM, den brüllenden Löwen, veröffentlichte die Presseabteilung Erklärungen unter der Überschrift »Leo bringt Laurel & Hardy nach Europa«. Die Zeit vom 25. Juli bis 21. August wurde von MGM zum »Laurel-&-Hardy-Monat« erklärt.

Am 23. Juli kamen die drei in Southampton an, wo die Menschenmenge »The Dance of the Cuckoos« pfiff, die Erkennungsmelodie von Laurel & Hardy. Offiziell begrüßt wurden sie von A. J. und Stans Stiefmutter Venitia. Ihr Zug nach London konnte infolge des großen Andrangs von Fans und Schaulustigen nur mit vierstündiger Verspätung abfahren, und in der britischen Hauptstadt wurden Babe und Stan zunächst zu einer Pressekonferenz gelotst, um danach einer Aufführung ihres aktuellen Films ANY OLD PORT beizuwohnen. Vor den Kameras der internationalen Wochenschauen blödelten die beiden ein wenig, außerdem besuchten sie die Städte von Stans Kindheit in Nordengland. Natürlich hieße es, Laurel & Hardy falsche Bescheidenheit zu unterstellen, behauptete man, sie hätten von ihrer enormen Popularität nichts gewußt. Roach und MGM hatten sie in aller Welt bekannt gemacht, aus vielen Ländern erreichte sie Fanpost, die schlicht an »Laurel & Hardy, Hollywood, USA« adressiert war. Daß sie derartige Massen zu mobilisieren imstande waren, hatten indes weder Stan noch Babe erwartet. In Glasgow stellte man ihnen sechs Polizisten zur Seite, um sie vor den über 6000 Menschen zu schützen, die zu ihrer Begrüßung zum Hauptbahnhof gekommen waren. Weitere Stationen ihrer Verbeugungstournee waren Blackpool, Manchester, Leeds und Sheffield, ehe sie aufs Festland übersetzten.

Geplant war, Paris, Berlin, Antwerpen, Brüssel und Madrid zu besuchen. In Paris schickte ihnen der Präsident der Republik, Albert Lebrun, seinen Wagen, der sie im Triumphzug über die Champs Elysées fuhr. Auf eine Weiterreise verzichteten Stan und Babe dann aber aufgrund der strapaziösen Sympathiekundgebungen ihrer Fans. Sie reisten zurück nach London, nahmen hier einen kleinen Sketch samt ihrer Erkennungsmelodie auf Schallplatte auf und kehrten schließlich Ende August, erschöpfter als sie gekommen waren, in die Vereinigten Staaten zurück. Übrigens hatten beide, obwohl MGM ihre persönliche Urlaubsplanung völlig über Bord geworfen hatte, ihre Reise selbst bezahlt.

Am 12. September kamen Stan Laurel, Oliver und Myrtle Hardy wieder in Los Angeles an. Da die einmonatige Sommerpause der Roach-Studios noch andauerte, hatten sie noch ein paar Tage zur Verfügung, um sich vom Streß ihres »Urlaubs« zu erholen, der ihnen eine so eindrucksvolle Bestätigung der Zuneigung ihres Publikums gebracht hatte. Der nächste Erfolg kam am 18. November 1932, als im Ambassador-Hotel von Los Angeles die jährlichen Preise der Filmakademie verliehen wurden. Für den Laurel-&-Hardy-Film THE MUSIC BOX, die beste Kurzkomödie der Saison 1931/32, erhielt Hal Roach einen Oscar. Dieser Drei-Akter, der den Transport eines Klaviers über eine schier endlos lange Treppe schildert, ist bis heute einer der bekanntesten Filme von Laurel & Hardy geblieben und stellt in der Tat eine Zusammenfassung ihres Schaffens dar. Er führt das hierarchische Verhältnis der beiden untereinander vor, weil bei dem beschwerlichen Treppensteigen natürlich Ollie das Sagen hat; er thematisiert die Lust an der Zerstörung, weil ein wildgewordener Professor das Instrument am Schluß zerschlägt; er greift ihr ambivalentes Verhältnis zu Frauen auf, weil Stan einer Krankenschwester in den Hintern tritt, mit der Olli zuvor galant geflirtet hat; er dreht sich komplett um die Tragik des Scheiterns, weil eine sinnlose Arbeit im Mittelpunkt steht. Außerdem ist THE MUSIC BOX, dem überdies sein stimmungsvoller Rhythmus zugute kommt, in sich logisch aufgebaut und stellt zweifelsohne einen der schönsten Filme von Laurel & Hardy dar.

Regisseur von THE MUSIC BOX war James Parrott. Er gehörte zu den regelmäßigen Mitarbeitern von Laurel & Hardy, die in dem vergleichsweise kleinen Studio von Hal Roach bereits nach kurzer Zeit eine Art Stamm-Mannschaft um sich scharten, deren Mitglieder immer wieder an ihren Filmen beteiligt waren. James Parrott (1897–1939) war der Bruder von Charley Chase und hat eine Vielzahl von dessen Filmen inszeniert. Zusammen mit Laurel & Hardy drehte er insgesamt 21 Filme, darunter Meisterwerke wie TWO TARS, BLOTTO, BE BIG und HELPMATES. Er war damit zwischen 1928 und 1933 ihr herausragendster Regisseur. Parrott trat sozusagen die Nachfolge von Leo McCarey (1898–1969) an, teilt mit diesem jedoch nicht das Verdienst, auch die Charaktere von Stan und Ollie herausgebildet zu haben. Parrott beschränkte sich vielmehr darauf, das vorhandene Material umzusetzen.

Hatten Stan und Babe in ihren Stummfilmen mit wechselnden Regisseuren wie Fred Guiol (1898–1964), Lewis Foster (1900–1974) und dem renommierten Keaton-Autor Clyde Bruckman (1894 bis 1955; er drehte PUTTING PANTS ON PHILIP und THE BATTLE OF THE CENTURY) zusammengearbeitet, so wurden sie danach meist von Parrott und James W. Horne inszeniert. Gerade bei den Werken von Horne ist offensichtlich, wie wenig die Filme die Handschrift des jeweiligen Regisseurs tragen. Horne (1881–1942) zeichnete für so herrliche Produktionen wie BIG BUSINESS, OUR WIFE und WAY OUT WEST verantwortlich, führte andererseits aber auch Regie bei schwachen Stoffen wie dem sentimental-schwunglosen ANY OLD PORT, der die Erlebnisse von Stan und Ollie in einem schäbigen Hotel schildert und in einer Box-Szene gipfelt, die deutlich aus Chaplins CITY LIGHTS (Lichter der Großstadt) abgekupfert ist. Hornes Schicksal ist symptomatisch für fast alle Regisseure von Laurel & Hardy: Sie erhielten keine Gelegenheit, eine eigene Bildsprache zu finden und hatten sich völlig den Vorstellungen Laurels unterzuordnen. In aller Regel war dies jedoch den Filmen eher förderlich, da Stan seine und Babe Möglichkeiten weitaus besser abschätzen konnte als alle Regisseure. Diese hatten daher nur wenig mit der Frage zu tun, ob es sich bei einem Film um ein Meisterwerk oder eher einen Fehlschlag handelt.

Ein guter Regisseur im Sinne Stans dürfte Charles Rogers (ca. 1890–1960) gewesen sein, der zunächst als Gagman bei Roach arbeitete und später immer mehr zu Laurels persönlichem Assistenten wurde. Sie waren eng befreundet, so daß Rogers in verschiedenen Langfilmen aussschließlich die Szenen mit Laurel & Hardy inszenierte, während der Rest von anderen betreut wurde. Regulärer Regisseur von FRA DIAVOLO war Hal Roach, bei BABES IN TOYLAND zeichnete Gus Meins und bei BOHEMIAN GIRL James Horne für die Spielleitung verantwortlich; in allen drei Fällen wurden sämtliche Auftritte von Laurel & Hardy jedoch von Rogers inszeniert. Selbst nachdem sie Roach verlassen hatten, versicherten sich die beiden noch verschiedentlich seiner Mitarbeit.

Auch mit der Ausarbeitung der Gags und Stories, bei der Fotografie und dem Schnitt war zumeist ein und dasselbe Team beschäftigt, wobei der ehemalige Sportjournalist Harley M. Walker (1884–1937) besondere Erwähnung verdient; er erdachte die mitunter erfrischend komischen Zwischentitel für die Stummfilme. Für das Publikum weitaus einprägsamer sind dagegen natürlich jene Mitwirkenden, die mit Laurel & Hardy vor der Kamera agierten. *»Kein Verehrer der beiden muß an die bewährten Leistungen erinnert werden, die vom Korps der Charakterspieler zu den Laurel-&-Hardy-Filmen beigesteuert wurden. In fast jedem ihrer Filme kann man eine Handvoll dieser Darsteller ausmachen, die das Star-Duo mit ihrem jeweiligen Markenzeichen komischer Sachkenntnis unterstützten.«*[38]

Die Standard-Partner von Laurel & Hardy blieben in der überwiegenden Mehrzahl ihrer Filme dieselben und spielten meist festgelegte Rollen. So war beispielsweise die australische Schauspielerin Mae Busch (1897–1946), die bei Mack Sennett begonnen hatte und 1921 in Erich von Stroheims grimmigem Melodram FOOLISH WIVES (Törichte Frauen) zu Starruhm gelangt war, für die beiden die ideale Darstellerin einer wahrhaft furchterregenden Keifzange. Äußerlich von kultivierter Eleganz, setzte sie Stan und Ollie als Ehefrau (UNACCUSTOMED AS WE ARE, THEIR FIRST MISTAKE, SONS OF THE DESERT) wie als verruchte Gangsterbraut (CHICKENS COME HOME, COME CLEAN, GOING BYE-BYE) gleichermaßen zu. Sie spielte zumeist die raffgierige, unbarmherzige Xantippe, die Laurel & Hardy das Leben zur Hölle machte. In THEM THAR HILLS feiert sie mit den beiden zwar ein fröhliches Gelage, entfacht dadurch aber erst die Eifersucht ihres Mannes. In BOHEMIAN GIRL bricht sie ihre Ehe mit Ollie (der dermaßen unser Mitleid erregt, daß wir uns fragen, warum die beiden überhaupt geheiratet haben), in THE PRIVATE LIVE OF OLIVER VIII. traktiert sie ihn sogar mit einem überlangen Fleischermesser.

Weniger gewaltbereit, aber nicht minder exzentrisch waren die Rollen von Anita Garvin (1907–1994), die unter anderem die neureiche Hausherrin in FROM SOUP TO NUTS und die gleichermaßen versnobte Bankiersgattin in A CHUMP AT OXFORD spielte. Ihre schönsten Auftritte an der Seite von Laurel & Hardy hat sie als unliebsame Ehefrau in BLOTTO und BE BIG. Beide Male tritt sie mit langläufigem Gewehr und ohne einen Funken Humor auf – eine Frau, die keine Worte macht, sondern gleich als amazonenhafter Racheengel zur Tat schreitet. »*Ähnlich wie Mae Busch übernimmt die Garvin die delikate Aufgabe, in der Welt von Laurel & Hardy das ewig Weibliche zu repräsentieren. Aber während erstere die Herrin ihrer selbst und ihrer Leidenschaften ist, verkörpert Anita mit notorischem Charme die fühlende und leidende Frau, die auch um die sadistische Komponente der Rache weiß. Ein bißchen gemahnt*

Mit Dennis King in ›Fra Diavolo‹ (1933)

Elegante Keifzange: Mae Busch mit Laurel & Hardy in ›Going Bye-Bye‹ (1934)

sie an eine weibliche Ausgabe von Edgar Kennedy und Charlie Hall.«[39]

Edgar Kennedy (1890–1948) konnte wie kein Zweiter jene gezügelte Wut darstellen, die in einem Menschen kocht, wenn er mit den besonders krassen Schnitzern zweier Tölpel wie Laurel & Hardy über längere Zeit hinweg konfrontiert wird. Er war gleichaltrig mit Stan und hatte – wie das Gros der zeitgenössischen Komiker – seine Karriere bei Mack Sennett begonnen. Bei Roach entfaltete er eine imponierende Produktivität; er spielte in einer eigenen Serie ebenso wie in den Filmen anderer Spaßmacher, übernahm Regieaufgaben und betätigte sich als Autor und Gagman. Gegenüber Stan und Ollie erscheint er meist wütend und begriffstutzig zugleich. Aber seine Wut entlädt sich nur manchmal, gewöhnlich zeigt lediglich sein gequältes Gesicht, wie sehr es in ihm brodelt. Er schiebt die Mütze zurück, kratzt sich ratlos den nur scheinbar kühlen Kahlkopf und streicht sich mit der Hand übers Gesicht. Der erschütterte, stumm leidende Blick Edgar Kennedys symbolisiert die absolute Katastrophe im Angesicht des anarchischen Chaos von Laurel & Hardy. In BACON GRABBERS sehen wir ihn als zahlungsunwilligen Radiobesitzer, dem die beiden als Gerichtsvollzieher das Rundfunkgerät wieder abluchsen sollen; in THE FINISHING TOUCH ist er ein cholerischer Hausbesitzer, in A PERFECT DAY ihr gichtgeplagter Onkel. Fünf seiner zehn gemeinsamen Auftritte mit Laurel & Hardy zeigen Edgar Kennedy, der später in einer erfolgreichen Tonfilm-Serie als »The Average Man« brillierte, in Polizeiuniform.

Auch der in England geborene Charlie Hall (1899–1959) trug häufig Uniformen. Wie Stan, dessen enge Freundschaft ihm kleine und Kleinstrollen in 47 Laurel-&-Hardy-Filmen einbrachte, hatte er in

Gewalttätiger Gegner: Charlie Hall mit Laurel & Hardy in ›Tit For Tat‹ (1935)

seinen ersten Berufsjahren für Fred Karno gearbeitet. Er ist klein und schmächtig, wirkt jugendlich und scheinbar höflich, kann aber in Sekundenschnelle für Stan und Ollie zum ebenso ausdauernden wie gewalttätigen Gegner werden. So wirft er beispielsweise in BELOW ZERO mit Schneebällen nach ihnen, nur weil ihm ihre Straßenmusik nicht behagt. In LAUGHING GRAVY ist er der verknöcherte Herbergsvater, der den beiden die Haltung eines Hündchens mißgönnt, während er ihnen in BUSY BODIES die gemeinsame Arbeit im Sägewerk zur Hölle macht. Schließlich wird er in THEM THAR HILLS und dessen Fortsetzung TIT FOR TAT zum rasenden Berserker, weil sich seine Frau (Mae Busch) zu einem harmlosen Flirt mit Ollie hinreißen läßt.

Ebenso cholerisch sind oft die Zeitgenossen, die der dicke Billy Gilbert (1893–1971) spielt. Er ist jener wildgewordene Professor, der in THE MUSIC BOX das von Laurel & Hardy so mühevoll über die Treppe herbeigeschaffte Klavier in einem Anfall wutschnaubender Wildheit mit einer Axt zerschlägt. In der Schlußszene von BLOCKHEADS rennt er rasend mit einer Jagdflinte im Anschlag hinter den beiden her, in PACK UP YOUR TROUBLES treibt er sie als tollwütiger Brautvater in die Flucht. Von ähnlich wuchtiger Statur wie Oliver Hardy, verkörpert er meist den aufgeblasenen Dickwanst, schwitzend und erregbar, cholerisch und südländisch. Als wandlungsfähiger Charakterdarsteller wirkte er in über 200 Filmen mit, zusammen mit Laurel & Hardy war er insgesamt neunmal zu sehen. Filmgeschichte machte Billy Gilbert in der Rolle des Göring in Charles Chaplins zynischer Hitler-Persiflage THE GREAT DICTATOR (Der große Diktator).

All diese Schauspieler erscheinen heute als unverzichtbare Zugabe in den Filmen von Laurel & Hardy. Ihre Welt der metertiefen Schlammpfützen, herabfallenden Ziegelsteine, boshaften Frauenzimmer und unsympathischen Autoritätspersonen wurde durch diese Partner erst lebendig. Weitere immer wieder mit Laurel & Hardy auftretende Nebendarsteller waren Tiny Sanford, Walter Long, Rychard Cramer und Charles Middleton (die alle fast ausschließlich als rabiate Gegenspieler der beiden auftraten) sowie Dorothy Coburn, Vivien Oakland und Daphne Pollard (deren Parts von freundlichen Straßenbekanntschaften zu keifenden Ehegemahlinnen wechselten). Der herausragendste und einprägsamste Standard-Partner von Stan und Babe war indes James Finlayson, der als tobender Choleriker mit Walroß-Schnauzbart und Glatze zu ihrem ewigen Widersacher avancierte.

In Schottland geboren, sollte James Finlayson (1887–1953) eigentlich die väterliche Eisenhütte übernehmen und studierte zu diesem

Bulliger Choleriker: Billy Gilbert mit Laurel & Hardy in ›The Music Box‹ (1932)

Zweck kurzzeitig an der Universität von Edinburgh. Dann jedoch schloß er sich einem Wandertheater an und kam 1912 als Star des Musicals »Bunty Pulls the Strings« nach Amerika. Nach einem erfolgreichen Broadway-Gastspiel blieb er 1916 in Hollywood hängen. Die Sennett'sche Talentschmiede durchlief auch er. »Fin«, wie man ihn allgemein rief, wurde Mitglied von Sennetts komischer Polizeitruppe »Keystone Cops«, trat daneben aber auch mit populären Komikern wie Snub Pollard, Charley Chase, Louise Fazenda und Mabel Normand auf. Bereits in den frühen 20er Jahren arbeitete er sowohl mit Stan Laurel als auch mit Oliver Hardy zusammen. So liefert er sich in SMITHY (1924) mit Laurel einen grotesken Schlagabtausch an einer Baustelle, während er in NO MAN'S LAW (1927) mit Hardy den Wilden Westen unsicher macht.
Anno 1923 wurde Finlayson von Hal Roach unter Vertrag genommen. Roach wollte ihn, der stets gleichzeitig wie ein Schurke und

Schlanker Choleriker: James Finlayson, der ewige Widersacher, mit Laurel & Hardy in ›Men O'War‹ (1929)

dessen Parodie wirkt, zum Star einer eigenen Serie machen. Dieser Versuch schlug jedoch fehl, weil die Autoren für »Fin« keinen durchgängigen eigenen Stil entwickeln konnten. Statt dessen wurde er ab LOVE'EM AND WEEP zum ewigen Kontrahenten von Laurel & Hardy. In diesem frühen Film, in dem die beiden noch nicht als Paar agieren, spielt er noch einen honorigen Industriellen, der von seiner alten Flamme erpreßt wird. In der vier Jahre später entstandenen Neufassung CHICKENS COME HOME hat Oliver Hardy diese Rolle übernommen, nunmehr ist »Fin« der bestens informierte Butler, der von Ollie mit deftigen Trinkgeldern zum Schweigen gebracht wird.

Als cholerischer Hausbesitzer in BIG BUSINESS bringt Finlayson das blinde Zerstörungswerk erst ins Rollen, in dessen Verlauf sein Eigenheim ebenso wie das Auto von Stan und Ollie völlig demoliert werden. Er ist der mitleidlose Kommißkopf in BONNIE SCOTLAND, der sadistische Wachmann in BOHEMIAN GIRL, der genasführte Lehrer in PARDON US, der aufbrausende Frackträger in BLOCKHEADS, der unerbittliche Kreditgeber in ONE GOOD TURN und der verwirrte Schuldeneintreiber in THICKER THAN WATER. »*Für (Laurel & Hardy) war er das ideale menschliche Requisit ihrer Komik und verkörperte auf vielfache Weise die rauhe Wirklichkeit einer feindlichen Umwelt, der Stan und Oliver verständnislos gegenüberstanden und die sie um so härter traf. Immer wenn ein störrischer, unverschämter Bösewicht gebraucht wurde, dann war es ›Fin‹. Immer bestand er wie Shylock auf seinem Schein, freudestrahlend erklärte er eine Hypothek für verfallen, ewig sah er so aus, als ob ihn das saure Aufstoßen eines Magenleidens peinigte oder als ob er soeben eine verfaulte Gurke gegessen hätte.*«[40]

Die komische Wirkung dieser Kampfhandlungen resultiert vor allem aus »Fins« verzögerter Reaktion. Im Falle der Überraschung oder Überrumpelung verdreht er das rechte Auge, kneift das linke zu und läßt den kahlen Kopf ruckartig kreisen. Was Gift und Galle anbelangt, ist er bis heute unerreicht. Ohne von so sophistischer Boshaftigkeit wie etwa W. C. Fields oder später Louis de Funès zu sein, widerlegt er eindrucksvoll die Annahme, daß ein Komiker sympathisch sein muß, um spaßig zu wirken. Diese komische Kraft des Bösen zelebriert er mit Laurel & Hardy in OUR RELATIONS und WAY OUT WEST anhand gehässiger Täuschungsmanöver. Im ersten will er ihnen als durchtriebener Matrose ihre Ersparnisse abluchsen, im anderen bringt er sie um ein wertvolles Dokument. Um dem bitteren Schicksal die Krone aufzusetzen, macht ihn Ollie in OUR WIFE und ME AND MY PAL sogar zu seinem Schwiegervater. Insgesamt agierte James Finlayson in 33 Filmen mit (oder besser: gegen) Laurel & Hardy und wurde Opfer ihrer einfallsreich-peinvollen Rache.

Nichts als Ärger

Die Verbeugungstournee nach Großbritannien war für Laurel & Hardy die erste Gelegenheit, längere Zeit miteinander zu verbringen. Das Publikum neigt dazu, Schauspielern auch privaten Kontakt zu unterstellen, wenn sie auf der Bühne, der Leinwand oder dem Bildschirm häufig zusammen agieren. Tatsächlich ist dies jedoch nur höchst selten der Fall, und auch Laurel & Hardy gingen außerhalb der Filmateliers weitgehend getrennte Wege. Zu verschieden waren die Persönlichkeiten dieser beiden Männer, weit unterschiedlich ihre Freizeit-Interessen, als daß sich eine engere Freundschaft hätte ergeben können. Obwohl beide voreinander großen Respekt hatten und hervorragend aufeinander eingespielt waren, waren sie kaum mehr als Kollegen, die zusammen arbeiteten. Nach Feierabend hatten Stan und Babe nur wenig miteinander zu tun, selbst in jener Zeit, als sie in Beverly Hills praktisch Nachbarn waren.

In späteren Jahren, als Babe bereits gestorben war, gestand Stan Laurel einmal in einem Interview, ihn erst während ihrer Bühnenauftritte in den 50er Jahren näher kennengelernt zu haben: *»Witzigerweise haben wir uns vor den gemeinsamen Tourneen persönlich nie richtig kennengelernt. Als wir die Filme machten, war das einfach unser Job, obwohl wir sehr viel Spaß dabei hatten. Zwischen den Filmen haben wir uns nur selten gesehen. Sein Leben außerhalb des Studios war der Sport – und mein Leben bestand praktisch immer aus Arbeit, auch wenn sie eigentlich bereits zu Ende war. Ich liebte den Schnitt und die Bearbeitung der Filme, was ihn überhaupt nicht interessierte. Aber alles, was ich tat, gefiel ihm. Es gab niemals Streit zwischen uns.«*[41]

Zwar machte Oliver Hardy bei den Vorbereitungen zu einem Film durchaus ab und an Vorschläge – so ist beispielsweise BRATS eine Variante des Films PLAYMATES, den er 1918 mit Billy West gedreht hatte. Im übrigen jedoch engagierte er sich über die Schauspielerei hinaus nicht. Sogar die Autogrammkarten des Teams wurden im Falle Babes mit einem Stempel versehen, während Stan seine Unterschrift gewöhnlich eigenhändig unter das Foto setzte. Ansonsten waren beide bemüht, so wenig wie möglich über ihr Privatleben an die Öffentlichkeit dringen zu lassen – sicherlich auch eine bittere Lehre aus den vielen negativen Schlagzeilen, die sich mit ihren Eheproblemen beschäftigten.

Da beide ihre Privatsphäre völlig abschirmten, konnte sich jeder Journalist sein eigenes Bild von Laurel & Hardy machen – was natürlich zu einer Fülle ebenso frei erfundener wie absurder »Home-Stories« führte. Der wahre Babe Hardy war – ähnlich wie der Ollie seiner Filme – wohl tatsächlich ein Gentleman aus den Südstaaten und ein Kavalier der alten Schule. Vor allem Freunden gegenüber, die ihm einmal in irgendeiner Notlage geholfen hatten, zeigte er sich sehr dankbar. Er vergaß nie, wer ihn einmal unterstützt hatte. So schickte er Menschen, die ihm während einer kurzen Zeit der Arbeitslosigkeit Anfang der 20er Jahre Geld geliehen hatten, noch nach langer Zeit Geschenke. Anderen verschaffte er einen Job in den Roach-Studios.

Babe war ein leidenschaftlicher Koch und versuchte sich später auch als Hobbygärtner und -schreiner. Seine Begeisterung für die Jagd legte sich, als er 1937 vom Anblick eines angeschossenen, verendenden Hirsches so betroffen war, daß er sich wie ein Mörder

Eher selten sah man Laurel & Hardy auch privat zusammen – wie hier beim Golfspielen (um 1935)

fühlte. Auch brachte er es nicht übers Herz, das von ihm zeitweise gezüchtete Geflügel zu schlachten. Ironischerweise war Babe kein großer Esser, der auf Bemerkungen über seine Leibesfülle sehr sensibel reagierte. *»Hardys Witwe berichtete in einer BBC-Dokumentation, daß er sie manchmal fragte, wie sie einen so dicken Mann lieben könne. Und obwohl der Komiker angesichts seiner Freunde in der Öffentlichkeit sein Körpergewicht akzeptierte, haßte er es, dick zu sein. (. . .) Dennoch war er im Privatleben ein Frauentyp.«*[42]
Ein guter Teil seiner Einkünfte ging daher an seine beiden geschiedenen Ehefrauen. Im übrigen ließ Babe sehr viel Geld im Spielkasino und auf der Pferderennbahn. Er ging regelmäßig zum Pferderennen und besaß zeitweise auch einige Pferde. Vor allem aber galt seine Leidenschaft dem Golfsport. Er war durch Larry Semon zum Golf gekommen und in den 20er und 30er Jahren neben seinem Freund Bing Crosby (der ihm später einen winzigen Gag-Auftritt

Freunde und Golfpartner: Bing Crosby und Oliver Hardy in einer Radiosendung

als erfolgloser Wetter beim Pferderennen gab) sowie Herzensbrecher Adolphe Menjou der beste Spieler in Hollywood. Im »Lakeside Golf Club«, seinem fast täglich nach den Dreharbeiten aufgesuchten Verein, errang er Dutzende von Pokalen und Trophäen. Mit dem ihm eigenen Hang zu Understatements erklärte er einmal in einem Interview: *»Mein Leben war nicht sehr aufregend. Ich habe viel vor der Kamera gestanden und den Rest der Zeit Golf gespielt.«*[43]
Der Schwierigere von beiden war zweifellos Stan Laurel. Je gefestigter seine Position bei Roach war, desto egozentrischer wurde er. Er wußte, was er wert war, und ging deshalb gar nicht erst auf Diskussionen ein. Es kam daher häufig zu Meinungsverschiedenheiten mit Hal Roach, wobei jeder dem anderen vorwarf, unbrauchbare Ideen realisieren zu wollen. Zudem beobachtete Roach Stans Renommee als Schürzenjäger und Alkoholiker mit Argusaugen, mußte er angesichts der bigotten Stimmung im Hol-

lywood der 30er Jahre doch ständig damit rechnen, daß Berichte über Ehebruch und Trunksucht den Kassenwert seiner »Moneymakers« beeinträchtigen würden. Dennoch arbeitete Stan sehr intensiv. Selbst in seiner Wohnung lagen stets gelbe Zettel verstreut, auf denen er seine neuesten Einfälle notiert hatte. Er kreierte ständig Gags, manchmal sogar für andere Komiker aus der Roach-Mannschaft. *»Die Komödie war für Laurel sowohl Beruf als auch Hobby. Seine einzige wirkliche Art des Entspannens war Angeln. Gelegentlich befaßte er sich oberflächlich mit anderen Interessen. Auf seiner Ranch im Tal von San Fernando züchtete er Enten und versuchte zeitweise, Kartoffeln mit Zwiebeln zu kreuzen. (...) Jedweder Sinn für Klassenunterschiede war ihm fremd. Als er wohlhabend war, gehörten alte Bekannte aus den Varieté-Tagen ebenso zu seinen engen Freunden wie Mitglieder des Produktionsteams; mit den ›wichtigen‹ Persönlicheiten der Filmindustrie hatte er nur wenig Kontakt. Während des Krieges gab er häufig üppige Dinnerparties für Soldaten und Matrosen. Rassistische Vorurteile konnte er nie verstehen.«*[44]

Der Ausspruch, er habe »alle seine Hobbies geheiratet«, stammt nicht von Stan Laurel, sondern wurde ihm von Journalisten in den Mund gelegt. Dennoch ist es richtig, daß seine Zeit außerhalb der Filmateliers hauptsächlich von Frauen, heftigen Ehekrächen, publicityträchtigen Versöhnungen und beschämenden Scheidungseskapaden bestimmt war. Auf der Heimreise nach dem »Urlaub« in Europa hatte Stan eine junge Texanerin kennengelernt, die Renée hieß und mit französischem Akzent sprach. Sie hatte ihn um ein Autogramm gebeten, er hatte sie zu einem Champagnercocktail eingeladen. Bei Roach verschaffte er ihr einen Job als Komparsin. Alle, einschließlich seiner geplagten Ehefrau Lois, rechneten mit einer baldigen Heirat, doch Stan sagte Freunden, er könne kein Mädchen heiraten, das schon in der ersten Nacht mit ihm geschlafen habe.

Als er dann immer häufiger über Nacht nicht nach Hause kam, hatte Lois genug. Im November 1932 – soeben hatten Laurel & Hardy mit den Dreharbeiten zu TWICE TWO begonnen, der die Höllen der Ehe schildert – gaben sie und Stan ihre Trennung bekannt. Der Presse ließ Stan folgende denkwürdige Erklärung zukommen: *»Wenn zwei Menschen einen Punkt erreichen, ab dem sie nicht mehr zusammen lachen können, können sie unmöglich noch Tisch und Bett teilen. (...) Weder meine Frau noch ich haben die Vorstellung einer Scheidung auf die leichte Schulter genommen. Wir haben eine fünfjährige Tochter, und um ihretwillen versuchten wir, unsere Ehe zu retten. Aber wir sind soweit, daß wir uns nur noch auf die Ner-*

ven gehen.«[45] Das klang logisch und überlegt, in Wahrheit aber litt Stan – der Ende des Jahres außerdem den Tod seines Bruders Teddy zu beklagen hatte – jahrelang an dieser Trennung. Seiner zweiten Frau Ruth sagte er, Lois sei die große Liebe seines Lebens gewesen.

Virginia Ruth Rogers lernte er Anfang 1933 kennen, als er zusammen mit dem Regisseur William A. Seiter, der seinen nächsten Film Sons of the Desert inszenieren sollte, einen Yacht-Ausflug nach Santa Catalina unternahm. Ruth war gebürtige Schweizerin, 29 Jahre alt, blond und hieß mit richtigem Namen Ruth Hansburger. Noch arbeitete sie als Fotomodell und Direktrice in einem Modesalon, doch bei den Dreharbeiten zu Sons of the Desert bestand Laurel bereits auf ihrer Anwesenheit. An ihrer Seite fand Stan die Ruhe, die er in den letzten Wochen und Monaten so schmerzlich vermißt hatte, zumal sie ihm auch in den schwierigen Wochen seiner Trennung beistand. Die Scheidung von Lois war noch nicht rechtskräftig, als Stan und Ruth am 2. April 1934 in Mexiko heirateten. Sie kündigten daher an, nicht eher zusammen zu ziehen, bis Stans vorhergehende Ehe rechtmäßig aufgehoben worden sei. Dieses Statement rief nicht nur die Klatschreporter auf den Plan, sondern ließ auch Hal Roach aufhorchen.

Denn zwischen Laurel und Roach war es zu ersten heftigen Meinungsverschiedenheiten gekommen. Laurel & Hardy hatten nach ihrer Rückkehr aus Europa die Langfilme Fra Diavolo und Sons of the Desert gedreht, außerdem sieben Kurzfilme. Sons of the Desert rangierte 1934 unter den zehn national erfolgreichsten US-Filmen und übertraf damit sogar noch den Erfolg von Fra Diavolo, einer von Roach selbst mit großem Aufwand inszenierten Persiflage auf Opern- und Kostümfilme (er hatte allerdings nur bei den Szenen ohne Laurel & Hardy Regie geführt). Jetzt wollte er nachlegen und mit Babes in Toyland einen weiteren Musikfilm, diesmal im Stil eines Kindermärchens, produzieren. Das gleichnamige Musical war in Amerika ausgesprochen populär und verfügte mit den beiden Tölpeln »Pieman« und »Simple Simon« auch über zwei Figuren, die von Laurel & Hardy effizient aufgegriffen werden konnten.

Babes in Toyland sollte eine Mammut-Produktion werden. Roach spielte mit dem Gedanken, den Film in Farbe zu drehen, und wollte von Charley Chase über Patsy Kelly bis zu den »Kleinen Strolchen« alle Stars aufbieten, die sein Studio unter Vertrag hatte. Vorberichte wurden lanciert, doch es gab ein gravierendes Handicap: Stan Laurel war mit der von Roach entwickelten Story absolut nicht einverstanden.

Stan Laurel bei seiner zweiten (und vierten) Ehefrau Ruth Rogers

Dispute zwischen Roach und Laurel hatte es in der Vergangenheit immer wieder gegeben. Niemand nahm sie sonderlich tragisch, da Roach in der Regel klug genug war, Laurel weitgehende Freiheiten einzuräumen. Doch diesmal ging es nicht um einen relativ billig herzustellenden Kurzfilm, sondern um eine kostspielige Prestige-Produktion. Zu einer Einigung kam es jedoch zunächst nicht, da Laurel seinerseits an ganz andere Kosten dachte. Er mußte damit rechnen, daß die Anwälte seiner Ex-Frau Lois einen Großteil seines Vermögens für Abfindung und Unterhalt reklamieren würden.

Mitten in die bewegten Vorbereitungen von BABES IN TOYLAND platzte schließlich Laurels Ankündigung, er wolle »wegen Schwierigkeiten mit der Zahlung von Unterhalt« Amerika verlassen und sich zu mehreren Bühnenauftritten nach Europa begeben. Obwohl er gleichzeitig unterstrich, es gebe keinerlei persönliche Differenzen zwischen ihm und Babe, bedeutete dies vor allem das Ende von Laurel & Hardy.

Von Februar bis Mai 1934 traten Laurel & Hardy nicht vor Filmkameras. Während dieser Zeit konnten sich Laurels Anwälte mit den Vertretern seiner Ex-Frau einigen, Stan selbst ging statt nach Europa nach Mexiko, ließ sich dort mit Ruth trauen und rang sich zu einer neuerlichen Versöhnung mit Roach durch. Unterdessen wurde das Drehbuch von BABES IN TOYLAND umgeschrieben. Die Aufnahmen begannen im August, nachdem Laurel & Hardy zuvor noch zwei Kurzfilme gedreht hatten. Verzögert durch einen Bänderriß am rechten Bein, den sich Stan während der Dreharbeiten zuzog, kam der Film im November in die Kinos. Er ist – auch wenn Stan und Ollie hier nicht ihre charakteristischen Melonenhüte tragen – eines ihrer schönsten Werke, dem man die Probleme seiner Entstehung glücklicherweise nicht anmerkt. Zwischen Roach und Laurel jedoch herrschte von dieser Zeit an Krieg, der schon bald einen neuen Höhepunkt erleben sollte: Im März 1935 krachte es zwischen den beiden so heftig, daß Laurel aufgebracht das Studio verließ.

Gegenüber der Presse gaben das Studio und der Komiker verschiedene Begründungen dieses Schrittes ab. Laurel erklärte, der Studiomanager habe ihm eröffnet, man sehe seinen Vertrag als beendet an, obwohl dieser offiziell noch bis Anfang Mai gelaufen wäre. Roach hingegen ließ verlautbaren – und dies dürfte tatsächlich der Kündigung vorausgegangen sein –, man habe sich wieder einmal über einen Filmstoff nicht einigen können. Es ging um den Film BONNIE SCOTLAND, doch bereits im Vorfeld hatte es heftige Meinungsverschiedenheiten gegeben, weil Laurel von Roach pro Film eine Gage von 100 000 Dollar gefordert hatte. Roach ließ erklären, er bereite im Falle von Laurels Ausstieg eine Serie vor, in der Oliver Hardy zusammen mit Patsy Kelly und dem »Kleinen Strolch« Spanky McFarland als »Hardy Family« auftreten sollte.

Ob Roach wirklich eine solche Serie produzieren wollte, oder ob er nur Druck auf Laurel ausüben wollte, ist fraglich. Er hätte, wenn er die »Hardy Family« wirklich in Angriff genommen hätte, jedenfalls sowohl Spanky als auch Patsy Kelly in anderen Serien ersetzen müssen. Spanky war der beliebteste der »Kleinen Strolche« (bei denen Laurel & Hardy übrigens 1933 in WILD POSES einen Gastauftritt absolviert hatten). Patsy Kelly bestritt zusammen mit Thelma Todd eine eigene Filmreihe um die Abenteuer zweier Freundinnen, deren Erlebnisse offenkundig Laurel & Hardy nachempfunden waren. Seit 1931 hatte Roach zunächst Zasu Pitts und Thelma Todd als weibliches Pendant zu Stan und Ollie lanciert. Gleich im ersten Jahr ihrer Zusammenarbeit erhielten die beiden Schützenhilfe von ihren »Paten«, die in ON THE LOOSE einen winzigen Gag-Auftritt haben. Nach 17 gemeinsamen Filmen stieg Zasu Pitts 1933 aus der Serie aus und wurde durch Patsy Kelly ersetzt. Sie war in ihrer nörglerisch-großsprecherischen Art der Figur des Ollie nachempfunden, während sich Thelma Todd bei aller Bodenständigkeit eher an Laurel anlehnte. Die Todd/Kelly-Reihe lief noch mit Erfolg in den Kinos, als Roach die geplanten Filme um »The Hardy Family« ankündigte.

Babe selbst hielt sich mit Äußerungen zurück und erklärte lediglich auf Anfrage, seine Freundschaft zu Laurel sei so herzlich wie eh und je. Um Einigkeit zu demonstrieren, erschienen beide am 27.

Ruth Laurel bei den Dreharbeiten zu ›Bonnie Scotland‹ (1935)

März zur allgemeinen Überraschung Arm in Arm bei der Oscar-Verleihung im Ambassador-Hotel von Los Angeles. Knapp zehn Tage später unterzeichnete Laurel einen neuen Jahresvertrag, der unter anderem den Passus enthielt, seine Dienste unterständen künftig »der persönlichen Überwachung von Hal E. Roach, Präsident«. Roach glaubte, dadurch insbesondere die Ehe- und Finanzkapriolen seines Stars besser kontrollieren zu können.

Nach diesem Vorspiel ging BONNIE SCOTLAND schließlich im Mai 1935 in Produktion. Die endgültige Kinofassung dauerte 80 Minuten und markiert das Ende im Kurzfilmschaffen von Laurel & Hardy. Roach ließ die Produktion von Kurzfilmen langsam auslaufen. Laurel & Hardy hatten, obwohl ihnen kürzere Sujets mehr lagen, auch mit abendfüllenden Spielfilmen Erfolg. Charley Chase, dessen Gesamtwerk nur eine Handvoll längere Arbeiten aufweist, wechselte im Zuge dieser Politik von Roach zu Columbia, die »Kleinen Strolche« gingen an MGM über. Die Todd/Kelly-Serie endete mit dem rätselhaften Tod von Thelma Todd – sie wurde im Dezember 1935 tot in ihrer Garage aufgefunden.

Zu dieser Zeit hatte Thelma Todd gerade neben Laurel & Hardy in BOHEMIAN GIRL gespielt, einem weiteren musikalischen Kostümfilm, der Stan und Ollie diesmal ins Zigeuner-Ambiente des 18. Jahrhunderts führte. Aus dem fertigen Film wurden alle Szenen mit »Hot Toddy« herausgeschnitten, jedoch blieb ihr Name im Vorspann, da eine ihrer Musiknummern zu hören war. Der Film hatte einen überwältigenden Erfolg – besonders in Frankreich, wo er zur Eröffnung einer dreitägigen Tagung des »Club Laurel et Hardy« lief. Dennoch war Stan Laurel weder mit BOHEMIAN GIRL noch mit dem vorangegangenen BONNIE SCOTLAND zufrieden. Denn die Umstellung auf abendfüllende Produktionen hatte es notwendig gemacht, daß es mehr Handlung gab, während die Story in früheren Filmen des Gespanns eher zweitrangig war. In der Tat agieren Laurel & Hardy in ihren schwächeren Filmen stets an der eigentlichen Handlung vorbei. Zwar sind sie die Hauptattraktion, die eigentliche Story des Films jedoch läuft gleichsam separat ab. Ironischerweise sind gerade diese Filme Produkte eines Kompromisses mit der Forderung zahlreicher Rezensenten nach »mehr Substanz«, der man durch die Hinzufügung eher aufgesetzt wirkender Nebenhandlungen zu entsprechen versuchte.

Stan Laurel hatte dieses Manko erkannt und wollte einer Verwässerung ihrer Arbeit durch musikalische oder romantische Mätzchen entgegentreten. Ihr nächster Film, OUR RELATIONS, bietet denn auch Laurel-&-Hardy-Humor in Reinform. Der Film erzählt von der Begegnung Stans und Ollies mit ihren Zwillingsbrüdern Alf und Bert. Er ist eine Variante des altbekannten Doppelgänger-Motivs und beruht in Grundzügen auf Shakespeares »Komödie der Irrungen«. Die in den vorhergehenden Langfilmen hinzugefügten melodramatischen Nebenhandlungen fielen weg, so daß sich die Story auf die reine Komik konzentrierte. Insofern ist dies der erste wirklich vollends befriedigende Langfilm von Laurel & Hardy, der zudem mit einer Fülle superber Glanznummern der beiden Komiker aufwartet.

Ebenso gelungen und bis heute eines der unsterblichen Meisterwerke in der Geschichte (nicht nur) des komischen Films ist der im Anschluß gedrehte WAY OUT WEST. Die Anregung, eine Western-Parodie zu drehen, kam angeblich von Ruth Laurel. Erzählt wird, wie Stan und Ollie in den Wilden Westen kommen, um einem halbwüchsigen Waisenmädchen die Besitzurkunde einer Goldmine zu überbringen, und wie sie dabei von einem schurkischen Saloon-Inhaber übers Ohr gehauen werden. Neben den pittoresken Bilderbuch-Kulissen sind es vor allem der gelungene Rhythmus, die ungewöhnlich detailfreudige Fotografie und einige liebenswertkomische Gesangs- und Tanznummern, die diesem Film zu seinem einnehmenden Flair verhelfen; das von Laurel & Hardy gesungene Lied »In the Blue Ridge Mountains of Virginia« war übrigens 1975, also fast fünf Jahrzehnte nach seiner Aufnahme, wochenlang auf den ersten zehn Plätzen der britischen Hitparade.

Sowohl OUR RELATIONS als auch WAY OUT WEST sind im Vorspann als »A Stan Laurel Production« ausgewiesen, was verschiedene Filmhistoriker als Indiz für Laurels wachsende Unabhängigkeit innerhalb der Roach-Studios sehen. In Wahrheit war dieser Titel wohl eine Konzession Roachs an seinen aufmüpfigen Star, zumal aufgrund einer Umstrukturierung des Unternehmens erst kurz zuvor ein neuer Chef der Laurel-&-Hardy-Produktionsgruppe eingesetzt worden war. Stan hatte die Ambition, wie Chaplin seine Filme selbst zu produzieren und entsprechend am Reingewinn der Kinoauswertung beteiligt zu sein. Bei Roach war er nach wie vor als »Autor und Darsteller« angestellt, der jetzt pro Film eine Gage zwischen 75 000 und 80 000 Dollar erhielt. Oliver Hardy, der ein wöchentliches Gehalt bezog, verdiente im ganzen Jahr 1936 »nur« rund 89 000 Dollar. Im Unterschied zu Chaplin mußten Laurel & Hardy ihre Filme jedoch nicht selbst finanzieren. Überdies waren sie trotz ihres weltweiten Bekanntheitsgrades weder finanziell noch künstlerisch in der Lage, selbständig einen Film zu produzieren. Wie dem auch sei, Stan Laurel konnte als frischgebackener Produzent nach seinen gravierenden Zerwürfnissen mit

Roach nach außen hin das Gesicht wahren und erhielt außerdem zusätzliches Mitspracherecht an den Drehbüchern.
Sein Ehrgeiz, Filme ganz in eigener Produktion herzustellen, war jedoch geweckt. Anfang 1937 – das Team Laurel & Hardy hätte seine zehnjährige Zusammenarbeit feiern können – flogen wieder einmal die Fetzen, weil Stan von Roach weitere Vollmachten verlangte und in Sacramento mit einem Startkapital von 100 000 Dollar seine eigene Firma, die »Stan Laurel Productions«, ins Leben rief. Wie zum Trotz kündigte Roach erneut ein Solo-Projekt mit Oliver Hardy an, der seinerseits noch zwei Jahre an sein Studio gebunden war. Gleichzeitig gab Laurel bekannt, sein neues Unternehmen werde in Kürze eine Serie von B-Western für den Produzenten Joe Buell herstellen.
Dieses Vorhaben wurde dann tatsächlich in die Tat umgesetzt. Laurel produzierte Western-Kurzfilme um den singenden Cowboy Fred Scott und dessen komischen Begleiter, »Fuzzy« Al St. John, die gemeinsam in mehr oder weniger spannende Abenteuer schliddern. *»Obwohl ursprünglich insgesamt zwölf Filme hergestellt werden sollten, waren es letztlich nur sechs. (. . .) Es ist sehr fraglich, welchen Beitrag Laurel wirklich zu diesen Filmen geleistet hat. Tatsache ist jedenfalls, daß eine Sequenz des Laurel-&-Hardy-Films* WAY OUT WEST *in* SONGS AND BULLET *verwendet wurde. Eine von Laurels Freundinnen, Alyce Ardell, war die Heldin dieses Films.«*[46]

So kreuzten sich erneut die Wege von Alyce Ardell und Stan Laurel, dessen Ehe mit Ruth Rogers ebenfalls gescheitert war. Da ihre mexikanische Eheschließung nicht gleich rechtskräftig geworden war, heiratet er und Ruth 1935 vor einem Friedensrichter erneut. Die beiden zogen in ein villenähnliches Herrenhaus mit 16 Zimmern und vier Bädern auf den Cheviot Hills von Los Angeles, obwohl Stan zunächst noch eine Affäre mit einer 19jährigen hatte. Doch die Ehe hielt nur bis Ende 1936. Es kam zu einer Reihe von Versöhnungen und erneuten Trennungen, bis Laurel am Neujahrstag 1938 die russische Sängerin Illeana heiratete. Zur gleichen Zeit strengte Mae Dahlberg, Stans Varieté-Partnerin und frühere »Gewohnheits-Ehefrau«, eine Klage gegen ihn an und verlangte Unterhalt. Ihrem Antrag wurde nicht stattgegeben, und damit verließ Mae Dahlberg Stans Leben endgültig.
Zwischenzeitlich stand auch Oliver Hardy vor den Trümmern seiner Ehe. Bereits im Mai 1933 hatte er gegen Myrtle die Scheidung eingereicht. Sie sei, so machte Babe geltend, oft tagelang verschwunden, trinke bis zum Exzeß und stürze ihn in Schulden. Myrtle konterte, er habe an einem einzigen Tag beim Pferderennen in

Agua Caliente (Mexiko) 30 000 Dollar verloren und weitere 3000 Dollar beim Roulette. Während dieser Zeit zog Babe in ein Hotel, während Myrtle in der gemeinsamen Wohnung blieb. Im Sommer gab Anwalt Ben Shipman, der sowohl Laurel als auch Hardy vertrat, folgende Erklärung Babes bekannt: »*Ich freue mich bekanntgeben zu können, daß die Schwierigkeiten zwischen mir und meiner Frau komplett ausgeräumt sind. (...) Wir machen einen völligen Neuanfang, weil wir erkannt haben, daß wir uns gegenseitige Achtung schulden und die Verantwortung für beiderseitige Fehler in der Vergangenheit übernehmen müssen, um unser neues Glück zu (...) bewahren.*«[47]

Das klang zwar salbungsvoll, aber auch zuversichtlich, doch schon bald war Myrtle häufig völlig betrunken, wenn Babe aus dem Studio nach Hause kam. Den Sommer 1935 verbrachte Myrtle im »Rosemead-Sanatorium«, im Juli 1936 erhob sie Scheidungsklage. Sie warf ihrem Mann »extreme seelische Grausamkeit« vor und verlangte einen monatlichen Unterhalt von 2500 Dollar, eine für damalige Verhältnisse ungewöhnlich üppige Summe. Als ihm eine Woche später außerdem die Klageschrift seiner ersten Frau Madelyn Saloshin zugestellt wurde, die ebenfalls hohe Unterhaltszahlungen verlangte, war Babe vollends am Ende. Während eines zermürbendes Gerichtstermins brach er vor versammelter Reporter-Mannschaft in Tränen aus und löste damit eine Flut teils hämischer, teils mitleidiger Presseartikel aus.

Die Scheidung selbst verlief dann relativ unspektakulär. Nach erfolgter Einigung über den Verbleib des gemeinsamen Besitzes wurde die Ehe von Oliver Hardy und Myrtle Lee Reeves nach 16jähriger Dauer am 18. Mai 1937 geschieden. Ironischerweise wurde Myrtle vom selben Anwalt vertreten wie Ruth Laurel, die sich wenige Monate zuvor von Stan getrennt hatte.

Die neue Frau an Stans Seite war Vera Iwanova Schuvalova, die unter dem Künstlernamen Illeana in Lokalen der russischen Emigranten in Los Angeles auftrat und bei ihm wegen einer Filmrolle vorgesprochen hatte. Illeana, eine statuenhafte Blondine von überschäumendem Temperament, wurde in der Presse als »russische Gräfin« geschildert, ihre wahre Herkunft indes ist völlig ungewiß. Hinter vorgehaltener Hand war davon die Rede, sie habe in Singapur und Hongkong als Prostituierte gearbeitet. Jedenfalls war sie fast 20 Jahre jünger als Stan und von solchem Temperament, daß sie zuweilen in Restaurants a capella russische Lieder anstimmte und dazu tanzte. Für den Augenblick war sie genau das, was Stan brauchte. Ihre Heirat am 1. Januar 1938 in Yuma (Arizona) hätte den Anstoß zu einem Laurel-&-Hardy-Film liefern können, denn Ruth versuchte die Eheschließung zu verhindern, kam jedoch erst in Yuma an, als das frisch vermählte Paar bereits wieder abgereist war. Wartenden Reportern sagte Ruth mit einem Anflug von Sarkasmus, sie habe im Hotel erfahren, daß bereits »eine andere Frau Laurel« dagewesen sei. Laurel ging schließlich gerichtlich gegen Ruths »Belästigungen und Einmischungen« vor. In der Ehe von Stan und Illeana, die in das von ihm selbst entworfene »Fort Laurel« in Canoga Park zogen, flogen von Anfang die Fetzen. Illeana galt als die berüchtigste Hollywood-Prominente und wurde mehrfach betrunken am Steuer ihres Wagens aufgegriffen. Regelmäßig erlitt sie »Nervenzusammenbrüche«, fühlte sich aber stets gesund genug, um Pressefotografen an ihrem Krankenlager zu empfangen. Wie ihr Mann sprach sie häufig dem Whisky zu, und nicht selten mußte Stan erst von Freunden ausgenüchtert werden, wenn er zu Besprechungen oder Aufnahmen ins Studio kommen sollte. In der Tat machte er in dem Anfang 1938 gedrehten Film SWISS MISS stellenweise einen völlig erschöpften Eindruck – obwohl der Film trotz der sentimentalen Geschichte einige unvergeßliche Höhepunkte wahrhaft inspirierter Komik aufweist.

Als Vertreter für Mausefallen kommen Stan und Ollie diesmal in die Schweiz, wo sie in einem Gasthof arbeiten. Hal Roach hatte ursprünglich vor, den Film in Farbe zu drehen. Angesichts der beschwingten Folklore-Szenen ist es schade, daß dieser Plan frühzeitig aufgegeben wurde. Die Szene, in der Laurel einem Bernhardiner einen Erfrierenden vorspielt, nur um an das Schnapsfäßchen des Hundes zu kommen, ist von ergötzlichem Charme. Zunächst versucht er, das Vertrauen des Tieres zu gewinnen, indem er es krault und anlächelt. Als sich der Hund davon nicht beeindrucken läßt, inszeniert Stan mit den Federn einer Gans, die er gerade rupft, einen »Schneesturm« und ruft mit ersterbender Stimme: »Hilfe, ich erfriere«. Pflichtgemäß erscheint der Hund, so daß Stan endlich den Inhalt des Rettungsfäßchens, das der Hund um den Hals trägt, trinken kann. Ollie ist unglücklich in eine kapriziöse Opernsängerin verliebt, die allerdings bereits mit einem Komponisten verheiratet ist. Als sich dieser nach einem heftigen Ehekrach in eine einsame Berghütte zurückzieht, müssen Stan und Ollie sein Klavier ins Gebirge transportieren, wobei sie auf einer sehr instabilen Hängebrücke rätselhafterweise auf einen angriffslustigen Gorilla stoßen. Vor allem wegen dieser Szene wurde SWISS MISS von den Surrealisten sehr gepriesen.

Als Meisterwerk gilt jedoch vor allem der anschließend gedrehte Film BLOCKHEADS. Der Plot besteht im Grunde nur aus der Idee,

Laurel mit seiner dritten Ehefrau, der »russischen Gräfin« Illeana Schuvalova

daß Stan nach 20 Jahren, die er im Schützengraben verbrachte, weil er das Kriegsende nicht mitbekommen hat, in die Zivilisation zurückkehrt. Dieses Nichts an Handlung löst ein wahres Feuerwerk an Gags und komischen Einfällen aus, wie sie in dieser Fülle selbst für Laurel & Hardy ungewöhnlich sind. *»Die gemeinsamen Anstrengungen von fünf Drehbuchautoren (...) waren nicht vergeblich. Dieser 55 Minuten lange Film ist (...) der erstaunlichste Erfolg in Sachen Komik, die vollendete Konstruktion des Genres. Laurel & Hardy übertreffen sich hier selbst. Die Gags – mindestens* *einer pro Minute und alle hervorragend – folgen einander in schwindelerregendem Tempo. Die Komik der Zerstörung streift sowohl den surrealistischen (...) wie den verbalen Humor. (...) Diesen herrlichen Film müßte man Einstellung für Einstellung beschreiben, um seine gesamten Reichtümer ausreichend bewundern zu können.«*[48]

BLOCKHEADS wurde von der Presse als definitiv letzter gemeinsamer Film von Laurel & Hardy angesehen, da Stans Dauerkonflikt mit Hal Roach einem neuen Höhepunkt zustrebte. War es schon während der Dreharbeiten zu SWISS MISS zu Differenzen um die Story gekommen, so erschien Laurel diesmal nicht zu Nachaufnahmen. Er hatte Los Angeles offenbar für einige Tage verlassen und war nicht auffindbar. Roach, der die negativen Schlagzeilen um Laurels bizarre Ehe- und Scheidungskapriolen als geschäftsschädigend ansah, mußte den Film jedoch möglichst schnell zu Ende bringen. Er wollte seine Produktionen künftig von United Artists vertreiben lassen, schuldete Metro-Goldwyn-Mayer aber noch einen Film. BLOCKHEADS wurde daher mit einiger Eile fertiggestellt, ohne daß die abzuändernden Szenen nachgedreht waren. Als Stan Anfang Juli wieder bei Roach auftauchte, wurde ihm seine Kündigung mitgeteilt. Es hieß, er sei nicht kooperativ und habe die Moralklauseln seines Vertrags mehrfach verletzt.

In den folgenden Wochen überschlugen sich die Ereignisse, und gegen Jahresende war Stan Laurel ein gebrochener Mann. Seine Ehe mit Illeana bestand nur aus Streitigkeiten, Besäufnissen und Gewalt. Am 27. Februar 1938 hatte er sich ein zweites Mal mit Illeana trauen lassen, eine dritte Eheschließung wurde im April nach russisch-orthodoxem Ritus vollzogen – in beiden Fällen berichtete die Klatschpresse eingehend. Doch schon während seiner Abwesenheit bei der Nachbearbeitung von BLOCKHEADS klagte er in einem Telefongespräch mit seinem Anwalt über gravierende Eheprobleme. Im September griff ihn die Polizei auf, als er mit seinem Auto schwer betrunken über die falsche Straßenseite des Reseda Boulevards raste. Er blutete und gab an, seine Frau habe eine Pfanne nach ihm geworfen. Illeana behauptete ihrerseits wenig später, Stan habe nach einem heftigen Streit im Garten von »Fort Laurel« ein Grab für sie ausgehoben. Im Dezember 1938, keine zwölf Monate nach ihrer (ersten) Heirat, reichte Illeana die Scheidung ein.

Nachdem Roach ihn gefeuert hatte, kündigte Laurel an, unter dem Titel »Problem Child« zusammen mit Roachs ehemaligem Konkurrenten Mack Sennett einen Film um den normal großen Sohn eines Liliputaner-Paares zu drehen. Sennett war inzwischen als

Kinopionier eine Legende, spielte im aktuellen Film aber kaum mehr eine Rolle. Es war ihm deshalb nicht möglich, das Geld für »Problem Child« aufzutreiben, so daß es nie zu einer Zusammenarbeit von Laurel und Sennett kam. Hal Roach jedoch konterte sofort, indem er Oliver Hardy in einem Film mit Harry Langdon zusammenspannte. Babe, der in den vergangenen Wochen immer wieder Presseberichten widersprochen hatte, Stan habe sich auch mit ihm entzweit, hielt in dieser schwierigen Zeit loyal zu seinem Partner. Er kam sogar mehrfach zu Gesprächen nach »Fort Laurel«. Durch Roachs Trick, beide getrennt voneinander unter Vertrag zu nehmen, war er jedoch nach wie vor an das Studio gebunden.

Harry Langdon, in den 20er Jahren ein gefeierter Komiker, hatte nach 1930 seinen Star-Ruhm fast völlig eingebüßt, drehte billige Kurzfilme und hatte bei BLOCKHEADS als Drehbuchautor fungiert. Er war sowohl mit Babe Hardy, dessen Leidenschaft fürs Golfspiel er teilte, als auch mit Stan Laurel befreundet. Ein Film, in dem er neben Hardy eine Hauptrolle spielen konnte, weckte in Langdon

Trauung nach russisch-orthodoxem Ritus: Stan und Illeana (April 1938)

Ohne Stan Laurel, dafür mit Harry Langdon: Hardy solo in ›Zenobia‹ (1939)

berechtigte Hoffnungen auf ein Comeback. In ZENOBIA (Zenobia, der Jahrmarktselefant) sollte Babe einen Landarzt aus den Südstaaten spielen, der den Elefanten des Jahrmarkt-Künstlers Langdon kuriert und ihn dann nicht mehr los wird. »*(Langdon) wollte den Film machen, aber er wollte von Roach nicht benutzt werden, um Stan zu verletzen. Er nahm daher mit Laurel Kontakt auf und berichtete ihm von dem Angebot. Laurel sah ein, daß Langdon diese Chance nicht verstreichen lassen durfte, und versicherte ihn seiner Zustimmung. Denn der Film* ZENOBIA *(. . .) wäre mit oder ohne Harry gedreht worden. Stan ermutigte ihn, aus der Situation einen Vorteil zu ziehen. Beide Komiker wußten, daß dieses Arrangement nur von vorübergehender Dauer sein konnte.*«[49]
Harry Langdon und Oliver Hardy treten – auch in den gemeinsamen Szenen – in ZENOBIA keineswegs als Paar auf. Dennoch wurde natürlich über eine neue Partnerschaft spekuliert, als der von

Gordon Douglas inszenierte Film im Februar 1939 uraufgeführt wurde. Er errang jedoch nur einen Achtungserfolg, und Hal Roach mußte erkennen, daß Hardy nur im Verein mit Laurel für volle Kinokassen sorgte. Roach war inzwischen von Laurel auf 700 000 Dollar wegen Vertragsbruchs verklagt worden, aber seine Anwälte erwirkten einen außergerichtlichen Vergleich. Unter diesen Voraussetzungen kam es schließlich zu einer letzten Annäherung. Am 8. April 1939 unterzeichneten Babe und Stan zwar separate, aber immerhin übereinstimmende Ein-Jahres-Verträge mit Hal Roach. Gleichzeitig erklärte sich Roach bereit, sie für einen Film freizustellen, den sie bei dem unabhängigen Produzenten Boris Morros drehen wollten.

Für Morros, der sich bereits während Stans Zeit ohne Anstellung um eine Wiedervereinigung von Laurel & Hardy bemüht hatte, drehten sie THE FLYING DEUCES, eine eher durchschnittliche Komödie im Milieu der französischen Fremdenlegion. Unter der Ägide von Hal Roach entstanden A CHUMP AT OXFORD und SAPS

Zumindest privat keine Probleme: Laurel & Hardy beim gemeinsamen Golfausflug

AT SEA. Doch Stan wollte endgültig sein eigener Herr werden. Er träumte noch immer davon, unabhängig und selbständig seine Filme mit Babe so zu drehen, wie sie es für richtig hielten. Nie wieder wollte er sich mit Produzenten herumschlagen, die sich in seine Arbeit einmischten, seine Ideen verwarfen und dann auch noch den größten Gewinn absahnten. Bei allen künftigen Filmen, die er mit Babe zusammen machen würde, wollte er absolute künstlerische Kontrolle haben. Hatte er bereits einige Jahre zuvor als Produzent für eine Handvoll B-Western sowie zwei besonders gelungene Laurel-&-Hardy-Filme verantwortlich gezeichnet, so wollte er nun völlige künstlerische und finanzielle Unabhängigkeit.

Noch während der Dreharbeiten zu SAPS AT SEA wurde in Sacramento die Firma »Laurel & Hardy Feature Productions« gegründet. Die Leitung dieser Gesellschaft wollten sich Stan, Babe und ihr Anwalt Ben Shipman teilen. Shipman nahm sofort Kontakt mit den großen Studios auf, um sie für eine Zusammenarbeit mit dem neuen Unternehmen zu gewinnen. Anfang 1940 teilten sie der Presse mit, ihre Geschäfte künftig selbst in die Hand zu nehmen. Von nun an, so hofften Laurel & Hardy, würden sie nur noch ihre eigenen Vorstellungen realisieren. Sie konnten nicht wissen, daß sie schon bald sehr viel weniger Freiheiten genießen würden, als es bei Hal Roach jemals der Fall gewesen war.

Schmutzige Arbeit

THE FLYING DEUCES entstand von Juli bis August 1939 in den »General Studios« in Hollywood. Neu im Produktionsteam war das Script-Girl Virginia Lucille Jones, die zuvor drei Jahre lang für den Produzenten Sol Lesser gearbeitet hatte und nun Laurel & Hardy zum ersten Mal persönlich gegenüber stand. Ihre erste Begegnung mit Oliver Hardy war wenig erfreulich, wie sie sich später erinnerte: *»Die Hauptszene war gerade gedreht worden, und die Kamera wurde neu eingerichtet, um eine Nahaufnahme von Babe zu machen. Er trug seinen Hut, den er in der vorhergehenden Szene nicht aufgehabt hatte, auf dem Kopf. Außerdem hielt er auch nicht – wie in der vorigen Szene – Handschuhe und Spazierstock. Ich sagte ihm dies vor der Aufnahme. Das ist wichtig für die Kontinuität eines Films; außerdem war es eine meiner wichtigsten Aufgaben als Script-Girl. Aber Babe unterbrach mich auf sehr liebenswürdige Art und mit einer fast höfischen Geste und sagte: ›Ich weiß schon, wie es war, meine Liebe. Regen Sie sich nicht auf. Ich kümmere mich schon um alles.‹ Ich wurde puterrot und fühlte mich so gedemütigt, daß es mir die Sprache verschlug. Während ich fortging, dachte ich, daß ein*

Laurel & Hardy ›fliehen‹ vor Hal Roach

so eingebildeter und aufgeblasener Mensch alles verderben muß. Aber in dem Augenblick, da die Kamera lief, sah ich, daß ich unrecht hatte. Er wurde genau der Charakter, den er verkörperte. Der Dialog, die Manierismen, jede noch so kleine Geste war einwandfrei und paßte exakt zur Hauptszene.«[50]
Babe bemerkte, daß er die junge Frau brüskiert hatte. Er versuchte in den nächsten Tagen, mit kleinen Aufmerksamkeiten und Geschenken ihre Wut zu besänftigen. Als sie sich dann während

Glück für ein ganzes Leben: Am 7. März 1940 heiratet Hardy in Las Vegas das Scriptgirl Lucille Jones

der Dreharbeiten bei einem Sturz eine leichte Gehirnerschütterung zuzog und einige Tage das Bett hüten mußte, schickte er ihr täglich Pralinen und Blumen. Schließlich nahm er an den Drehbuch-Besprechungen teil, nur um in ihrer Nähe zu sein. Dabei kam ihm zupaß, daß Lucille Jones auch an der Filmen A CHUMP AT OXFORD und SAPS AT SEA als Script-Girl beteiligt war. Ohne wirklich jemals eine Verabredung zu zweit getroffen zu haben, bat er sie schließlich in ihrem Büro, ihn zu heiraten. Seine Beziehung zu Viola Morse, die über all die Jahre eine treue Freundin war, brach er ab. Viola versuchte daraufhin, sich das Leben zu nehmen, konnte aber gerettet werden.

Oliver Hardy und Lucille Jones verlobten sich am Weihnachtsabend 1939 und heirateten am 7. März 1940 in Las Vegas. Babe war 48 Jahre alt, Lucille 26. Die Ehe, die bis zu seinem Tode hielt, war die glücklichste Zeit seines Lebens. Er wurde ruhiger, ausgeglichener und häuslicher. Zum Golf ging er nun nicht mehr täglich, sondern verbrachte den größten Teil seiner Freizeit mit Lucille auf ihrer Ranch im Tal von San Fernando, die er gleich nach der Hochzeit für 20 000 Dollar gekauft hatte. Zu dem Terrain gehörte ein Swimming Pool, ein geräumiges Gästehaus, ein Pferdestall und ein kleines Theater, dem Babe den Namen »Laurel & Hardy's Fun Factory« gab.

Stan Laurel wurde nach etwas mehr als einjähriger Ehe, deren stürmischen Verlauf die Klatschjournalisten mit Argusaugen beobachtet hatten, im Mai 1939 von Illeana Schuvalova geschieden. Zu den danach gestarteten Versuchen, sein Leben wieder einigermaßen in Ordnung zu bringen, gehörte auch ein Anruf bei Ruth. Da sie sich nach wie vor als seine rechtmäßige Ehefrau ansah, hatte sie nicht nur seine Verbindung mit Illeana zu verhindern versucht, sondern war auch weiterhin mit Stan in Kontakt geblieben. Ruth war Stans zweite Frau gewesen und wurde nun seine vierte.

Aller guten Dinge sind drei: Laurel und Ruth wieder vereint

Sie zog in »Fort Laurel« ein, am 11. Januar 1941 wurden die beiden in Las Vegas getraut – ihre dritte Eheschließung, da sie 1934/35 zweimal hintereinander geheiratet hatten. Den Journalisten, die vor allem Stans Hang zu mehrmaligen Hochzeiten mit derselben Frau bissig kommentierten, erklärte er: »*Es kam ganz plötzlich, wie ein Herzschlag. Eine Ex-Frau zu lieben heißt, nicht bei Null anfangen zu müssen. Man hat die Präliminarien schon abgehakt, deshalb geht alles etwas flotter.*«[51]

Nicht ganz so flott gestaltete sich zunächst die Etablierung der »Laurel & Hardy Feature Productions«. Stan und Babe, beide wegen säumiger Steuergelder von fast 100 000 Dollar von den US-Finanzbehörden bedrängt, entwickelten zwar eine Reihe von Ideen, konnten aber in keinem Fall liquide Finanziers finden. Sie erklärten sich bereit, im August 1940 auf der Weltausstellung in San Francisco bei einer Benefiz-Vorstellung des Roten Kreuzes den Sketch »How to Get a Driver's License« zu spielen, den Stan geschrieben hatte. Damit hatten sie so großen Erfolg, daß sie unter dem Titel »The Laurel & Hardy Revue« durch zwölf Städte auf Tournee gingen. Die Vorstellungen waren ausverkauft, Publikum und Kritik gleichermaßen begeistert. Für Laurel & Hardy war dies ein Indiz für ihre anhaltende Popularität. Die Zukunft hätte zu diesem Zeitpunkt nicht rosiger aussehen können.

Denn der enorme Erfolg der »Laurel & Hardy Revue« ließ natürlich auch Hollywood wieder aufhorchen. Stan plante gerade einen Film über Don Quichotte, den Ritter von der traurigen Gestalt, der in Mexiko realisiert werden sollte. Außerdem wurde über eine Serie spanischsprachiger Filme verhandelt, die im Sommer 1941 hätte beginnen sollen. Im April waren Laurel & Hardy bei den Filmfestspielen von Mexiko-Stadt sogar Ehrengäste des Staatspräsidenten Avila Cumacho. Doch aus beiden geplanten Projekten wurde nichts. Dafür aber nahm das Großstudio 20th Century Fox Kontakt mit den »Laurel & Hardy Feature Productions« auf. Die Verhandlungen führte ausschließlich Ben Shipman, der allerdings Stans Anliegen, absolute Kontrolle über die Produktion eines Films zu haben, hinreichend kannte.

Daß gerade dieser Forderung so wenig nachgekommen wurde, überrascht daher. Jedenfalls unterzeichneten die »Laurel & Hardy Feature Productions« am 23. April 1941 einen Vertrag mit 20th Century Fox. Stan und Babe sollten zunächst ein Militär-Lustspiel drehen und hatten für die nächsten fünf Jahre eine Option auf neun weitere Filme. Pro Film erhielt ihre Firma 50 000 Dollar. Außerdem behielten sich Laurel & Hardy das Recht vor, neben ihrer

Fröhlich: Babe, Lucille, Stan

Arbeit für die Centfox auch in Filmen anderer Produzenten sowie im Rundfunk und auf der Bühne auftreten zu dürfen.
Die Filme, die Laurel & Hardy nach ihrer Trennung von Hal Roach drehten, lassen sich mit ihren genialen Meisterwerken der 30er Jahre nicht vergleichen. *»Es waren armselige, immer schlechter werdende Filme, die nach Ansicht vieler Laurel-&-Hardy-Verehrer besser nie gedreht worden wären. Laurel selbst hat in späteren Jahren zugegeben, daß diese Filme äußerst schwach sind. Ihre mindere Qualität sprach er dem Umstand zu, daß er und Hardy keinerlei Kontrolle über die Produktion hatten und Drehbüchern ausgeliefert waren, an denen sie keine Änderungen vornehmen konnten.«*[52]
Mit diesem Statement lehnte Stan Laurel jede Verantwortung für die mindere Qualität ihres Spätwerkes ab. Ein Großteil der Kenner und Fans des Komikerpaares hat diese Ansicht übernommen und betrachtet die Werke von Laurel & Hardy nach 1940 als auf-

oktroyierte Sklavenarbeiten, die Babe und Stan von gewissenlosen Ausbeutern aufgehalst wurden, ohne daß sie sich dagegen hätten wehren können. Im übrigen werden diese Filme als vollkommener Unsinn angesehen, dem jedweder künstlerischer Anspruch abgehe und der so schlecht sei, daß diese Schaffensperiode in Texten über Laurel & Hardy oft nur gestreift wird. Wer diese Werke mit ihren Filmen aus der Roach-Zeit vergleicht, wird in der Tat feststellen, daß sie nur noch ein Abklatsch einstiger Größe sind. Die Behauptung, die beiden seien von den Großstudios regelrecht sabotiert worden, entbehrt hingegen jeglicher Grundlage.

Zwischen 1941 und 1945 drehten Laurel & Hardy sechs Filme für Centfox und zwei weitere für Metro-Goldwyn-Mayer. Es waren die größten Studios Hollywoods, und in einem derart riesigen Produktionsapparat mußten die beiden Komiker zwangsläufig Freiheiten einbüßen, die sie bei Roach – trotz aller Meinungsverschiedenheiten – genossen hatten. Nach dem Eintritt der Vereinigten Staaten in den Zweiten Weltkrieg stiegen die Herstellungskosten rapide an; es wäre daher ein unentschuldbarer Luxus gewesen, einer kleinen, relativ unwichtigen Produktionsgruppe die Möglichkeit zu Improvisationen und Experimenten einzuräumen. Die Drehpläne mußten eingehalten werden, zumal der Produzent ihrer Centfox-Filme, Sol M. Wurtzel, als knauseriger Schnellfilmer bekannt war. Obwohl die Filme mit großem Werbeaufwand, der auf die »Rückkehr« von Laurel & Hardy hinwies, gestartet wurden, hatten sie eher den Charakter zweitrangiger B-Produktionen, was die beiden Komiker durchaus verletzt haben dürfte.

Dennoch waren sowohl die Centfox als auch MGM bemüht, Laurel & Hardy erfahrene Komödien-Regisseure und -Autoren zur Seite zu stellen. Von einer Sabotage gegenüber Stan und Babe kann also keine Rede sein. Für die beiden ersten Filme dieser Reihe, GREAT GUNS und A-HAUNTING WE WILL GO, wurde sogar auf Hardys ausdrücklichen Wunsch der Kameramann Glen MacWilliams engagiert, der mit ihm befreundet war. Die meisten Centfox-Filme wurden von Malcolm St. Clair inszeniert, der schon zur Stummfilmzeit Komödien gedreht hatte und sich sowohl auf Slapstick als auch auf sophistischen Wortwitz verstand. MGM besetzte selbst einige Nebenrollen mit Partnern, die Laurel & Hardy bereits von Roach her kannten.

Daß die Filme nicht zünden, ist nicht auf den bösen Willen der Produktion zurückzuführen. Allerdings hatten Laurel & Hardy in der Tat die Möglichkeit eingebüßt, vor der Kamera frei zu improvisieren – ein wesentliches Element ihrer spontanen Komik. Ab sofort mußte alles auf Wochen im voraus exakt geplant und vor allem schriftlich niedergelegt sein. Allerdings konnten sie an allen Drehbuch-Besprechungen teilnehmen und waren auch in die Abfassung der Scripts eingebunden. Interessanterweise nahm jetzt jedoch vor allem Oliver Hardy an den Konferenzen teil, während Stan Laurel kaum mehr Interesse an der Vorbereitung der Filme zeigte. Vielleicht hat er bereits nach kurzer Zeit resigniert, weil die Arbeitsstruktur nicht seinen Vorstellungen entsprach. Tatsache ist jedenfalls, daß Laurel zwar in späterer Zeit die miserablen Arbeitsbedingungen bei Centfox beklagte, während der Herstellung dieser Filme aber keinerlei Bedenken äußerte.

GREAT GUNS, ihr erster Film für Centfox, war in finanzieller Hinsicht ein voller Erfolg. Laurel & Hardy machten daher nicht von ihrer vertraglich fixierten Möglichkeit Gebrauch, nach der ersten Produktion das Studio wieder zu verlassen. Sie blieben und straften damit die Legende Lüge, sie seien zu Filmstoffen gezwungen worden, die nicht ihrer Vorstellung entsprachen. A-HAUNTING WE WILL GO entstand sogar auf ausdrücklichen Wunsch von Babe, der ein großer Verehrer des Zauberers Dante war und mit ihm gerne einen Film machen wollte. Laurel & Hardy spielten zu dieser Zeit außerdem ihren Führerschein-Sketch vor US-Soldaten in der Karibik und schlossen sich 1942 dem »Hollywood Victory Caravan« an, einer Gruppe prominenter Künstler, die in den großen amerikanischen Städten Werbung für Kriegsanleihen machte. Obwohl beliebte Hollywood-Stars wie James Cagney, Claudette Colbert, Bing Crosby, Judy Garland, Cary Grant und Merle Oberon dieser Truppe angehörten, konnten Babe und Stan bei ihren Auftritten den meisten Applaus verbuchen. Auch auf der Leinwand leisteten sie ihren Beitrag zur Kriegspropaganda von Uncle Sam. In AIR RAID WARDENS kämpfen sie gegen Nazi-Saboteure, in THE BIG NOISE – ihrem mit Abstand schlechtesten Film – geht es um die Erfindung einer Superbombe, deren Konstrukteur von Stan und Ollie vor feindlichen Spionen abgeschirmt werden soll.

Das große Manko all dieser Filme ist die Tatsache, daß Laurel & Hardy austauschbare Darsteller geworden waren. Zwar sind Stan und Ollie, die beiden Kindsköpfe im Kampf gegen die rauhe Wirklichkeit, nach wie vor die Stars dieser Filme. Aber ihre Erlebnisse sind verbrämt mit mehr oder weniger aufgesetzten Liebesgeschichten, die völlig unmotiviert wirken. Ihre nach 1940 gedrehten Werke sind keine Laurel-&-Hardy-Filme mehr, sondern lediglich Filme mit Laurel & Hardy. Überdies sind die Geschichten so wenig auf ihren spezifischen Stil zugeschnitten, daß durchaus auch andere Komiker ihre Rollen hätten übernehmen können. So geht es beispielsweise in JITTERBUGS, einem vor allem wegen seiner reizenden

Ausstattung sehenswerten Musikfilm, um den Erfinder einer Benzinpille und um betrügerische Machenschaften an Bord eines Vergnügungsdampfers, während im Mittelpunkt von NOTHING BUT TROUBLE ein halbwüchsiger Exil-König steht, dem ein machtlüsterner Onkel nach dem Leben trachtet. Die Art, wie Laurel & Hardy jeweils in diese sentimental-romantischen Handlungen integriert sind, ist weder geschickt noch dramaturgisch überzeugend.

Fatalerweise bestand man bei Centfox außerdem auf ein realistisches Make-up für Laurel & Hardy, was besonders im Falle Stans eine krasse Fehlentscheidung war. Stan ist die Verkörperung des reinen Toren, eines alterslosen Kind-Mannes, der die Welt durch die unschuldigen Augen grenzenloser Naivität wahrnimmt. Aber Laurel war bereits 50 Jahre alt, als Babe und er zu Centfox überwechselten. Die Maskenbildner bei Roach hatten ihn sehr bleich geschminkt und die Augen dunkel umrändert, was jenen staunenden Blick völliger Unwissenheit hervorrief, der für die Figur des Stan so charakteristisch ist. Nun jedoch sprachen sich die Make-up-Spezialisten und Kameraleute für eine realistische Ausleuchtung aus, so daß das wahre Alter von Babe und Stan sichtbar wurde.

Im Falle Babes war dies unproblematisch. Er spielte in den Filmen ohnehin eine autoritäre Vaterfigur und konnte mit diesem Image altern. Für Stan – wie etwa auch für das »Babyface« Harry Langdon – war die Jugend indes sehr wesentlich. Denn ihre Unschuld und Naivität wurde durch Kindergesichter ausgedrückt. Jetzt, da Laurel an Leibesfülle zugenommen und ein von ersten Falten gezeichnetes Gesicht hatte, ging die komische Wirkung seiner clownesken Ahnungslosigkeit verloren. Er wirkte nur noch wie ein infantiler alter Knabe.

Oliver Hardy hingegen konnte in diesen schwachen Filmen dank seiner gedämpften Komik brillieren, die mit Slapstick nicht mehr viel zu tun hat und sich eher an seinen Ambitionen als »seriöser« Schauspieler orientiert. Babe hatte niemals bewußt komisch gespielt, sondern die Figur des Ollie stets mit Würde und großem Ernst verkörpert. Am augenscheinlichsten wird dies in JITTERBUGS, in dem Babe in der Maskerade eines Südstaaten-Colonels als galanter Kavalier der alten Schule daherkommt, während Stan wieder einmal in Frauenkleider schlüpft und eine ergötzliche alte Jungfer abgibt. In THE BULLFIGHTERS, ihrem letzten Hollywood-Film, sehen wir ihn als tollkühnen Torero Don Sebastian, der über soviel knallharte Männlichkeit verfügt, daß die Frauen nach einem Kuß von ihm in verzückte Ohnmacht fallen. Möglicherweise hat-

ten Laurel und/oder seine Autoren selbst erkannt, daß die Figur des Stan an Glaubwürdigkeit verloren hatte, so daß man verstärkt auf Auftritte in diversen Verkleidungen baute.
Im übrigen jedoch hatte sich der Geschmack des amerikanischen Publikums ungewöhnlich rasch und sehr nachhaltig verändert. Der europäische Markt fiel während der Kriegsjahre fast völlig weg, und die US-Kinogänger hatten neue Komiker favorisiert. Slapstick-Comedies waren nicht mehr gefragt – und damit waren auch die letzten herausragenden Vertreter der Gattung, nämlich Laurel & Hardy und die Marx-Brothers – weg vom Fenster. Ein neues Komikerpaar, Bud Abbott und Lou Costello, traf mehr den Geschmack der Zeit. Ihre Filme waren schrill, ziemlich überdreht und boten vor allem Action und Songs. Heute sind die Werke von Abbott & Costello, deren enormer Erfolg Babe und Stan persönlich zutiefst verletzte und ihnen geschäftlich sehr zusetzte, kaum mehr erträglich. Damals jedoch waren sie veritable Straßenfeger. Die aktuellen Spaßmacher hießen Bob Hope, der mehr ein Witze-

Nur Beiwerk: Laurel & Hardy mit kleinem König in ›Nothing But Trouble‹ (1944)

erzähler denn ein Komiker war; Red Skelton, der zwar fast pausenlos grimassierte, aber noch am ehesten der alten Pantomimen-Tradition verpflichtet war; und Danny Kaye, dessen Filme stets mit zahlreichen Liedern verbrämt waren.
Laurel & Hardy hätten angesichts dieses veränderten Publikumsgeschmacks ihren Stil überdenken und – nicht nur wegen ihres fortschreitenden Alters – verändern müssen. Aber der Lauf der Dinge war ihnen längst entglitten. Der Niedergang hatte bereits begonnen, als Hal Roach auf abendfüllende Langfilme umgestiegen war. Durch die höheren Kosten mußte die Freiheit von Laurel & Hardy, ohne festes Drehbuch zu improvisieren und ursprünglich vorgesehene Handlungsfäden aufzugeben, zwangsläufig beschnitten werden. Dies hatte zu heftigen Kontroversen mit Roach und schließlich zu ihrem Wechsel zum Großstudio Centfox geführt. Hier jedoch waren sie erneut Produktionsbedingungen unterworfen, die der Qualität ihrer Filme alles andere als förderlich waren. Mangelndes Engagement (wessen auch immer) und ein Wandel der Publikumserwartungen taten ein übriges.
JITTERBUGS, eher ein Revuefilm denn eine Laurel-&-Hardy-Komödie im alten Stil, war ein erster Kompromiß mit den neuen Gegebenheiten, der denn auch an den Kinokassen einen unerwartet großen Erfolg verbuchte. 20th Century Fox offerierte ihnen deshalb einen neuen Kontrakt, als der Vertrag zwischen dem Studio und den »Laurel & Hardy Feature Productions« im März 1945 auslief – NOTHING BUT TROUBLE war soeben in den Verleih gelangt. Doch der Elan war dahin, und Stan Laurel winkte ab. Ein neuer Vertrag kam ebenso wenig zustande wie eine Tournee, zu der Laurel & Hardy von der Firma MCA eingeladen worden waren. Obwohl keine alternativen Angebote vorlagen, lehnten Stan und Babe eine Verlängerung ihres Vertrages mit Centfox ab. THE BULLFIGHTERS, Ende 1944 gedreht und im Mai 1945 gestartet, bedeutete ihren Abschied von Hollywood. Ihr Abgang war unwürdig – und er löste weder bei Laurel & Hardy noch bei den Produzenten oder gar dem Publikum große Trauer aus.

Das fliegende Doppel

Stan Laurels zweiter Versuch, mit Ruth Rogers den Bund fürs Leben einzugehen, war nur von kurzer Dauer. Die beiden hatten Anfang 1941 geheiratet und sich schon nach einem knappen halben Jahr erneut getrennt. Als sie am 30. April 1946 geschieden wurden, war Stan bereits mit einer anderen Frau liiert. Im Vorjahr hatte er Ida Kitaeva Raphael in einem russischen Lokal im San Fer-

›Keine Scheidungen mehr‹: Laurel heiratet im Mai 1946 Ida Kitaeva Raphael

nando Valley kennengelernt, denn wie Illeana war auch sie Slawin. Sie kam als Tochter weißrussischer Eltern in China zur Welt, hatte als Sängerin gearbeitet und spielte gerade eine Nebenrolle in dem Harold-Lloyd-Film MAD WEDNESDAY (Verrückter Mittwoch), als sie in Stans Leben trat. Bei ihrer ersten Begegnung erkannte sie in ihm nicht den berühmten Komiker.

Als sich Stan und Ida Kitaeva Raphael Anfang Mai 1946 von einem Friedensrichter in Yuma (Arizona) trauen ließen, verkündete die Braut vor den versammelten Reportern: »Keine weiteren Scheidungen für Stan Laurel.« Die Presse machte diese Aussage publik, doch niemand glaubte wirklich an eine dauerhafte Ehe des als schwierig geltenden Stars; für ihn war es die fünfte Ehe und achte Trauung. Aber eine Zuckerkrankheit zwang ihn, das Trinken aufzugeben, und damit wurde er umgänglicher und für viele auch sympathischer. Er verkaufte »Fort Laurel« und zog mit Ida in ein zweigeschossiges Haus in Sherman Oaks. Hier arbeitete er zusammen mit dem Autor Sam Locke an einem Drehbuch, das allerdings nie beendet wurde. Dafür erreichte ihn ein Angebot, gemeinsam mit Oliver Hardy einige Bühnenauftritte in Europa zu absolvieren.

In Europa waren während des Krieges nur die wenigsten ihrer Filme zu sehen gewesen. Sie wurden erst jetzt aufgeführt und vom Publikum mit jener herzlichen Zuneigung aufgenommen, die Laurel & Hardy bei ihren letzten Hollywood-Produktionen so vermißt hatten. Schließlich fragte der britische Theaterimpresario Bernard Delfont an, ob Laurel & Hardy zu einigen Live-Auftritten bereit seien. Sie waren die ersten amerikanischen Stars, die im traditionsreichen Londoner »Palladium«-Theater auftreten sollten. Einem zweiwöchigen Gastspiel im »Palladium« sollte sich eine Vier-Wochen-Tournee durch die kleineren britischen Städte anschließen – und das bei einer Gage von 1000 Pfund wöchentlich. Außerdem wurde darüber gesprochen, in England einen Robin-Hood-Film mit Laurel & Hardy zu drehen.

Aus dem Film-Projekt wurde zwar nichts, doch die grenzenlose Begeisterung, mit der Laurel & Hardy am 11. Februar 1947 in Southampton von mehreren tausend Menschen empfangen wurde, übertraf alle Erwartungen. Nach ihrem schmählichen Abgang in Hollywood hatten die beiden nicht mit einem solchen Erfolg gerechnet, aber sie sorgten im gleichen Maße für tumultartige Sympathiebekundungen wie 15 Jahre zuvor bei ihrer ersten Tournee durch England. Diesmal beschränkten sie sich jedoch nicht auf reine Verbeugungs-Auftritte. Stans bereits hinreichend erprobter Sketch »How to Get a Driver's License« kam zu neuen Ehren. Sämtliche Auftritte in Großbritannien – in Glasgow spielten sie

Die Charmeure schäkern mit einem Pariser Revuegirl (1947)

ihre Szene in Schottenröcken – waren restlos ausverkauft, als Bernard Delfont die Tournee auf andere europäische Länder ausdehnte. Im September 1947 traten sie im Kopenhagener Tivoli auf, danach in Aarhus und Odense. Gastspiele in Stockholm, Göteborg, Malmö und Brüssel schlossen sich an.

»Es ist ein Triumphzug über den Kontinent: Schweden, Dänemark, Belgien, Frankreich. In Paris kann man ihnen an 15 Abenden im ›Alhambra‹ applaudieren, danach sind sie (...) zusammen mit dem Australier Harry Moreny, der vorübergehend ihr Partner ist, die Stars des Kabaretts ›Lido‹. Es folgt ein Abstecher nach Italien. In Rom gibt man ihnen im Grand-Hotel eine Suite, die üblicherweise Staatsoberhäuptern vorbehalten ist. Man erzählt sich (...), daß während ihres Besuchs im Petersdom die Menge der Gläubigen aus einer Prozession ausschert, um sich Autogramme geben zu lassen. Sicher ist, daß ihnen Papst Pius XII. eine Audienz gewährt.«[53]

Tolle Tournee: Laurel & Hardy 1947 in Kopenhagen

Am 3. November 1947 schließlich nahmen Laurel & Hardy an der königlichen Sonderaufführung im »Palladium« teil und spielten vor dem britischen Monarchenpaar Elisabeth und George VI. Obwohl sie überall nur Englisch sprachen, wurden sie von Publikum und Presse gleichermaßen gefeiert. Die Tournee, die eigentlich auf sechs Wochen veranschlagt gewesen war, hatte insgesamt elf Monate gedauert, ehe die beiden im Januar 1948 in die Vereinigten Staaten zurückkehrten. Ihr Impresario Delfont versicherte ihnen, sie könnten jederzeit weitere Gastspiele in Europa geben und auf einen ähnlich großartigen Erfolg hoffen. Für Babe und Stan war dies eine außerordentliche Genugtuung, wurden sie von Hollywood doch weiterhin völlig ignoriert. Lediglich Babe wurde für eine kurzlebige Bühnenproduktion des Stücks »Was kostet der Ruhm« von Maxwell Anderson und Lawrence Stallings engagiert, bei der John Ford Regie führte und Maureen O'Hara sowie John Wayne seine Partner waren.

An der Seite von John Wayne drehte er außerdem den Film THE FIGHTING KENTUCKIAN (In letzter Sekunde). Wie schon zehn Jahre zuvor bei seinem Film mit Harry Langdon, fürchtete er zunächst auch diesmal, ein Solo-Auftritt könne Gerüchte um einen Streit zwischen ihm und Stan nähren, und nahm das Angebot erst an, nachdem ihm dieser zugeredet hatte. Inszeniert von dem Routinier George Waggner, war THE FIGHTING KENTUCKIAN ein Western, in dem Babe die Rolle des komischen Begleiters eines von Wayne gespielten Offiziers der Bürgermiliz zufiel. Die Kombination des eigentlichen Helden mit einem Spaßmacher, der ihm in allen Situationen beisteht, war für den Western der 30er und 40er Jahre typisch. Der Hauptreiz dieses Films – im übrigen kein sonderlich wertvolles Werk – liegt denn auch in der gleichzeitigen Präsenz zweier so dominierender Persönlichkeiten wie John Wayne und Oliver Hardy, wobei letzterer durchaus die Fähigkeit besitzt, auch

Zwei große Charakterdarsteller: John Wayne und Oliver Hardy in ›The Fighting Kentuckian‹ (1949)

eine Rolle jenseits seiner üblichen Figur glaubhaft zu verkörpern. Hätte es das Team Laurel & Hardy nicht gegeben, wäre Babe sicherlich einer von Hollywoods vielseitigsten Charakterdarstellern mit komischem Einschlag geworden. Vergleichbar mit den ähnlich korpulenten Schauspielern Charles Coburn, S. Z. Sakall und Monty Woolley, hätte er wohl als reicher Erbonkel, gütiger Professor, verständnisvoller Nachbar oder pingeliger Vorgesetzter an der Seite romantischer Liebespaare für stille Heiterkeit gesorgt – eine lustvolle Vorstellung, obwohl wir die Ergebnisse seiner Zusammenarbeit mit Stan Laurel natürlich nicht missen möchten.

Übrigens ging Babe 1950 noch ein zweites Mal »fremd«, als er in der von Frank Capra inszenierten Komödie RIDING HIGH (Lach' und wein' mit mir) eine winzige, im Vorspann unerwähnte Nebenrolle übernahm. In dieser Geschichte eines von Bing Crosby gespielten Pferdeliebhabers ist Hardy in einer knapp einminütigen Szene als Wetter beim Pferderennen zu sehen, der auf den falschen Jockey setzt und sein ganzes Geld verliert. Dieser Auftritt war eher ein Insider-Gag, da Babe in Hollywood als leidenschaftlicher Besucher von Pferderennen bekannt und außerdem mit seinem Golfpartner Bing Crosby eng befreundet war. Crosby und Babe gehörten 1937 zu den Mitbegründern eines Rennstalls in Südkalifornien.

Als Gespann waren Laurel & Hardy in Hollywood jedoch momentan abgeschrieben. Da erreichte sie Anfang 1950 ein Angebot aus Frankreich. Die Produktionsfirma »Franco London Film« bereitete einen Film vor, der mit Laurel & Hardy, Frankreichs Star-Komiker Fernandel und dessen italienischem Konkurrenten Toto vier der populärsten Spaßmacher des Kinos zusammenführen sollte. Der Film – Arbeitstitel: »Entente Cordial« – sollte als französisch-italienische Gemeinschaftsproduktion an der Riviera gedreht werden und versprach ein weitaus besseres Drehbuch, als es Laurel & Hardy von ihren letzten Hollywood-Filmen gewohnt waren. Angesichts der verlockenden Möglichkeit, mit einem guten Film auch auf der Leinwand ein Comeback feiern zu können, nahmen Babe und Stan freudig an.

Die Herstellung stand jedoch von Anfang an unter keinem guten Stern, das gesamte Projekt erwies sich als Fiasko. Als Stan Laurel zusammen mit Ida im April 1950 in Paris eintraf (das Ehepaar Hardy reiste erst im Juni nach), gab es noch kein fertiges Drehbuch. Laurel hatte seine Freunde Monte Collins und Tim Whelan mitgebracht, die beide erfahrene Gagmen waren und an den Dialogen mitarbeiteten. Während ein vierköpfiges Autorenteam noch am

Skript herumbastelte, wurden Laurel & Hardy vom französischen Publikum enthusiastisch gefeiert. In Paris, wo sich Stan übrigens für den damals noch völlig unbekannten Pantomimen Marcel Marceau einsetzte, wurden sie von Hunderten von Fans mit Laurel-&-Hardy-Masken begrüßt. Anschließend reisten die beiden zu einer Werbekampagne für ihren geplanten Film nach Rom weiter und nahmen vom Balkon ihres Hotels herzliche Ovationen entgegen, nachdem Stan am Termini-Bahnhof von Fans auf den Schultern durch die Eingangshalle getragen worden war. In Genua nahmen sie an einer feierlichen Aufführung ihres 1933 entstandenen Films FRA DIAVOLO teil, der in italienischer Synchronfassung gezeigt wurde. Während sie Hollywood offenbar vergessen hatte, waren Laurel & Hardy in Europa gefeierte Stars, deren Name kein Jota von seiner ungeheueren Anziehungskraft verloren hatte. Nicht einmal die Tatsache, daß sie zu diesem Zeitpunkt wie Karikaturen ihrer selbst wirkten, tat der Freude der Menschen Abbruch. Babe Hardy hatte an Leibesfülle noch erheblich zugelegt, Stan Laurels Diabetes-Erkrankung hatte sich seit 1948 verschlimmert. In der Tat sah er zu keiner Zeit seines Lebens so erbärmlich aus wie während der Dreharbeiten zu diesem Film, die im August 1950 begannen.

Die Aufnahmen für ATOLL K, wie der Film jetzt hieß, waren auf zunächst zwölf Wochen veranschlagt, zogen sich jedoch fast ein Jahr hin. Fernandel und Toto waren zwischenzeitlich abgesprungen und durch weniger bekannte Darsteller ersetzt worden. Suzy Delair, die weibliche Heldin, wurde sogar erst wenige Tage vor Beginn der Aufnahmen unter Vertrag genommen. Laurel mußte wegen einer Geschwulst an der Prostata im Pariser US-Krankenhaus operiert werden. Er überstand die Produktion nur unter Schmerzen und war gezwungen, nach jeweils einer Stunde Arbeit eine Ruhepause einzulegen. Gleichzeitig hatte Hardy wegen der ungewohnten Hitze an der Riviera ernsthafte Kreislaufprobleme.

Erhebliche künstlerische Differenzen gab es schließlich mit dem Regisseur Leo Joannon, der ein versierter und produktiver Filmemacher, aber kein Spezialist für Komödien war. Darüber hinaus sprach er kein Englisch, wie die gesamte Produktion unter der vielsprachigen Crew litt. Laurel erinnerte sich später: »*(Der Film) war ein Fehlschlag. Ein Teil der Schauspieler sprach französisch, einige redeten italienisch, und wir beide – immerhin die Hauptdarsteller – sprachen englisch. Niemand, weder der Regisseur noch wir, wußte Bescheid, was zum Teufel eigentlich los war.*«[54]

Stan Laurel rief letztlich Alf Goulding zu Hilfe, den Regisseur von A CHUMP AT OXFORD, der die chaotischen Produktionsbedingungen entwirren sollte und fortan die Szenen von Laurel & Hardy in-

Ein ziemliches Fiasko: Die Dreharbeiten zu ›Atoll K‹ (1951) ziehen sich in die Länge

szenierte. Dennoch verfügt ATOLL K, der nach fast eineinhalbjähriger Herstellungszeit im November 1951 in die Kinos kam, nur stellenweise über den typischen Humor von Laurel & Hardy. Der Film bietet keinen Slapstick, sondern versteht sich eher als Satire mit leichten politischen Untertönen. Denn Stan und Ollie erben hier eine Insel. Mit einer reichlich schäbigen Yacht, die ebenfalls zum Erbe gehört, und zwei fragwürdigen Begleitern treten sie die Reise zu dem Eiland an, geraten jedoch in ein Unwetter und landen auf einem Atoll. Das Quartett, zu dem bald noch eine schöne Nachtklub-Sängerin stößt, lebt hier in paradiesischer Idylle, bis auf der Insel Uran entdeckt wird. Hunderte von Abenteurern und

Glücksjägern fallen über die Insel her, die Großmächte melden Ansprüche an, schließlich bricht unter den Neuankömmlingen eine Revolution aus, die Stan und Ollie samt ihren Freunden an den Galgen bringt. Allerdings versinkt in diesem Augenblick das Atoll wieder im Meer. Die Sängerin und ihr Verlobter bringen Stan und Ollie schließlich auf die geerbte Insel. Doch auch hier wird ihr Traum vom friedvollen Leben durch anfallende Erbschaftssteuern und andere Erhebungen zunichte gemacht.
Unter eingefleischten Verehrern von Laurel & Hardy hat ATOLL K einen äußerst schlechten Ruf, obwohl der Film völlig in der Versenkung verschwunden ist und nur noch selten aufgeführt wird. Diese Verdammung hat er keineswegs verdient, denn trotz seiner unglücklichen Produktionsgeschichte besticht ATOLL K durch eine sorgfältige Fotografie, eine inspirierte Musik und zum Teil neorealistische Stilmittel, die deutlich die Handschrift Joannons tragen. Kauziger Humor und satirische Elemente täuschen indes nicht darüber hinweg, daß dies eben kein Laurel-&-Hardy-Film im klassischen Sinne ist. Er zeugt vielmehr von dem Versuch, neue Wege zu beschreiten, indem erstmals eine zeitkritische Aussage mit der Komik verknüpft wurde. Leider ist dieser Versuch nicht geglückt. Stan selbst war von ihrem 106. gemeinsamen Film, der ihr letzter bleiben sollte, mehr als enttäuscht. Seine Hoffnung, bessere Produktionsbedingungen als in den Tagen bei Centfox vorzufinden, hatte sich nicht erfüllt. *»Obwohl Laurel & Hardy in den Genuß einer langen und sehr fruchtbaren Karriere gekommen sind, (...) wäre ihr Ruhm heute wohl genauso groß, auch wenn sie ihre letzten neun Filme nicht gemacht hätten.«*[55]

Laurel & Hardy kehrten nach den anstrengenden Dreharbeiten zu ATOLL K im April 1951 in die Vereinigten Staaten zurück. Beide waren gesundheitlich angeschlagen und lehnten einige attraktive Angebote ab, beispielsweise eine in Italien vorgesehene »Carmen«-Parodie und den von Billy Wilder geäußerten Plan, ihre Lebensgeschichte zu verfilmen.[56] Stan versuchte, seine Diabetes in den Griff zu bekommen, während Babe zwischenzeitlich über 300 Pfund wog und von seinen Ärzten bedrängt wurde, mit Rücksicht auf sein ohnehin geschwächtes Herz eine Abmagerungskur zu machen. Mitunter besuchten sich die beiden jetzt gegenseitig, wobei Babe nicht selten in »Laurel & Hardy's Fun Factory« auf seiner Ranch die gemeinsamen Filme vorführte.
Sowohl Stan als auch Babe hatten ihr sechzigstes Lebensjahr nun überschritten. Aber ihren körperlichen Beschwerden zum Trotz, nahmen sie Anfang 1952 noch einmal eine Einladung Bernard Del-

fonts nach Europa an. Ihre triumphalen Erfolge fünf Jahre zuvor hatten sie in solchem Maße gerührt, daß sie diesem Angebot nicht widerstehen konnten. Begleitet von Ida Laurel und Lucille Hardy, starteten sie ihre England-Tournee am 25. Februar in Peterborough mit dem Sketch »A Spot of Trouble«. Die Szene, die sie bei einem Einbruchsversuch zeigte, beruhte auf ihrem 1930 gedrehten Kurzfilm NIGHT OWLS und bestand überwiegend aus pantomimischem Witz. Unterbrochen durch eine kurze Erkrankung Stans, dauerte die Tour bis Oktober. »*Die Tournee wurde ein großer Erfolg und konnte die schmerzliche Erinnerung an die Nervenprobe in Frankreich weitgehend auslöschen. Es ist ein Klischee, daß ausgediente Filmstars eine Zeitlang auf Schmieren-Tournee gehen – normalerweise eine mitleiderregende Angelegenheit, bei der die alternden Schauspieler in miserablen Stücken eingesetzt werden, die niemals den Broadway erreichen. Stan und Babe jedoch haben dieses Klischee Lügen gestraft. Bernard Delfont bedrängte sie daher,*

Sie können das Blödeln nicht lassen: Bei der Ankunft in Southampton für ihre England-Tournee (1952)

Erneut auf dem Weg nach Europa: Babe, Lucille, Ida, Stan (1953)

ihre britischen Tourneen zur Dauereinrichtung zu machen. Als sie England 1952 verließen, hatten sie einer Rückkehr im Jahre 1953 bereits zugestimmt.«[57]

Diesmal kamen sie mit dem Sketch »Birds of a Feather«, in dem Stan und Ollie erholungsbedürftige Probe-Trinker einer Whisky-Destillerie sind. Die Proben – Laurel & Hardy hatten drei britische Schauspieler als Partner – sollten im Oktober 1953 in Irland beginnen. An Bord der »America« reisten die beiden in Begleitung ihrer Ehefrauen nach Europa. Von ihrer ebenso triumphalen wie bewegenden Ankunft in Cobh berichtet Stan später stets mit ehrlicher Ergriffenheit: *»Es ist merkwürdig, daß unsere Popularität so lange anhielt. Unsere letzten wirklich guten Filme hatten wir in den 30er Jahren gemacht. Man würde also erwarten, daß die Menschen uns vergessen haben. Aber das haben sie nicht. Die Liebe und Zuneigung, die uns an diesem Tag in Cobh entgegengebracht wurde, war einfach unglaublich. Hunderte von Schiffspfeifen ertönten, und Unmengen von Menschen, die vor Begeisterung brüllten, standen auf den Docks. Wir konnten gar nicht begreifen, was eigentlich vor sich ging. Und dann geschah etwas, was ich nie vergessen werde. Alle Kirchenglocken von Cobh begannen, unsere Erkennungsmelodie*

zu läuten. Und Babe sah mich an, und wir weinten. (...) Ich werde diesen Tag nie vergessen.«[58]
Man brachte sie in die Stadthalle von Cobh, wo sie ihr Mittagessen einnahmen. Von dort aus reisten sie nach Dublin, weil hier die Proben für ihren Sketch stattfanden. Premiere war Anfang November in Northampton, danach spielten sie in Liverpool, Manchester, Birmingham, Brixton, Newcastle, Stratford-upon-Avon und schließlich im »Finsbury Park Empire Theatre« in London. Erneut mußten wegen einer Erkältung Stans mehrere Aufführungen abgesagt werden. Im Mai 1954 schließlich erlitt Oliver Hardy, der bereits seit Monaten Kreislaufprobleme hatte, eine leichte Herzattacke. Darüber hinaus diagnostizierten die Ärzte eine verschleppte Lungenentzündung. Obwohl die Tournee noch einige Monate hätte laufen sollen, wurden sämtliche Auftritte abgesagt. Ihren letzten Film hatten Laurel & Hardy 1951 gedreht. Jetzt hatte die heimtückischste Gefahr für zwei Spaßmacher, Erschöpfung und gesundheitlicher Verfall, auch ihre Bühnenkarriere beendet. Stan und Babe konnten sich mit keiner feierlichen Gala-Vorstellung von ihrem Publikum, das sie so innig und wahrhaftig liebte, verabschieden. Die Fans konnten keine Abschiedsgrüße übermitteln, keine Sympathiekundgebungen veranstalten. Dennoch hatten die beiden, obwohl ihre eigentliche künstlerische Heimat der Film gewesen war, den direkten Kontakt zum Publikum schätzen gelernt. Ihre Bühnenauftritte vor Live-Publikum machten ihnen unerwartet große Freude, und die unendliche Zuneigung der Menschen tröstete sie über die unrühmlichen Umstände ihres Abgangs aus Hollywood weitgehend hinweg. Laurel & Hardy hatten während ihrer drei Europa-Tourneen erkannt, daß ihnen das Publikum eine Art von Liebe entgegenbrachte, die den Ruhm anderer Filmstars um ein Vielfaches übertraf. Sie waren mehr als berühmte Schauspieler, die die Massen ins Kino lockten, von den Zeitungen in Schlagzeilen beschrieben und von den Fans um Autogramme gebeten wurden. Ihnen haftete der Nimbus von Märchenfiguren an; mit den beiden liebenswerten Tölpeln Stan und Ollie hatten sie zwei Charaktere geschaffen, die ungeachtet ihrer Darsteller längst ein Eigenleben entwickelt hatten und zu Figuren einer zeitgenössischen Mythologie geworden waren. Ähnlich wie Mickey Mouse oder Chaplins Tramp sind Stan und Ollie zwei Ikonen der Filmkunst des 20. Jahrhunderts, deren Physiognomie und Charakteristika überall auf der Erde von Millionen Menschen erkannt und geschätzt werden.
Es dürfte Stan Laurel und Oliver Hardy kaum bewußt gewesen sein, daß ihre Filmfiguren zur Ikonografie der Moderne gehören.

Aber sie erkannten gerührt ihre enorme Popularität. Denn zwischenzeitlich war ihnen auch in den Vereinigten Staaten ein neues Publikum erwachsen. Das Fernsehen hatte die Wiederentdeckung von Laurel & Hardy eingeleitet. Ihre alten Filme wurden von zahlreichen TV-Stationen ausgestrahlt und brachten sie ins Bewußtsein auch der amerikanischen Zuschauer zurück. Die Folge war ein erneutes Interesse Hollywoods.

Bereits 1951 hatte ihnen Howard Hughes einen Gastauftritt in dem aufwendigen Film-Musical TWO TICKETS TO BROADWAY (Drei Frauen erobern New York) angeboten, doch aufgrund ihrer gesundheitlichen Probleme lehnten Laurel & Hardy ab. Aus dem gleichen Grund scheiterte 1956 ihre Mitwirkung in Michael Todds Star-Auftrieb AROUND THE WORLD IN 80 DAYS (In 80 Tagen um die Welt), in dem von Marlene Dietrich über Buster Keaton bis hin zu Frank Sinatra eine ganze Reihe bedeutender Filmschaffender in kurzen Gag-Auftritten zu sehen war. Beide Filme waren üppig budgetierte Großproduktionen, die Babe und Stan zu einer glanzvollen Rückkehr nach Hollywood hätten verhelfen können. Ihr schlechter Gesundheitszustand zwang sie, diese attraktiven Angebote auszuschlagen. Doch noch einmal rückte ein Comeback in greifbare Nähe.

Am 1. Dezember 1954 waren die beiden Gäste in der wöchentlichen Fernseh-Show »This ist Your Life«, in der Prominente mit Weggenossen ihrer Karriere konfrontiert wurden. Stan und Babe wußten nichts von dieser Sendung, lediglich ihre Ehefrauen waren eingeweiht. Sie saßen mit Bernard Delfont im Foyer eines Hotels in Hollywood, als plötzlich mehrere Kameras hinter einer Wand erschienen und sich die beiden mitten in einer Live-Sendung wiederfanden. Es war ihnen anzumerken, daß sie von dieser Überrumpelung nicht sonderlich angetan waren. Auch ihre Erinnerungen an Jugendzeit und berufliche Anfänge waren äußerst knapp, dafür redete der Moderator um so mehr. Zu den Überraschungsgästen gehörten unter anderen eine Jugendfreundin Babes und seine ersten Gesangspartner aus Jacksonville, aber auch Kollegen wie Leo McCarey und Hal Roach jr., der Sohn ihres langjährigen Produzenten. Er trat im Finale der Show auf und gab bekannt, daß auf dem Gelände der Roach-Studios ein kleiner See nach Laurel & Hardy benannt werden solle.

Einige Tage nach der Sendung wurde in Gegenwart der somit Geehrten eine Bronzeplakette neben dem »Laurel-&-Hardy-See« enthüllt. An dieser Zeremonie, die kaum mehr als ein witziger Publicity-Einfall war, nahm auch Hal Roach teil. Laurel, Hardy und Roach begrüßten sich als alte Gefährten. Von den tiefen Zer-

würfnissen, die 1940 zur Trennung zwischen Laurel & Hardy einerseits und Roachs Studio andererseits geführt hatten, war keine Rede mehr. Die drei gingen im Gegenteil sehr herzlich miteinander um und posierten auch für einige Fotos, die Hal Roach händeschüttelnd mit seinen einstigen Erfolgsgaranten zeigten.
Roach, der als einer der ersten amerikanischen Filmproduzenten seit 1948 auch für das Fernsehen arbeitete, hatte 1951 für rund 750 000 Dollar die Aufführungsrechte an den von ihm produzierten Laurel-&-Hardy-Filmen an ein Unternehmen verkauft, das seinerseits Sendelizenzen an die TV-Stationen vergab. Dadurch gehörten Stan und Babe in den frühen 50er Jahren zu den häufigsten Bildschirm-Stars, obwohl sie für das neue Medium noch gar nicht gearbeitet hatten. Mit der Ausstrahlung ihrer Filme waren die beiden nicht unbedingt zufrieden, da sie recht willkürlich gekürzt und außerdem regelmäßig von Werbespots unterbrochen wurden. Laurel & Hardy waren an den Einnahmen aus ihren Filmen nie beteiligt, so daß sie auch jetzt für die TV-Ausstrahlungen keinen Pfennig erhielten. Daran ließ sich nachträglich nichts mehr ändern, aber vor allem Laurel war heftig erbost darüber, daß ihre Filme jetzt zu Reklamezwecken mißbraucht wurden. Er erwog eine Klage, doch ihr gemeinsamer Rechtsanwalt Ben Shipman riet ihm davon ab: Gerade erst hatte der Cowboy-Star Roy Rogers mit dem gleichen Ansinnen vor Gericht verloren.
Doch wie dem auch sei, dank der Fernsehauswertung ihrer alten Filme waren Laurel & Hardy wieder gefragt. Da ihre Firma »Laurel & Hardy Feature Productions« nach wie vor existierte, hatten die beiden sogar bereits über einen selbständigen Einstieg ins TV-Geschäft nachgedacht. Jetzt, Anfang 1955, wollte ihnen ausgerechnet das Hal-Roach-Studio ein Comeback ermöglichen. Nach ihrem Zusammentreffen in »This is Your Life« schlug ihnen Hal Roach jr. vor, eine eigene Fernsehserie mit Laurel & Hardy zu produzieren. Die Konditionen waren verlockend: jeweils halbstündige Episoden, in Farbe gedreht, Gesamtleitung bei Laurel.
Doch der bestand zunächst darauf, sich nicht durch eine Ausstrahlung im Wochentakt verschleißen zu müssen. Vielmehr wollte er zusammen mit Babe alle drei bis vier Monate einen Film produzieren. Überraschenderweise ging Hal Roach jr. auf diese Forderung ein. Er unterzeichnete mit Laurel & Hardy einen Vertrag und kündigte in der Presse ihre Wiederkehr mit völlig neuen Fernsehfilmen an. Laurel begann sofort mit der Ausarbeitung von Drehbüchern und war ebenso wie Hardy voller Enthusiasmus. Unter dem Titel »The Fables of Laurel & Hardy« sollten Märchen wie »Der gestiefelte Kater«, »Aladin« und »Aschenputtel« in

jeweils einstündigen Sendungen mit Stan und Ollie neu erzählt werden. Der erste der Filme, »Hänsel und Gretel«, wurde von Stan bereits konzipiert. Allzu gewalttätige Szenen, wie sie gerade für die Märchen der Gebrüder Grimm typisch sind, wollte er ausklammern und dafür einer eher lyrischen Komik breiten Raum einräumen. Außerdem schwebten ihm surrealistische Komponenten vor – wie etwa der feuerspendende Daumen in WAY OUT WEST.

Die Fernsehserie »The Fables of Laurel & Hardy«, deren Produktion im Mai 1955 beginnen sollte, war für Laurel & Hardy in dreifacher Hinsicht von enormer Bedeutung. Zum einen erwarteten sie von der Reihe ihr langersehntes Comeback in den Vereinigten Staaten. Außerdem würden sie in einem neuen Medium, das noch weitaus mehr Menschen erreichte als der Film, arbeiten. Und schließlich konnte Stan bei der Vorbereitung endlich all die künstlerischen Freiheiten genießen, um die er zeitlebens gekämpft hatte. Er war in seiner Arbeit auf jener Stufe angelangt, die er immer erträumt hatte. Es ist eine tragische Ironie des Schicksals, daß Laurel & Hardy dieses letzte Ziel nicht mehr erreicht haben. Denn am 25. April 1955 – nur zehn Tage vor Beginn der Dreharbeiten – erlitt Stan Laurel einen Schlaganfall.

Ich und mein Kumpel

Da sowohl Babe als auch Stan von mancherlei Krankheiten geplagt wurden, waren bereits bei der Vertragsunterzeichnung für »The Fabels of Laurel & Hardy« Absprachen getroffen worden, daß im Falle einer ernsthaften Erkrankung eines von beiden das gesamte Projekt aufgegeben werde, ohne daß Ausfallzahlungen zu leisten seien. Als jetzt Stan Laurel durch seinen Schlaganfall ausfiel, trat genau dieser Fall ein. Die Serie wurde abgeblasen.
Stan, inzwischen knapp 65 Jahre alt und seit Jahren zuckerkrank, war nach dem Schlaganfall vorübergehend linksseitig gelähmt. Betroffen waren das linke Bein, der Arm und die Hand, außerdem sein Erinnerungsvermögen. Doch er kämpfte erfolgreich gegen die Behinderung an und konnte im Herbst 1955 bereits wieder normal gehen, wenn auch mit leichten Schwierigkeiten. Babe hatte schon im Winter 1954/55 eine zweite Herzattacke erlitten und war nun endgültig gezwungen, sein Körpergewicht zu reduzieren. Die Ärzte verordneten ihm eine cholesterin- und fettarme Diät, was dem als Gourmet bekannten Babe sehr schwer fiel. Aber er sah ein, daß er abnehmen mußte und reduzierte sein Gewicht innerhalb weniger Monate um fast 150 Pfund. Am Weihnachtsabend 1955 warf ihn ein dritter Herzanfall nieder. Mit dem Ollie, den er in seinen

Filmen spielte, hatte er jetzt keine Ähnlichkeit mehr. Er war vielmehr ein schrumpeliger alter Mann mit schütterem Haar, dessen Gesicht von tiefen Falten zerfurcht war und dessen Wangen eingefallen schienen. So wäre es ohnehin ein eher wehmütiges Wiedersehen geworden, hätten Laurel & Hardy wirklich noch einmal auftreten können.
Dennoch hatten beide die Hoffnung auf eine Rückkehr vor die Kamera nicht aufgegeben. Im Sommer 1956 erklärte Laurel in einem gemeinsamen Interview mit der Nachrichtenagentur Associated Press, eine neue TV-Serie sei denkbar: *»Ich bin durchaus in der Lage, eine neue Reihe in Angriff zu nehmen. Aber noch möchte ich warten. Ich möchte nicht anfangen und später das Publikum enttäuschen.«*[59] Bei dieser Begegnung wurden auch einige Pressefotos gemacht. Als sie in den Zeitungen erschienen, war die Öffentlichkeit nachgerade geschockt. Von überall her kamen Anfragen, aus welchem Grund Oliver Hardy in so erschreckendem Maße abgemagert sei. Babe war von solcherlei Anteilnahme eher angewidert und verließ in der Folgezeit kaum mehr seine Wohnung. Interessanterweise hatte Stan einige Monate zuvor einem jungen Fan, der mit seiner Schmalfilmkamera Aufnahmen von beiden machte, eine öffentliche Vorführung noch (vergeblich!) verboten. Er fürchtete damals, das Bild zweier alter Männer könne das Image von Laurel & Hardy zerstören.

Das Interview, das im Juli 1956 in Stans Wohnung in Santa Monica stattfand, war Babes letzter öffentlicher Auftritt. In den Morgenstunden des 14. September erlitt er einen massiven Schlaganfall. Er wurde sofort ins »St. Joseph's Hospital« nach Burbank gebracht, wo die Ärzte über eine Woche lang um sein Überleben kämpften. Lucille hatte das Klinikpersonal gebeten, gegenüber der Presse Stillschweigen zu bewahren, aber irgendwann standen doch Berichte über Oliver Hardys Zusammenbruch in den Zeitungen. Babe konnte die Schlagzeilen nicht lesen; der Schlaganfall hatte ihn fast vollständig gelähmt, außerdem schien er seine Umgebung nur noch zeitweise wahrzunehmen. Er konnte nicht mehr sprechen und hatte erhebliche Schwierigkeiten beim Essen.
Einen Monat verbrachte Babe, inzwischen auf weniger als 90 Pfund abgemagert – im Krankenhaus. Da er zum hilflosen Pflegefall geworden war, schlugen die Ärzte Lucille vor, ihren Mann in ein Altersheim für Filmschaffende nach Woodlands Hills zu bringen. Aber Lucille lehnte ab. Ihre Ranch hatten die Hardys bereits einige Monate zuvor verkauft, sie lebten seitdem in einer kleineren Wohnung in Van Nuys. Jetzt ließ Lucille Babe in das Haus ihrer

Mutter im Norden Hollywoods bringen. Dort brachte er die letzten Monate seines Lebens in fast völliger Apathie zu.
Nur ab und zu klärten sich seine Sinne auf, aber diese seltenen Augenblicke waren für ihn, für Lucille und für Stan Laurel, der ihn einige Male besuchte, äußerst schmerzlich. Denn Babe war trotz größter Anstrengung nicht mehr in der Lage zu sprechen und begann angesichts dieses Unvermögens oft zu weinen. Stan war von der Hilflosigkeit seines langjährigen Partners, der erst spät sein Freund geworden war, tief erschüttert. Rund um sein Krankenlager hatte Lucille all jene Fotos aufgehängt, die er von seiner Ranch her kannte, so daß er den Wohnungswechsel wahrscheinlich gar nicht mehr wahrnahm. Um ihn nicht glauben zu lassen, sie sei nicht an seiner Seite, hatte Lucille zunächst die Beschäftigung von Pflegepersonal abgelehnt, doch da er rund um die Uhr betreut werden mußte, stimmte sie schließlich zu. In Momenten geistiger Klarheit sah Babe immer auf ein Bild, das ihn zusammen mit Lucille zeigte, und bedeutete den Schwestern, seine Frau ans Bett zu rufen. Seine Augen verrieten dann stets die große Zuneigung und Dankbarkeit, die er für Lucille empfand. Aber auch diese Liebe konnte ihn nicht mehr retten. Anfang 1957 erlitt er zwei weitere Schlaganfälle und lag seitdem im Koma.
Am Morgen des 7. August 1957 starb Oliver Hardy im Hause seiner Schwiegermutter in Hollywood. Er war 65 Jahre alt geworden.

Seine Urne wurde auf Hollywoods »Garden-of-Valhalle«-Friedhof in jenem Teil beigesetzt, der Freimaurern vorbehalten ist. Stan Laurel nahm auf Empfehlung seiner Ärzte an dem Begräbnis nicht teil, dafür erschienen Ida und seine Ex-Frau Ruth. Reportern sagte er, sichtlich ergriffen: »*Was ist da viel zu sagen. Ich bin geschockt. Babe war für mich wie ein Bruder. Dies ist das Ende der Geschichte von Laurel & Hardy.*«[60]
Es war das Ende von Laurel & Hardy insofern, als jetzt jede Hoffnung auf eine Wiederkehr des Duos aufgegeben werden mußte. Die ungebrochene Beliebtheit ihrer Filme und das neu erwachte Interesse an ihrer Arbeit jedoch durfte Stan Laurel mit Freude und Genugtuung miterleben. Er lebte jetzt zusammen mit Ida in einem Appartment im »Oceana Hotel« in Santa Monica, von dessen Balkon aus er direkt auf das Meer blicken konnte. Obwohl weiterhin von seiner Zuckerkrankheit, einem Augenleiden und zeitweiligen Herzproblemen geplagt, blieb sein Geist wach und aktiv. Einen großen Teil seiner Zeit widmete er der kontinuierlich anwachsenden Fanpost. Er bestand darauf, alle Briefe persönlich zu beantworten, so daß er häufig monatelang im Rückstand war und jedem

Zwei große (Panto-)Mimen: Stan Laurel und Marcel Marceau

nur einige Zeilen widmen konnte. Im Gegensatz zu anderen Berühmtheiten ließ er sich keine Geheimnummer geben und stand ganz regulär im Telefonbuch, und nicht selten erhielt er Anrufe oder Besuche von Menschen, die ihm ganz einfach ihre Freude an den alten Laurel-&-Hardy-Filmen mitteilen wollten. Im übrigen diskutierte er mit Freunden und Kollegen häufig die Gesetzmäßigkeiten der Komik. Bei diesen Gelegenheiten fielen ihm auch stets neue Gags ein, die er mit Babe hätte verwenden können.
Anlaß zu Gesprächen über Humor und Komik hatte er genug. Denn zu seinen regelmäßigen Besuchern zählten junge Spaßmacher wie Peter Sellers (der wie Stan ein Verehrer des britischen Varieté-Komikers Dan Leno war), Danny Kaye, Dick Van Dyke und Marcel Marceau, den Stan ein Jahrzehnt zuvor in Paris entdeckt und gefördert hatte. Als Jacques Tati 1959 einen Oscar für seinen Film MON ONCLE (Mein Onkel) entgegennahm und gefragt wurde, welchen Hollywood-Star er gerne kennenlernen würde, wünschte er sich eine Begegnung mit Buster Keaton und Stan Lau-

rel; an dem denkwürdigen Zusammentrffen nahmen mit Mack Sennett und Harold Lloyd zwei weitere inzwischen bereits legendäre Pioniere der stummen Komödie teil. Jerry Lewis, der in seinem Film THE BELLBOY (Der Page) selbst den Namen Stanley trägt und in mehreren Szenen einen Laurel-Doppelgänger auftreten läßt, machte ihm 1962 sogar das Angebot, für 100 000 Dollar jährlich als sein Berater in Sachen Komik zu arbeiten. Aber Stan lehnte den Vorschlag ab.

Zu den vielen Legenden und Falschmeldungen, die sich um Laurel & Hardy ranken, gehört auch das Gerücht, beide hätten ihren Lebensabend in Armut und Verbitterung verbracht. Zwar erzielten sie keine Einnahmen aus der Wiederaufführung ihrer Filme, doch sie waren klug genug, auf dem Höhepunkt ihres Ruhms für ihr Alter vorzusorgen. So gaben beide zwar den luxuriösen Lebensstil, den sie in den 30er Jahren geführt hatten, früher oder später auf. Aber sie hatten sogar während ihrer unerfreulichen Arbeit für Centfox üppige Gagen bezogen und außerdem bei den Europa-Tourneen der Nachkriegsjahre gutes Geld verdient. Trotz der hohen Unterhaltungszahlungen, die sie ihren geschiedenen Ehefrauen leisten mußten – Myrtle Hardy hatte sogar noch nach Babes Tod ohne Erfolg beträchtliche Forderungen gestellt –, verfügten beide über genügend Reserven, um sich zur Ruhe setzen zu können. Stan war daher mehr als erbost, als ab November 1959 mehrere britische und französische Zeitungen über seine angebliche Armut berichteten. Das Geld, das daraufhin von europäischen Laurel-&-Hardy-Verehrern gesammelt wurde, leitete er an eine wohltätige Organisation weiter.

Angesichts der allgemeinen Wiederentdeckung von Laurel & Hardy, die mit zahlreichen Abhandlungen und Analysen ihres speziellen Witzes einherging, konnte auch Hollywood die Augen nicht mehr länger vor ihrer künstlerischen Bedeutung verschließen. Im Namen der amerikanischen Schauspieler-Gilde überreichten Charlton Heston und Dana Andrews einen Ehrenpokal an Stan. Schließlich verlieh ihm die Filmakademie einen Spezial-Oscar »für seine schöpferische Pionierarbeit auf dem Gebiet der Filmkomödie«, wie es in der Begründung hieß. Das war – nach der Auszeichnung für THE MUSIC BOX – der zweite Oscar für Laurel & Hardy. Stan war darüber aufrichtig erfreut, bedauerte aber andererseits, daß Babe diese Ehrung nicht mehr miterleben konnte. Eine plötzliche Blutung im linken Auge verhinderte auch sein eigenes Erscheinen, als am 8. April 1961 die Oscars verliehen wurden. Danny Kaye nahm den Preis stellvertretend entgegen und sagte: *»24 Jahre lang brachten sie uns zum Lachen: der dicke Mann mit*

dem Melonenhut und der dünne Mann mit dem traurigen Gesicht. Wir lachen deshalb, weil wir selbst uns in ihnen erkennen – lächerlich, enttäuscht, bis zum Hals in Schwierigkeiten steckend. (...) Oliver Hardy hat sanft an sein Hütchen getippt und uns schon vor einiger Zeit für immer verlassen. Aber der Dünne ist noch immer unter uns. Leider fühlt er sich nicht wohl genug, um heute abend bei uns zu sein. Aber ich bin stolz darauf, diesen Preis für einen der wirklichen Großen in unserem schönen Beruf entgegenzunehmen.«[61]
Stans größtes Glück in seinen letzten Lebensjahren war seine Ehe mit Ida, die ihm endlich jene Zuwendung und Geborgenheit vermittelte, die er in seinen früheren Beziehungen stets vermißt hatte. Nach einem Leben, das von zahlreichen privaten Katastrophen überschattet gewesen war, führte er eine fast perfekte Ehe. Ähnlich wie Oliver Hardy, konnte auch er in der Liebe einer Frau Ruhe und Zeit zur Selbstbesinnung finden. Von dem Schlaganfall, den er 1955 erlitten hatte, blieben keine Folgen zurück. Nach dem Urteil zahlreicher Freunde und Besucher war Stan zufrieden und glücklich, auch wenn ihm in immer kürzeren Abständen gesundheitliche Problem zu schaffen machten. Im Sommer 1964 mußte er sich für längere Zeit ins Krankenhaus begeben, weil sich seine Zuckerwerte dramatisch verschlechtert hatten, aber auch hiervon erholte sich der 74jährige relativ rasch. Doch Mitte Februar 1965 erlitt er eine schwere Herzattacke. Ida, die ihm bereits seit vielen Jahren seine Insulindosen verabreichte, saß in ihrem gemeinsamen Appartement in Santa Monica an seinem Bett, während sich Krankenschwestern um ihn kümmerten. Sie wußte, daß Stan diesmal nicht mehr gesund werden konnte.
Am 23. Februar 1965 war es offensichtlich, daß Stan den Tag nicht überleben würde. »Ich sollte lieber Ski fahren als das hier zu machen«, sagte er mit schwacher Stimme zu der Schwester. »Fahren Sie denn Ski, Herr Laurel?« wollte sie wissen. »Nein, aber es wäre besser als zu sterben.« Sein Sinn für komisches Timing blieb wach bis zuletzt. Denn im nächsten Moment – es war 13.45 Uhr – starb Stan Laurel.
Er wurde auf dem Hollywood-Friedhof »Forest Lawn« beigesetzt. Komiker wie Buster Keaton, Harold Lloyd, Andy Clyde, Patsy Kelly und Clyde Cook gaben ihm das letzte Geleit, ebenso nahmen Hal Roach und Leo McCarey daran teil. Die Grabrede hielt Dick Van Dyke, der noch kurz zuvor in seiner Fernseh-Show zu Stans großer Freude in dessen Maske aufgetreten war. *»Drei Publikumsgenerationen fanden gleichermaßen Menschlichkeit, Wärme und Frohsinn in seinen Filmen. (...) Jetzt sind Stan und Ollie von uns gegangen. Ich bin sicher, daß die himmlischen Hallen nun klin-*

*gen müssen vom göttlichen Gelächter über dieses süße Paar. (...)
Gott segne alle Clowns.«*[62]

Söhne der Wüste

Seit den 30er Jahren, als sie auf dem Höhepunkt ihrer Leinwandkarriere standen, sind Stan Laurel und Oliver Hardy auch immer wieder auf der Bühne aufgetreten. Sei es die Verbeugungstournee von 1932, seien es mehr oder weniger spontane Auftritte bei Wohltätigkeitsveranstaltungen, die Shows der Truppenbetreuung oder die triumphalen Europa-Reisen der 40er und 50er Jahre: Die Aussicht, die beiden populären Filmstars leibhaftig auf der Bühne sehen zu können, lockte Tausende von Verehrern an. Als gesundheitliche Schwierigkeiten Stan und Babe zwangen, sich vollkommen ins Privatleben zurückzuziehen, war die Zeit der »Personal Appearances« zwar zunächst vorbei, doch noch nach ihrem Tod avancierten sie zu veritablen Bühnenhelden.

Denn seit 1976 haben Theaterautoren und -produzenten vier verschiedene Bühnenstücke herausgebracht, in denen Stan und Ollie im Mittelpunkt des Geschehens stehen. Den beiden Menschen Laurel & Hardy ist damit eine ungewöhnliche Ehre widerfahren, denn biografische Bühnenstücke über Persönlichkeiten des 20. Jahrhunderts sind eher selten im Theaterrepertoire – erfolgreiche Ausnahmen wie das Musical »Evita« (über Eva Peron) oder das Dialogstück »Besuch bei Joan« (über Joan Crawford) bestätigen nur die Regel. Andere Schauspieler schlüpfen in die Rolle von zwei großen Kollegen, um dem Interesse an ihrem Leben und Werk entgegenzukommen.

Das erste Bühnenstück um Laurel & Hardy erlebte am 16. November 1976 im Londoner »Mayfair Theatre« seine Uraufführung. Es stammt aus der Feder von Tom McGrath und verbindet den Versuch, das Leben von Laurel & Hardy nachzuerzählen, mit einer Reihe musikalischer Elemente. Am »Mayfair« wurden sie von John Shedden (Stan) und Ian Ireland (Oliver) dargestellt. Das Stück war jedoch nur wenig erfolgreich, verschiedene Kritiker warfen ihm außerdem vor, seinem Anspruch auf Authentizität nicht gerecht zu werden. »*Die dramatisierte Geschichte von Laurel & Hardy, falls sie überhaupt geschrieben werden kann, steht weiterhin aus*«[63], hieß es beispielsweise in einer amerikanischen Rezension der Uraufführung.

Etwas mehr Erfolg hatte das Musical »Blockheads«, das im Oktober 1984 am Londoner »Mermaid Theatre« erschien. Auch hier rollten die Autoren Michael Landwehr, Kay Cole und Arthur

Whitelaw die Lebensgeschichte von Laurel & Hardy auf und bereicherten das Geschehen auf der Bühne um die Figur James Finlaysons. Die Hauptrollen spielten Mark Hadfield (Laurel) und Kenneth Waller (Hardy). Das Stück lief in London ein gutes Jahr, fand aber in den Augen einiger puristischer Fans keine Gnade.

1985 kam das Theaterstück »Stan and Ollie« heraus, das von Ron Day und Nicky Paule stammt. Es wurde mit Erfolg von mehreren Bühnen in Nordengland gespielt. *»All diese Stücke erreichten durchaus ihr Ziel. Aber sie konnten – was vielleicht unumgänglich war – den Urquell des Werks von Laurel & Hardy, den Grund für ihre anhaltende Beliebtheit, nämlich Wärme und Zuneigung (...) nur wenig deutlich machen.«*[64]

Das gelang dem deutschsprachigen Bühnenstück »Stan und Ollie in Deutschland« von Urs Widmer weitaus besser. Am 9. November 1979 im Münchner »Theater am Sozialamt« uraufgeführt, geht es in diesem Stück eigentlich weniger um die Nacherzählung der Biografie zweier großer Komiker. *»Der Schweizer Urs Widmer, einer der prominentesten Dramatiker und Erzähler unserer Zeit, dem überdies ein Hang zum verschrobenen Humor eigen ist, griff die Charakteristika der Filmfiguren Stan und Ollie jedoch auf und übertrug sie in die heutige Umwelt. Und genau wie Stan und Ollie in ihren Filmen gegen die Tücke des Objektes ankämpfen müssen, so finden sie sich hier nicht zurecht in einem Deutschland der Terroristen-Fahnder, Jogger und uneinsichtigen Kellner. Bei der Uraufführung spielten Jörg Hube (Ollie) und Philip Arp (Stan) die Titelrollen. Das Stück wurde inzwischen in Hörfunk und Fernsehen gesendet und ist immer wieder auf dem Spielplan deutschsprachiger Bühnen anzutreffen. ›Vielleicht‹, so notierte Urs Widmer einmal, ›habe ich dieses Stück geschrieben, weil, wenn ich in mich hineinsehe, die zwei Seelen in meiner Brust so merkwürdige Hüte aufhaben, und die eine ist dick und die andere dünn und vielleicht sogar doof.‹«*[65]

Ihr Eingang in die internationale Bühnenliteratur ist indes nur eines von mehreren Indizien für den ungebrochen hohen Stellenwert von Laurel & Hardy. So bekannte sich Hollywood-Regisseur Blake Edwards ausdrücklich als großer Bewunderer ihres Werkes und zitiert immer wieder ihre Filme. Beispielsweise gibt es in seinem 1968 entstandenen Film THE PARTY (Der Partyschreck) ein aus Butler und Küchenchef bestehendes Gespann, das eindeutig an FROM SOUP TO NUTS angelehnt ist. Der temporeichen Komödie THE GREAT RACE (Das große Rennen rund um die Welt) stellte Edwards sogar das Insert »Für Mister Laurel und Mister Hardy« voran. Nicht zuletzt finden sich zahlreiche Reminiszenzen in

Edwards' Filmserie um den »Rosaroten Panther«, in denen mit Peter Sellers als Inspektor Clouseau ein weiterer Laurel-&-Hardy-Fan agiert.

Auch Jerry Lewis, der Stan vergeblich als Mitarbeiter zu gewinnen versucht hatte, widmete seinen 1982 von Stephen Paul inszenierten Film SLAPSTICK dem Andenken an Laurel & Hardy. Doppelgänger, die in Kleidung und Benehmen an Stan und Ollie angelehnt sind, gibt es nicht nur in Lewis' THE BELLBOY (Der Page), sondern auch in so unterschiedlichen Streifen wie dem bizarren Gangsterfilm THE KILLING OF SISTER GEORGE (Das Doppelleben der Sister George, 1968, Regie: Robert Altman) oder Agnès Vardas avantgardistischem Dokudrama JANE B. VU PAR AGNES V. (Jane B. par Agnès V.) aus dem Jahre 1987. Auch in den Videoclips zu Songs von Chris Rea oder der Gruppe »The Cure« tauchen Stan und Ollie als Blickfang und Zitat auf. Verschiedene Schlager der 70er Jahre nehmen in Text oder Titel sogar direkt auf die beiden Bezug.

Die unverkennbare Physiognomie von Laurel & Hardy taucht nicht zuletzt in der Werbung immer wieder auf. Noch zu Lebzeiten Laurels hatten er und Lucille Hardy die Vermarktungsrechte ihrer weltweit bekannten Gesichter an den Comic-Produzenten Larry Harmon veräußert, der später auch eine Zeichentrickserie und eine Comic-Heftreihe mit den von ihm kreierten Karikaturen des Duos herausbrachte[66]. Seitdem schmücken die Konterfeis von Babe und Stan abwechselnd als realistisches Foto oder als Comic-Zeichnung eine Vielzahl von Konsumprodukten, deren Palette von Aschenbechern und T-Shirts über Lampenschirme und Trinkgläser bis hin zu Wanduhren und Sparbüchsen reicht. Mit den Gesichtern von Laurel & Hardy ließ und läßt sich nach wie vor eine Menge Geld verdienen. Das scheint auch Hal Roach erkannt zu haben, der im Juli 1975 ihren Erben und Larry Harmon mit juristischen Schritten verbieten wollte, die von Laurel & Hardy geschaffenen Filmfiguren finanziell auszuwerten. Obwohl er geltend machte, die Charaktere von Stan und Ollie seien geistiges Eigentum seines Studios, gaben ihm die Richter nicht recht. Sämtliche Rechte an ihren Namen und Gesichtern seien unverbrüchliches Eigentum von Laurel & Hardy beziehungsweise ihrer Nachkommen. »*Der zuständige Richter sagte, sein Fall sei (...) leicht zu entscheiden gewesen, (weil) es sich hier um Schauspieler handelt, die sich selbst spielen, ihre eigenen Rollen entwickeln und nicht so sehr fiktive Charaktere verkörpern, denen sie ihre besondere schauspielerische Darstellung widmen.*«[67]

Nicht zuletzt tauchten die Porträts der beiden auf Briefmarken auf.

Zunächst wurden sie auf diese Weise von einigen Ländern geehrt, die durch die Herausgabe farbiger, attraktiv gestalteter Postwertzeichen ihre Deviseneinnahmen verbessern, wie etwa Fujeira und Gambia. Ende der 80er Jahre jedoch widmeten ihnen auch die Postbehörden von Großbritannien und den Vereinigten Staaten jeweils eine Briefmarke. In England erschien Laurels typisches Grinsen innerhalb einer philatelistischen Serie zum Thema Lächeln, die USA ehrten sie mit einer von fünf Marken zur Erinnerung an unsterbliche Stars des amerikanischen Show-Business. Zur selben Zeit erlebte die Popularität von Laurel & Hardy einen neuen Höhepunkt. Nachdem bereits in den 50er und 60er Jahren Filmhistoriker wie Jean-Pierre Coursoudon in Frankreich, Kevin Brownlow in England, James Agee in Amerika oder Werner Schwier in Deutschland die klassische Stummfilm-Komödie wiederentdeckten, ihre Stars feierten und ihre Gesetzmäßigkeiten in ebenso kenntnisreichen wie liebenswerten Analysen untersuchten, setzte speziell für das Oeuvre von Laurel & Hardy Mitte der 80er Jahre ein neuer Boom ein. Viele Kinos veranstalteten Retrospektiven, Fachzeitschriften versuchten sich an einer zeitgenössischen Deutung ihres Stils, etliche Fernseh-Stationen strahlten erneut die Filme aus (die stets ein Garant für hohe Einschaltquoten sind). Als besondere Neuerung bot der TV- und Videomarkt nachträglich kolorierte Fassungen der Filme an. Die Filme werden Szene für Szene von Spezial-Computern so detailgenau nachgefärbt, daß sie der Betrachter für echte Farbfilme hält. Dies ist eine Praxis, die ebenso bedenklich erscheint wie die mitunter barbarische Verstümmelung, die zuvor für ausschließlich auf Klamauk-Effekte abgestellte Zusammenschnitte der Laurel-&-Hardy-Filme betrieben wurde. Denn akzeptiert man das Medium Kino als Kunstform, dürfen seine Werke nicht nach Gutdünken verändert werden. So, wie wir beispielsweise die »Mona Lisa« in ihrer von Leonardo da Vinci geschaffenen Form akzeptieren, müssen wir auch die filmische Hinterlassenschaft von Laurel & Hardy unverändert rezipieren. Sie umzuschneiden oder zu kolorieren heißt, Kunstwerke zu verfälschen.

Diese Ansicht dürfte wohl auch von jenen besonders engagierten Bewunderern des Gespanns geteilt werden, die sich weltweit in der Vereinigung »Sons of the Desert« zusammengeschlossen haben. Der Verband leitet seinen Namen aus dem gleichnamigen Film von 1934 ab, in dem übrigens ein allzu streng geregeltes Vereinsleben parodiert wird. Im Jahre 1964, also noch zu Lebzeiten Laurels, wurden die »Sons of the Desert« von dem Dramatikprofessor John McCabe, den Schauspielern Chuck McCann und Orson Bean, dem

Das Lied der Logenbrüder: ›Sons of the Desert‹ (1934)

Karikaturisten Al Kilgore und dem ebenfalls dem Show-Business verbundenen John Municino gegründet. Das erste Treffen dieser Vereinigung hat Laurel dann nicht mehr erlebt. Es fand drei Monate nach seinem Tod im New Yorker »Lamb's Club« statt.
Die »Sons of the Desert« sind eine Organisation, die sich laut Satzung »der liebenden Studie der Personen und Filme von Stan Laurel und Oliver Hardy« widmet. Ihr Mitbegründer und heutiger weltweiter Vorsitzender John McCabe hatte sowohl Laurel als auch Hardy während ihrer England-Tournee 1954 kennengelernt, als er in Europa studierte. Nach eigenem Bekunden faßte er bereits damals den Plan, eine Art Verband der Laurel-&-Hardy-Bewunderer zu gründen, der sich allerdings nicht in der kritiklosen Huldigung gesponserter Fanklubs ergehen sollte. McCabe veröffentlichte 1961 mit »Mr Laurel and Mr Hardy« die erste Biografie der beiden, der eine stattliche Zahl weiterer Bücher zum selben Thema folgen sollte. Während der Vorbereitung dieses Bandes lernte er Laurel näher kennen. Stan war von seinem Vorschlag, diese Ver-

einigung ins Leben zu rufen, sehr angetan und steuerte sogar persönlich eine groteske Satzung bei, deren absurde Paragraphen die Verfassungen anderer Vereine verulkte. So liegt die Führung des Vereins laut Konstitution in den Händen eines »Großen Scheichs«, eines »Vize-Scheichs« und eines »Unter-Vize-Scheichs«, während die Mitgliedszahl der örtlichen Niederlassungen auf jeweils 812 Personen begrenzt bleiben soll. Wer länger als achteinhalb Minuten ernsthaft über Laurel & Hardy spricht, erhält pro Zusammenkunft nicht mehr als vierzehn Cocktails.

Auch die Idee, den Klub »Sons of the Desert« zu nennen und seine Mitglieder – wie die Logenbrüder im gleichnamigen Film – einen Fez tragen zu lassen, kam von Laurel. Das würdevoll-unsinnige Vereinsabzeichen – ein Esel und ein Löwe beim Nickerchen, über ihnen die beiden charakteristischen Melonenhüte – wurde von dem Zeichner Al Kilgore beigesteuert, der in Deutschland durch die Zeichentrickfilm-Figur des Elches »Mister Bullwinkle«[68] bekannt geworden ist.

Inzwischen gehören den »Sons of the Desert« weltweit an die 3000 Enthusiasten an, die unter anderem Ableger ihres Vereins in Großbritannien, Kanada, Japan, Australien, den Niederlanden, Belgien, Frankreich, Dänemark, Norwegen, der Schweiz, Italien und Deutschland gegründet haben – oft mehrere in einem Land. Die lokalen Zweigstellen werden »Tent« (Zelt) genannt und tragen jeweils den Titel eines Laurel-&-Hardy-Films, etwa das BONNIE-SCOTLAND-Tent in Glasgow oder das SWISS-MISS-Tent in der Schweiz. Seit 1984 gibt es in Solingen das TWO-TARS-Tent, dem weitere regionale Niederlassungen in Deutschland folgten. Wer sich hierzulande für Laurel & Hardy interessiert, wendet sich am besten an den hiesigen »Großen Scheich« Wolfgang Günther, Bismarckstraße 23, 42659 Solingen, der in seiner Wohnung außerdem ein kleines Museum mit Devotionalien in mannigfaltiger Ausführung unterhält.

Ähnlich wie einige weitere »Tents«, gibt auch das TWO-TARS-Tent eine regelmäßig erscheinende Zeitschrift heraus, in der neben Vereinsinterna auch lesenswerte Beiträge über Partner und Mitarbeiter von Laurel & Hardy sowie die Rezeption ihrer Filme speziell in Deutschland abgedruckt sind. Liebevoll bebildert und ungemein interessant zu lesen sind auch die Periodika des A-PERFECT-DAY-Tents im niederländischen Hilversum (Titel: »Blotto«), das »Laurel and Hardy Magazine« des Londoner HELPMATES-Tents sowie vor allem die nur unregelmäßig erscheinende Zeitschrift »Pratfall«, die vom WAY-OUT-WEST-Tent in Los Angeles herausgegeben wird.

Die amerikanischen »Tents« halten zu den noch lebenden Kollegen, Freunden und Mitarbeitern von Laurel & Hardy engen Kontakt. Ihre Witwen waren Ehrenmitglieder und nahmen vielfach auch an Veranstaltungen der »Sons of the Desert« teil, ebenso ehemalige Mitspieler wie Rosina Lawrence (ihre Partnerin in WAY OUT WEST) und Henry Brandon (der Bösewicht aus BABES IN TOYLAND). Neben den regulären Zusammenkünften veranstaltet der Verband alle zwei Jahre ein großes internationales Treffen, das von Mitgliedern aus mehreren Ländern begangen wird. Im Sommer 1984 fand diese »International Convention« in Laurels Geburtsort Ulverson statt, wo ebenfalls ein kleines Museum an das Komikerpaar erinnert.

Die »Sons of the Desert« weisen ausdrücklich darauf hin, daß sie weder eine akademische Vereinigung noch ein in die Anbetung vergötterter Idole versunkener Fanklub sind. Bei aller Vereinsfröhlichkeit widmen sie sich daher auch intensiv der Forschung in Sachen Laurel & Hardy. Zu ihren Verdiensten gehört unter ande-

Porträtfoto (Ende der zwanziger Jahre)

rem die Wiederentdeckung verschollen geglaubter Wochenschau-Aufnahmen und bisher unbeachteter Presseartikel aus den 20er und 30er Jahren. Mit großem Engagement betreiben die »Wüstensöhne« weiterhin die Suche nach Filmen wie HATS OFF oder THE ROGUE SONG, von denen derzeit weder das Negativ noch zur Vorführung geeignete Kopien vorhanden sind. Aufgrund ihres nimmermüden Forschungsdranges konnten in den letzten Jahren auch einige der jahrzehntelang vermißten fremdsprachigen Fassungen der Öffentlichkeit zugänglich gemacht werden. Vor allem in französischer und spanischer Sprache liegen durch den fast archäologischen Spürsinn der »Sons of the Desert« wieder einige Werke vor. Von den Filmen, die Laurel & Hardy vor Einführung der Synchronisation in deutscher Sprache produzierten, fehlt jedoch nach wie vor jede Spur.

ZWEITER TEIL
Die Komik von Laurel & Hardy

Mal wieder ein schöner Schlamassel

Gemütlich eingerichtete Reihenhäuser, die sich in kürzester Zeit in rauchende Ruinen verwandeln; Komplimente, deren blumige Verliebtheit durch einen Biß in den Finger des Verehrers jäh beendet wird; harmlos erscheinende Wasserpfützen, die sich als metertiefe Tümpel aus Schmutz und Morast entpuppen; Türklingeln, die bei Betätigung lärmend zerbersten; freundliche Zeitgenossen, deren Sympathie sich von einer Sekunde auf die andere in bösartigsten Haß verwandelt – das ist die Welt von Laurel & Hardy. Chaos und Anarchie lauern dort, wo wir sie am wenigsten erwarten, nämlich mitten im Alltag.
Laurel & Hardy leben in einer beschaulich-idyllischen Kleinbürgerwelt, die uns allen zumindest als Wunschvorstellung vertraut ist. Als Identifikationsfiguren sind sie uns deshalb auch weitaus näher als das Gros ihrer Komiker-Kollegen. Denn nur die wenigsten unter uns werden wie Harold Lloyd auf Wolkenkratzer klettern, nur um eine (auch noch ziemlich keusch verehrte!) Herzensdame zu beeindrucken. Niemand dürfte angesichts der wiederkehrenden Alltagstücken einen ähnlich technischen Erfindergeist entwickeln wie der stoische Buster Keaton, keiner in so hemmungslos wilde Anarchie verfallen wie die Marx-Brothers. Das Vagabunden-Ambiente des von Charlie Chaplin kreierten Landstreichers ist dem normalen Bewohner der nördlichen Erdhalbkugel ohnehin nicht vertraut. Stan und Ollie dagegen wohnen in einer Neubausiedlung wie wir, fahren einen Mittelklassewagen wie wir, suchen dieselben Vergnügungen wie wir und haben in cholerischen Chefs, argwöhnischen Polizisten und keifenden Ehepartnern auch ähnliche »Feinde« wie wir.
So fällt es nicht allzu schwer, sich mit diesen beiden Durchschnitts-Menschen zu identifizieren. Unsere Bereitschaft, in Laurel & Hardy unsere Brüder zu erkennen, endet erst dort, wo wir uns ihnen gegenüber überlegen fühlen – was angesichts ihrer bestürzenden Hilflosigkeit innerhalb der uns vertrauten Gegebenheiten des modernen Alltags stets sehr früh eintritt. Das Gefühl der Überlegenheit indes hat bereits Stan Laurel selbst als ein ganz wesentliches Grundelement ihres Erfolgsgeheimnisses erkannt: »*Die Leute mögen uns, weil sie sich uns überlegen fühlen, und weil sie glauben, daß sie weniger dumm sind als wir. Dabei gibt es Millio-*

nen von Laurels und Hardys in dieser Welt. Ich falle über sie auf Schritt und Tritt.«[69]

Bereits ihre Kostüme weisen Laurel & Hardy aus als Menschen wie du und ich. Stan trägt einen biederen Anzug, wie er in den 20er und 30er Jahren für Stadtmenschen typisch war. Ollie hat sich in ein zu enges Jackett gezwängt, das schon den sanften Hinweis birgt, daß hier einer mehr scheinen will, als er ist. Im übrigen ist er derjenige von beiden, der am ehesten den Konventionen der »Normalität« entspricht. Ein paar Haarlocken, die er in die Stirne gekämmt hat, markieren eine Art Ponyfrisur, das winzige Schnauzbärtchen soll den Eindruck nüchterner Respektierlichkeit vermitteln, darunter wabbelt ein im Laufe der Jahre immer üppiger werdendes Doppelkinn. Seine gravitätisch zelebrierten Gentleman-Manieren gaukeln seinem jeweiligen Gegenüber mehr schlecht als recht die Attitüde eines Mannes von Welt vor, dessen Dummheit sich freilich immer wieder selbst entlarvt.

Stans Physiognomie dagegen ist ein Clowns-Gesicht klassischer Prägung: Es ist bleich geschminkt, so daß die staunenden Augen noch größer erscheinen. »*Seine Augen konnten die törichte, völlig perplexe Stupidität des reinen Nichtverstehens widerspiegeln, sie konnten sich aber auch im Handumdrehen mit Tränen füllen. Über die hohe, mit den Furchen ratlosen Staunens durchgezogene Stirn erhob sich ein Büschel ewig ungekämmter Haare, das bei der fruchtlosen Bemühung, irgendein gewichtiges Problem zu lösen, immer wieder leidenschaftlich zerkratzt und zerwühlt wurde.*«[70]

Gekrönt wird dieses Erscheinungsbild von den unverzichtbaren Melonen-Hüten, die nicht nur das Erkennungszeichen von Laurel & Hardy wurden, sondern auch in zahlreichen Filmen Auslöser für komische Szenen sind. Das Hütchen-wechsle-dich-Spiel, bei dem der eine den zu großen oder zu kleinen Hut des anderen trägt, wurde erstmals in DO DETECTIVES THINK? präsentiert und danach immer wieder aufgegriffen. Die Frage, ob Stan in galanten Situationen den Hut aufbehalten darf, führt bei Ollie regelmäßig zu Zornausbrüchen; besonders schön variiert wird dieser Topos in BONNIE SCOTLAND, wo Stan die Würde einer Testamentsverlesung durch einen nicht abgenommenen Hut zu stören droht. Gewollt oder unbewußt vorgenommene Beschädigungen am Hut kommen stets Angriffen auf Ehre und Reputierlichkeit gleich. In TIT FOR TAT wird Ollies Melone durch den elektrischen Brotschneider geschoben, in HOG WILD entbrennt bei einem Disput über den Verbleib seines Hutes fast ein Ehestreit.

Überhaupt hat Ollies Kleidung erheblich unter Stans Ungeschicklichkeit zu leiden. In GOING BYE-BYE wird ein Sakko mit einer Bür-

Hut oder nicht Hut: Laurel & Hardy im klassischen Outfit in ›Bonnie Scotland‹ (1935)

ste traktiert, in die zuvor eine Rasierklinge gefallen ist. Ollies Aufbruch in HELPMATES scheitert daran, daß jedesmal seine Garderobe ruiniert wird und ihm zum Schluß nur noch eine völlig lächerliche Karnevals-Uniform zur Verfügung steht. Seine Stürze aus dem Fenster, über Mauersimse oder von Hausdächern ziehen stets gutgemeinte Rettungsaktionen Stans nach sich, die mit ebensolcher Stetigkeit zur Zerstörung seiner Kleidung führen. Kleider machen Leute, und ein Angriff auf die textile Ausstattung eines Kontrahenten fügt diesem eine besonders schmerzliche (seelische) Wunde zu. Die Demontage von Autoritäten, wie sie jede Art von Komik ja verfolgt, vollzieht sich nicht selten über Uniformen, Galaroben oder edle Zwirne. Deshalb verliert der preußische Monokel-Prinz in DOUBLE WHOOPEE nach einem von Laurel & Hardy verschuldeten Sturz in den verdreckten Fahrstuhlschacht jede Würde, während in YOU'RE DARN TOOTIN' sämtliche männlichen Passanten ihrer Beinkleider beraubt und so dem allgemeinen Gespött preisgegeben werden.

Die Angst, vor anderen lächerlich gemacht zu werden, sitzt Laurel & Hardy tief im Nacken. Anders als Charlie Chaplin oder Harry Langdon, dafür aber sehr ähnlich den Personagen Lloyds und Keatons, wollen Stan und Ollie »dazugehören«, anerkannt und gewürdigt werden. Sie sind, und das macht sie im Unterschied zu den Clowns der klassichen Commedia dell'Arte oder des stummen Slapstick-Films zu ganz modernen Charakteren, bestimmt von der Sehnsucht nach (spieß-)bürgerlicher Gesellschaft. Selbst in jenen Filmen, in denen sie außerhalb dieser Gesellschaft stehen – zu Beginn von THE LAUREL & HARDY MURDER CASE und in ONE GOOD TURN erleben wir sie als streunende und bettelnde Penner –, wurden sie durch Wirtschaftskrise und Arbeitslosigkeit in dieses Los gedrängt. Ansonsten frönen sie sowohl beruflich wie auch im Hobby-Bereich den Idealen des Mittelstands: Sie machen Picknick (A PERFECT DAY), fahren zur Erholung in die Berge (THEM THAR HILLS), spielen Golf (SHOULD MARRIED MEN GO HOME?) und Billard (BRATS).

Die Abgründe dieser Charakteristika führt besonders Oliver Hardy vor, zumal er eher in der Lage ist, begangene Fehlleistungen und -tritte als solche zu erkennen und auch die gesellschaftlichen Sanktionen abzuschätzen. Er ist borniert, eitel und ungemein selbstgefällig, vor allem wenn es darum geht, den Freund in die Pfanne zu hauen. Es ist Ollie höchst peinlich, wenn der infantile Laurel wieder einmal einen Faux-pas gelandet hat. Stan wird von Ollie nicht nur gegenüber den Filmpartnern denunziert, sondern auch gegenüber dem Publikum. Der berühmte Hardy-Blick, jener stumme Aufschrei vor der Wirrnis dieser Welt, ist zugleich die Bitte um Nachsicht für sich und dem tumben Stan. Ollies Blick direkt in die Kamera, also ins Publikum, der niemals von irgendeiner verbalen Äußerung begleitet wird, suggeriert Verzweiflung und Hoffnungslosigkeit zugleich, wenn er wieder einmal einer besonders erschütternden Torheit Stans ansichtig geworden ist und nun mit dem Seufzen der gequälten Kreatur um Beistand fleht. Dies ist ungleich komischer als die direkte Ansprache der Zuschauer, wie sie im Film beispielsweise von Bob Hope häufig praktiziert wurde. Besonders ergreifend ist Hardys stummes Flehen in Momenten physischen Schmerzes. In der Tat zeichnen sich gerade die Filme von Laurel & Hardy durch eine stets vorherrschende sadistische Note aus.

Schläge mit der Pritsche kannten bereits Commedia dell'Arte sowie Kasperltheater, und die Slapstick-Komödien des amerikanischen Stummfilms lebten nicht unwesentlich von roher Gewalt. Neben den Cartoons von »Tom und Jerry« und später den Abenteuern des »Schweinchen Dick« indes waren Schmerz und Komik nie so dicht beieinander wie bei Laurel & Hardy. Im Schlagabtausch mit ihren Gegnern bedienen sie sich ausgesuchter Sadismen, die allerdings stets als fingiert zu erkennen sind. Zugefügter oder erlittener Schmerz kann natürlich nur dann komisch sein, wenn es sich offensichtlich um eine Illusion handelt. In den Filmen von Laurel & Hardy fließt kein Blut, die vorgeführten Martern dienen nicht wirklich der Folter, sondern sind lediglich ein Element innerhalb von Scharmützeln, die nach einer von vornherein feststehenden Choreographie stattfinden.

So sind die vielfältigen Sadismen zumeist nur suggeriert und in ihrer Absurdität völlig irreal. Eine Wagenladung Backsteine fällt Hardy auf den Kopf (DIRTY WORK), Laurel zerquetscht ihm mit einer Leiter das Auge (THE MUSIC BOX), er fällt ein halbes dutzendmal vom Dach (HOG WILD), ein Kontrahent malträtiert ihm mit einem heißen Lockenwickler die Nase (TIT FOR TAT) – aber nie ist er wirklich ernsthaft verletzt. Noch bizarrer werden diese Qualen durch die geschickte Einbeziehung des Tons. In A PERFECT DAY haut Ollie dem zusammenschreckenden Stan einen schweren Wagenheber über den Kopf, und wir hören dazu das Geräusch eines Amboß, der offenbar gegen eine Glocke geschleudert wurde – die kongeniale Zusammenführung von pantomimischem Slapstick und den Möglichkeiten des Tonfilms. Im übrigen waren Laurel & Hardy die ersten, die auf diese bis heute von vielen Komikern variierte Idee kamen.

Unsere Frau

Als ebenso grausam wie grauenerregend erweisen sich immer wieder die Frauen. Es gibt in ihren Filmen zwar durchaus liebenswerte Backfische, denen ihre Sympathie und freundschaftliche Zuneigung gilt (so etwa die Titelheldin von THE BOHEMIAN GIRL oder die hilfsbedürftigen Mädchen in BABES IN TOYLAND und ANY OLD PORT). In diesem Fall ist ihr Interesse rein helfender Natur, und bei aller Galanterie sind erotische Implikationen nicht zu erkennen. Vielmehr richtet sich das Interesse von Stan und Ollie hier auf Menschen, die noch hilfloser sind als sie selbst, die es zu unterstützen und zu beschützen gilt. Im Grunde genommen gibt es zwischen dem Kleinkind, dem sie in PACK UP YOUR TROUBLES die Eltern ersetzen, und dem um sein Testament betrogenen Teenager in WAY OUT WEST keinen Unterschied. Hier wie dort treten Laurel & Hardy als edle Ritter auf, die ein Mädchen vor den Bedrohungen durch ihre Umwelt abzuschirmen versuchen. Ihnen stehen die beiden mit ungleich mehr Treue und Loyalität gegenüber als den keifenden Ehefrauen, skrupellosen Betrügerinnen und berechnenden Dirnen, mit denen sie es sonst zu tun haben.

Vor allem die Haus- und Ehefrauen, mit denen Stan und Ollie geschlagen sind, scheinen direkt aus dem Typenarsenal eines Horrorkabinetts zu kommen. Sie sind bösartig, hinterhältig, streitsüchtig, intolerant und vor allem stets darauf bedacht, die beiden Freunde auseinanderzubringen. »*Frauen, das sind bei ihnen meist die Prototypen dessen, was man verächtlich Hausdrachen nennt. Für Stan und Ollie gab's in der Ehe stets nur den einen Platz: unter dem Pantoffel.*«[71]

Sie sind insofern die Opfer eines besonders aggressiv ausgeprägten Matriarchats. In ihren frühen gemeinsamen Filmen tauchen Frauen bestenfalls am Rande auf. Erst ab THEIR PURPLE MOMENT – das harmlose Vergnügen eines gemeinsamen Kegelabends wird Stan und Ollie kategorisch verboten, so daß sie sich heimlich davonstehlen – haben sie es immer wieder mit herrschsüchtigen und übellaunigen Gemahlinnen zu tun. Häufig wird das Mißtrauen erst durch widersprüchliche Berichte über die angebliche oder tatsächliche Harmlosigkeit außerehelicher Unternehmungen geweckt, etwa in WE FAW DOWN, wo Frau Laurel und Frau Hardy ihre Männer in einer Zirkusvorstellung wähnen, während sie in Wahrheit zum Poker gehen wollen. Auch aus diesem Vorhaben wird nichts, denn Stan und Ollie geraten an zwei leichte Mädchen und damit an deren offensichtlich kriminellen Liebhaber. Die Strafe dafür, die Ehefrauen hintergangen zu haben, folgt auf dem Fuße: Irgendwann stehen die Angetrauten mit Gewehren vor der Wohnung der beiden Flittchen und schlagen neben Laurel & Hardy noch ein Heer weiterer abtrünniger Ehemänner in die Flucht, die nach dem Knall der ersten Warnschüsse hordenweise in Unterhosen fremde Wohnungen verlassen. Als ähnlich rächende Nemesis erscheinen die Frauen in BLOTTO, SONS OF THE DESERT und BE BIG: Stets bedienen sich Stan und Ollie einer Notlüge, um dem bedrückenden Ehejoch – und sei es auch nur einen Abend lang – entkommen zu können, und stets taucht die bessere Hälfte irgendwann mit einem langläufigen Schießgewehr auf, um den Gatten mit Waffengewalt in die häuslichen Schranken zu weisen. Die Flinte gehört in den Filmen von Laurel & Hardy zur Standardausrüstung einer tyrannischen Ehefrau.

Auch der Ehealltag ist bestimmt von Unterdrückung und Jähzorn, wobei zutiefst glückliche Idyllen durch plötzliche Stimmungsumschwünge der Frauen zur Hölle werden. In COME CLEAN wird das verliebte Geplänkel zwischen Hardy und seiner Frau durch einen überraschenden Besuch der Laurels zerstört; fortan ist die entspannte Stimmung dahin. Eine besonders blumige Liebeserklärung Ollies an seine Frau, die er mit spitzen Fingern wie einen Kuß auf ihre Wangen transferieren will, findet in THICKER THAN WATER ihr jähes Ende, als ihm die Holde völlig ausdruckslos in die

Da schau her: Mit Anita Garvin in ›From Soup to Nuts‹ (1928)

Hand beißt. Nach den ebenso vergeblichen wie schmerzensreichen Bemühungen, im Auftrag der Gattin eine Radioantenne auf dem Dach zu installieren, taucht Frau Hardy in Hog Wild weinend bei dem wieder einmal verunglückten Ollie auf. Als er sie mit dem Hinweis beruhigen will, er habe keine ernsthaften Verletzungen davongetragen, stellt sich heraus, daß sie lediglich wegen des gepfändeten Radios weint. Die Ehefrauen sind herz- und gefühllose Ungeheuer, die nur bestrebt sind, Stan und Ollie zu unterjochen und sich gefügig zu machen.

Ein besonderes Beispiel der ehelichen Unfreiheit im Schaffen von Laurel & Hardy ist Sons Of The Desert. Stan und Ollie gehören hier einem Männerbund an, der Loge der »Wüstensöhne«. Schonend bringt Ollie seiner Frau die Neuigkeit vom anstehenden Jahrestreffen der Bruderschaft bei, doch sie lehnt vehement ab. Die eheliche Disharmonie, geschürt von der bloßen Anwesenheit des ebenfalls verheirateten Stan, wächst spürbar an. Schließlich stellt sich Hardy krank, läßt sich von einem durch Laurel gedungenen

Hähne im Korb bzw. am Klavier: Publicity-Foto für ›Hollywood Party‹ (1934)

Kurpfuscher irgendein abstruses Leiden attestieren und eine Kur verschreiben. Stan soll ihn begleiten, und nur zum Schein besteht Ollie darauf, mit seiner Frau in die Berge zu fahren. Dieses Ansinnen lehnen die Gattinnen, plötzlich wahrhaftig besorgt um das gesundheitliche Wohlergehen des armen Ollie, ab. Die beiden Freunde brechen also angeblich zur Kur nach Honolulu auf, begeben sich in Wahrheit jedoch zum Jahrestreffen der »Wüstensöhne« nach Chicago.
Natürlich ist das heimliche Unternehmen von Anfang an zum Scheitern verurteilt. Bereits während der Tagung des Vereins läßt sich Hardy in weinseliger Stimmung von einem Logenbruder zum schlüpfrigen Telefongespräch mit einer angenehmen Unbekannten überreden und merkt erst allmählich, daß seine eigene Frau am anderen Ende der Leitung hängt. Auf die Schliche kommen die Gemahlinnen ihren Männern schließlich, als das Schiff, das Stan und Ollie eigentlich hätte nach Honolulu bringen sollen, im Seesturm sinkt. Um sich von dieser erschütternden Kunde abzulenken, besuchen die Frauen ein Kino, wo sie auf Wochenschaubildern vom Treffen der »Wüstensöhne« auch Laurel & Hardy erkennen. Der Rest des Films führt vor, wie sich die beiden immer hilfloser in ein völlig unglaubhaftes Lügengespinst verrennen – die panische Angst vor eventuellen Strafaktionen durch die Ehefrauen zwingt sie zu noch bizarreren Berichten ihrer wunderbaren Rettung. Den Kürzeren zieht, wie so oft, Ollie. Während Stan unter dem Druck durch die beiden unerbittlich mißtrauischen Frauen zusammenbricht und schließlich unter Tränen die ganze Wahrheit auftischt, geht über Hardy, der bis zuletzt bei seiner Version bleibt, ein Bombardement von Pfannen und Töpfen nieder. Wieder einmal bedeutet Verheiratetsein für ihn nichts anderes als Unterdrückung und Pein. Ihm bleibt nicht einmal die Hoffnung auf bessere Zeiten, denn die letzte Einstellung des Films zeigt ihn mit blauem Auge unter dem Küchentisch, wie er sich zum Schutz vor weiteren Wurfgeschossen eine Pfanne über den Kopf hält. Dantes Inferno der Hoffnungslosigkeit wird in den Laurel-&-Hardy-Filmen übertragen in den Ehe-Alltag des Durchschnittsbürgers.
Brechen die beiden wie hier aus dem Ehejoch aus, so hegen ihre Frauen entweder einen Verdacht oder wissen aufgrund heimlicher Beobachtungen ohnehin Bescheid. Häufig werden ihnen die scheinbaren außerehelichen Eskapaden auch von heimtückischklatschsüchtigen Nachbarinnen hinterbracht. In THEIR PURPLE MOMENT (hier ist es ein Mann), CHICKENS COME HOME und OUR RELATIONS haben diese – über Laurel & Hardy quasi als zusätzliche weibliche Bedrohung hereinbrechenden – Moralhüterinnen

Mit dem Schuh auf die Eier: Sex-Star Lupe Velez mit einem skeptischen Hardy und einem ratgebenden Laurel in ›Hollywood Party‹ (1934)

nichts Eiligeres zu tun, als ihre Aktivitäten sofort den Ehefrauen zu unterbreiten. Sie fungieren als Katalysatoren ehelicher Streitigkeiten und sind bereits durch ihr Äußeres als unsympathische Racheengel zu erkennen. Ihre verkniffene Physiognomie, ihre Borniertheit suggerierende Hornbrille, ihre altjüngferliche Kleidung deuten auf moralinsaure Unerbittlichkeit hin. Auch die übrigen Frauen in der Welt von Laurel & Hardy sind durch ihr Outfit hinreichend klassifiziert. Die Ehefrauen sind resch frisierte Matronen, deren modische Accessoires bürgerlichen Wohlstand andeuten und die auf den ersten Blick durchaus sympathisch erscheinen. Lediglich in HELPMATES hat Ollie eine Frau, die bereits optisch als Drachen zu erkennen ist; ansonsten sind es hübsche, häufig überraschend kleinwüchsige, scheinbar schwache Heimchen, die sich erst später als wahre Schreckensgestalten entpuppen. Die wenigen positiven Heldinnen sind züchtig gewandete Unschuldsengel, die Flittchen offenkundig als leichte Mädchen zu erkennen. Letztere sind blond (wie das durchtriebene Saloongirl in WAY OUT WEST) oder schwarzhaarig (wie die Erpresserinnen in COME CLEAN und CHICKENS COME HOME), aber stets wie Vamps ausstaffiert. Wir sehen sofort, daß es sich um berechnende, skrupellose Gaunerinnen handelt, die Laurel & Hardy kaltblütig ins Unglück stürzen.

Eine vermeintliche Selbstmörderin entpuppt sich in COME CLEAN gleich nach ihrer »Rettung« als kaltschnäuzige Erpresserin, die sofort in hysterische Hilferufe verfällt, wenn Laurel & Hardy auf ihre Forderungen nicht eingehen. Sie tun es, um den guten Ruf nicht aufs Spiel zu setzen. Um den geht es auch in CHICKENS COME HOME, wo eine längst vergessene Jugendliebe ausgerechnet in dem Moment auftaucht, als sich Ollie zur Bürgermeisterwahl stellen will. Die Ehemalige hat kompromittierende Fotos dabei und droht mit ihrer Veröffentlichung. Stan wird damit beauftragt, ihm die gar nicht damenhafte Dame vom Hals zu schaffen, aber sie taucht

Dantes Inferno oder das Joch der Ehe: Zwei Matriarchats-Opfer mit den Filmgattinnen Mae Busch und Dorothy Christie in ›Sons of the Desert‹

irgendwann in der ehelichen Wohnung der Hardys auf, wo zu allem Überfluß der Butler hinter das pikante Geheimnis kommt und später auch noch die bewaffnete Frau Laurel erscheint. Noch bizarrer geht es in THE PRIVATE LIFE OF OLIVER VIII. zu, wo eine Gattenmörderin sich dem armen Ollie nächtens mit dem Fleischermesser nähert.

So kommt den Frauen fast ausschließlich die Rolle des Störenfrieds zu; sie bedrohen die Freundschaft zwischen Stan und Ollie massiv, indem sie die Trennung entweder bewußt betreiben oder aber das kameradschaftliche Verhältnis durch mannigfaltige Angriffe erschüttern. Denn die beiden halten in Momenten höchster Not zwar zusammen, sind in ihrer friedlichen Zweisamkeit, die nichts anderes will als Ruhe und Freundschaft, jedoch empfindlich gestört. *»Der Erzfeind (...) sind die Frauen. Ihr trostloses Amt ist es, Laurel & Hardy an der Flucht in ihr Kinder- und Märchenreich notfalls gewaltsam zu hindern. Wo Männer selig regredieren, müssen Frauen zu Hexen werden – so ist das Kino von Laurel & Hardy ein Bestiarium von Beißzangen, Giftschlangen, Schreckschrauben, Schauerziegen. Es ist ein trauriges Kapitel (von manchmal allerdings finsterer Komik) und hat doch seine eigene Logik: Laurel & Hardy regieren über die Welt nach den Gesetzen des Laufstalls – wer den Versuch unternimmt, die beiden Horrorkinder zu erziehen, wird darüber selber zum Schrecken.«*[72]

Arglist und Boshaftigkeit sind die hervorstechendsten Charakteristika der Frauen um Laurel & Hardy. Selbst wenn sie wirklich einmal ausnahmsweise freundlich und liebenswert sind, bringen sie die beiden ungewollt in Schwierigkeiten. In MEN O'WAR laden sie zwei Spaziergängerinnen in einem Park zum Drink ein und merken bald, daß das Geld nicht reicht. Oft nimmt das Unglück seinen Lauf, wenn sie dem Ruf »Cherchez la femme« gehorchen. *»Wenn Dick und Doof doch einmal ein Mädchen kennenlernen, endet der gemeinsame Ausflug meist in einer Katastrophe (in* TWO TARS *verwandeln sie deswegen am Schluß eine ganze Autokolonne zu Schrott). Wenn sie das Ziel ihrer Bemühungen erreichen, dann nur um den Preis von Ehefrauen, die schrecklich herrschsüchtig sind und ihre Ehemänner wie kleine Jungs behandeln.«*[73] Nach verschämten, ebenso schüchternen wie unschuldigen Flirts geraten Stan und Ollie immer wieder in bedrohliche Situationen, etwa nach einem durchaus tugendsamen Gespräch mit der unglücklichen Künstlersgattin in THE FIXER UPPERS oder einer Einladung an zwei Barbesucherinnen in OUR RELATIONS.

Zu opferbereiten Rittern ohne jede Furcht werden Laurel & Hardy durch die Begegnung mit bedrohten Jungfrauen. Jede verfolg-

Arglistig und boshaft: Mae Busch in ›Come Clean‹ (1931)

te Unschuld, jedes angegriffene oder hintergangene Mädchen macht aus ihnen Kämpfer für die Gerechtigkeit, die mit Mut und Ausdauer gegen das Böse antreten. Sei es ein junges Mädchen, das zur Heirat gezwungen werden soll (ANY OLD PORT), eine betrogene Goldminen-Erbin (WAY OUT WEST), eine von Zigeunern aufgenommene Waise (THE BOHEMIAN GIRL) oder die von einem schurkischen Bösewicht bedrängte Heldin in BABES IN TOYLAND – sie schlagen sich auf die Seite der Schwachen und treten jeder Ungerechtigkeit mit ehernem Wagemut entgegen.

Sowohl den Ehedrachen als auch der bedrängten Unschuld ist das weitgehende Fehlen erotischer Implikationen eigen. Die Liebe taucht in den Filmen von Laurel & Hardy nur selten auf – und wenn, dann als Auslöser von Herzeleid und Liebeskummer. Zwar ist Ollie mit seinem affektiert-weltmännischen Schmäh ständig auf der Balz, doch haben seine Konversationsversuche einen eher

Wenn Ollie balzt, ist das Unheil nicht weit: Jean Parker in ›The Flying Deuces‹ (1939)

sportiven Charakter, beispielsweise das völlig inhaltslose Geplänkel über das Wetter und den Weihnachtsmann, als er in der Postkutsche von WAY OUT WEST eine Dame kennenlernt. Da, wo Amors Pfeil wirklich trifft, ist die Liebe unglücklich: In BEAU HUNKS geht er in die Fremdenlegion, weil ihn seine große Liebe hintergangen hat. Denselben Weg wählt er in THE FLYING DEUCES, weil sein Werben unerhört geblieben ist. Wirklich ergreifend ist schließlich sein Leid, nachdem die flatterhafte Sängerin in SWISS MISS ihn trotz zartester Liebeserklärungen abblitzen läßt. Stan ist gegen derlei Gefühlsregungen ohnehin immun. Entweder er ist zu Beginn eines Films bereits verheiratet, oder er bringt dem »zarten Geschlecht« (eine Formulierung, die in den Filmen von Laurel & Hardy in jeder Hinsicht ad absurdum geführt wird) kein Interesse entgegen. Allerdings geht er Ollie auch in Herzensdingen treu zur Hand, etwa indem er in SWISS MISS zur abendlichen Serenade vor dem Fenster der Geliebten die Tuba bläst.

Ihr schwacher Augenblick

Die größte Gefahr, die Laurel & Hardy droht, sind jene Frauen, die entweder gemeinsame Unternehmungen verhindern oder gar ihre Männerfreundschaft ganz zerstören wollen. In SHOULD MARRIED MEN GO HOME ist Ollie zwar zunächst gewillt, den an der Pforte klingenden Stan nicht einzulassen, doch schließlich wirft Frau Hardy beide hinaus, weil sie ihnen einen Besuch auf dem Golfplatz mißgönnt. In BLOTTO ist es Frau Laurel, die einen feucht-fröhlichen Ausflug der beiden zu verhindern sucht. Den Likör, den die beiden für einen Barbesuch mitnehmen wollen (der Film spielt während Amerikas alkoholloser Prohibitionszeit), tauscht sie gegen Seifenlauge aus. Nachdem die beiden schließlich doch in einem Nachtklub gelandet sind, taucht die zürnende Gattin irgendwann mit angelegter Flinte auf und schießt solange auf die fliehenden Freunde, bis ihr Taxi auseinanderfällt.

Selbst in TWICE TWO, in dem Laurel & Hardy in Doppelrollen ihre eigenen Ehefrauen darstellen, hängt der Haussegen bereits nach kurzer Zeit schief. Stan hat Ollies Schwester geheiratet, Ollie Stans Schwester, wobei die Damen die gleichen Charaktereigenschaften in sich tragen wie ihre männlichen Pendants. Frau Laurel ist geziert und hält sich für klüger als Frau Hardy, die ihrerseits in dasselbe dummschlaue Grinsen und dasselbe hemmungslose Flennen verfällt wie ihr Bruder. Zu viert will man den ersten Hochzeitstag begehen, aber vom abgeknickten Blumenstrauß bis zur unbrauchbar gemachten Torte geht alles schief. Natürlich rotten sich die Geschwister jeweils zusammen, und das anfangs würdevoll und freudig begangene Ehejubiläum endet in einer wüsten Schimpf-Orgie, an deren Ende Frau Hardy der nörglerischen Frau Laurel eine Torte ins Gesicht knallt.

Handfeste Ehekräche stehen fast jedesmal ins Haus, wenn Laurel & Hardy aufgrund ihres guten Verhältnisses untereinander die Ehefrau ausgrenzen. Entweder hat Ollie seinen Freund auf der Straße getroffen und bringt ihn zum Essen mit nach Hause, oder Stan ist ohnehin bereits geraume Zeit Zaungast einer nur noch oberflächlich intakten Ehe. In beiden Fällen ist ein Ehekrach vorprogrammiert. Ollies Frau macht ihm in UNACCUSTOMED AS WE ARE wie in BLOCKHEADS (der Elemente der Handlung von ersterem aufgreift) eine heftige Szene, als er ihr Stan vorstellt. In THAT'S MY WIFE wird Ollie von seiner Frau ganz verlassen, weil sie ihren Mann nicht mit Stan teilen will. Kaum hat die Gemahlin unter Zu-Boden-Werfen einiger wertvoller Vasen das Haus verlassen, als auch schon ein reicher Erbonkel vor der Tür steht, um Hardys glückliche Ehe zu inspizieren. Da Ollie aus naheliegenden Gründen den Onkel nicht enttäuschen will, überredet er kurzerhand Stan, in Frauenkleider zu schlüpfen und dem ahnungslosen Besucher die züchtige Hausfrau vorzuspielen.

Die Travestie war immer ein beliebtes Versatzstück der Komik, und im Gegensatz zu Oliver Hardy, der lediglich in TWICE TWO seine eigene Schwester darstellt, findet sich Stan Laurel regelmäßig in Frauenkleidern wieder. Zumeist muß er in den Fummel schlüpfen, um irgendein Unbill zu verhindern oder wiedergutzumachen. So läßt er sich in BABES IN TOYLAND von dem lüsternen Oberschurken im Brautkleid vor den Traualtar führen, um die Heldin vor dieser Ehe zu bewahren. In SUGAR DADDIES verwandelt er sich auf der Flucht vor Erpressern in eine aufgetakelte Schönheit, in ANOTHER FINE MESS gibt er eine hübsche Kammerzofe ab, in A CHUMP AT OXFORD verkleidet er sich auf der Suche nach einem Job zusammen mit Ollie als Butler-Ehepaar, in JITTERBUGS gibt er eine köstliche alte Jungfer, in THE DANCING MASTERS kommt er im Tüllkleidchen als Prima Ballerina daher. Diese Maskeraden erklären sich jeweils aus der Handlung, sind im übrigen aber kleine Intermezzi, die auf das feminine Element im Laurel'schen Charakter aufmerksam machen.

Zwei Männer, denen ihre Freundschaft wichtiger ist als ihr Eheglück, von denen der eine regelmäßig in hilfloses Heulen ausbricht und bisweilen sogar den Fummel überstreift – da liegt natürlich die Vermutung homosexueller Implikationen nahe. *»Gegenüber ihren genauso spießigen Ehehälften hegen die beiden im allgemeinen Fluchtgedanken, der Illusion von Wein, Weib und Gesang frönend, ohne die Zeche, das Haushaltsgeld oder die Rundfunkrechnung zu bezahlen. Dabei entwickelt sich bei ihnen jene erotische Männerkumpanei, die die Eheflucht erzeugt und dabei nichts mehr fürchtet als den Verdacht der Homosexualität. (...) Wenn die beiden dann mit besoffenem Kopf in ihrem ›Ehebett‹ beisammen liegen wie in* BE BIG, *müssen sie damit rechnen, daß sie von ihren Frauen aufgestöbert werden, die mit überdeutlich langen Gewehren auf sie zugehen. Das Schandmal der Homosexualität, gegen das sich die beiden verhinderten Ehebrecher immer wieder wehren müssen, ist der äußerste Ausdruck ihrer allseitigen Zwangslage.«*[74]

Diverse Haustiere – eine Ziege in ANGORA LOVE, ein Hündchen in LAUGHING GRAVY, ein Affe in THE CHIMP – werden unter der gemeinsamen Bettdecke vor unduldsamen Hotelbesitzern und Vermietern versteckt. In LEAVE 'EM LAUGHING raubt Stan seinem im selben Bett schlafenden Freund die Nachtruhe, weil er heftige Zahnschmerzen hat, in THEY GO BOOM ist Ollie krank und wird

Stan Laurel im Fummel: Szene aus ›Sugar Daddies‹ (1927)

vom anderen gepflegt. In aller Unschuld und ohne daß jemals irgendein expliziter Hinweis auf homophile Vorkommnisse gegeben wird, teilen sich die beiden regelmäßig dasselbe Zimmer. Da, wo Frauen nicht vorhanden sind, geben Laurel & Hardy selbst ein »Ehepaar« ab.

Am deutlichsten wird dies in den wenigen Filmen, in denen sie mit Kindern zu tun haben. Schon in PACK UP YOUR TROUBLES schliddern die beiden mehr oder weniger unfreiwillig in die Position eines Elternpaares, als sie sich um ein kleines Mädchen kümmern, das ein von seiner Frau verlassener und später im Krieg umgekommener Kamerad ihnen anvertraut hat. Solange die Großeltern des Kindes nicht gefunden sind (und von der mühevollen Suche nach Opa und Oma handelt der ganze Film), sind Stan und Ollie die Eltern. Die Hierarchie zwischen den beiden bleibt davon ebenso unberührt wie die Tatsache, daß sich Ollie gegenüber Stan ohnehin wie ein jovialer, aber bisweilen jähzorniger Vater aufführt.

Tierlieb: Stan und Ollie in ›Laughing Gravy‹ (1931)

Völlig in eine Elternrolle hinein wachsen die beiden schließlich in THEIR FIRST MISTAKE, einem Film, der in der Literatur häufig als Beispiel für die schwulen Untertöne im Schaffen von Laurel & Hardy angeführt wird, zumal hier das Ende von Hardys Ehe einzig und allein auf sein enges Verhältnis zu Laurel zurückgeführt wird. Wieder einmal soll Ollie von Stan zu einer dubiosen Veranstaltung mitgenommen werden, wieder einmal ist seine Frau dagegen. Ollie tischt der Gattin eine fantastische Lügengeschichte auf, die sie von der Notwendigkeit seiner Teilnahme überzeugen soll. Er lügt, um mit seinem Freund zusammen sein zu können, doch mit einer einzigen unbedachten Bemerkung zerreißt Stan das gesamte Lügengespinst, worauf Frau Hardy nach einem klassischen hausfraulichen Wutanfall all ihren Zorn über Ollie ausgießt und wie eine Rasende das Haus verläßt.

Nach dieser Schlacht ziehen sich Stan und Ollie resigniert ins Schlafzimmer zurück, wo sie sich auf dem Bett ausstrecken und zu räsonnieren beginnen. Es folgt ein merkwürdiger Dialog, der in der Tat auf ein ausgesprochen enges, ja intimes Verhältnis zwischen den beiden Freunden hinweist. »Sie sagt, daß ich mehr an dich denke als an sie«, meint Ollie völlig gebrochen, worauf Stan antwortet: »Aber das tust du doch auch, oder?« Der Dicke würgt eine weitere Erörterung dieses Themas ab, indem er erklärt: »Wir wollen das jetzt nicht vertiefen.« Jedenfalls argumentiert Stan, Frau Hardy führe sich nur deshalb so berserkerhaft auf, weil sie kein Kind habe. »Wenn ihr ein Baby hättet«, schlägt er vor, »dann wäre deine Frau ständig beschäftigt. Du könntest nachts mit mir ausgehen, und sie würde sich nichts dabei denken.« Laurel kann Hardy schließlich von der Sinnfälligkeit dieses Vorschlags überzeugen. Die nächste Szene zeigt die beiden bereits mit einem Baby im Arm bei der Heimkehr in die Hardy'sche Wohnung.

Das Kind ist da, doch die Frau ist endgültig fort. Während Ollie

Kinderlieb: Stan und Ollie in ›Pack Up Your Troubles‹ (1932)

sich noch mit dem Baby vergnügt, stellt ein Gerichtsbote bereits die Scheidungsklage seiner Frau zu. Um das Maß voll zu machen, will jetzt auch Stan einen Rückzieher machen. Hardy versucht ihm klarzumachen, daß er gerade in dieser disparaten Situation auf die Hilfe eines Freundes angewiesen sei. Das nun beginnende Zwiegespräch zwischen den beiden ist der Dialog einer jungen Mutter, die vom kaltschnäuzigen Vater ihres Babys verlassen wird. Es klingt nach sentimentalem Melodram oder Schwangerschafts-Drama, wenn Hardy sagt: »Du wolltest, daß ich das Baby bekomme. Und jetzt, da ich mich in dieser entsetzlichen Lage befinde, willst du mich einfach alleine lassen?« Laurel liefert nun das völlig authentische Porträt eines Mannes, der einem jungen Mädchen ein Kind angehängt hat und jetzt kneifen will: »Ich will nicht in diese Sache verwickelt werden«, stellt er ohne Umschweife fest. »Schließlich muß ich an meine eigene Zukunft und an meine Karriere denken.« Den Tränen nahe und sichtlich um Fassung bemüht, meint Hardy: »Daran hättest du denken sollen, bevor wir uns entschlossen haben, ein Kind zu bekommen.«
Das gesamte Gespräch ist aufgrund des Rollentausches zwar erheiternd, könnte im gleichen Wortlaut aber auch einem grimmig ernsten Film entnommen sein. Schließlich läßt sich Laurel erweichen, und gemeinsam verbringt man die erste Nacht mit dem Baby. Mit gutem Willen und Einfallsreichtum gehen die beiden das Füttern, Waschen und Beruhigen des schreienden Kindes an. Versonnen knüpft sich Stan sein Hemd auf, als ob er dem Kleinen die Brust geben will. Die Flasche hat er gleichfalls an der Brust gewärmt. Da sie bald zu Bruch geht und kein Sauger aufzutreiben ist, füllt er schließlich Milch in einen Gummihandschuh, an dessen Fingern er das Kind nuckeln läßt. Zusammen mit dem schlummernden Säugling liegen die beiden schließlich friedlich nebeneinander im Bett, wobei Laurel irgendwann gedankenverloren selber an der Babyflasche nuckelt.
An Szenen wie dieser hat die amerikanische Homosexuellen-Bewegung in den vergangenen Jahren mehrfach aufgezeigt, daß es tatsächlich schwule Elemente in der Komik von Laurel & Hardy gibt. So heißt es in einer Abhandlung über Homosexualität im Hollywood-Film zu THEIR FIRST MISTAKE: »*Laurel & Hardy gingen (...) oft weiter als andere Komiker, wenn sie ihre beiderseitige Zuneigung zeigen. (...) Das Verhältnis von Laurel & Hardy bekam in ihren Filmen einen durchaus liebevollen Charakter. (...) Die Homosexualität ist unmißverständlich da.*«[75]
Darüber mag man streiten, denn in erster Linie ging es den »Auteurs« Laurel & Hardy wohl um die Darstellung unschuldig-

reiner Toren; doch schwule Anspielungen in ihren Werken lassen sich nicht verleugnen. Ein paar neckische Mätzchen finden sich beispielsweise in jenen Szenen von WITH LOVE AND HISSES, in denen Stan seine Vorgesetzten beim Militär für Tunten hält und sich entsprechend aufführt. Effeminierte Verhaltensweisen werden en passant in vielen Filmen serviert, etwa wenn Hardy in FLYING ELEPHANTS mit Akribie Schmutzflecken von seiner Keule entfernt oder Laurel sich in PUTTING PANTS ON PHILIP vor dem maßnehmenden Schneider ziert. In ihrer Spießigkeit und ihrem Drang, es allen rechtzumachen und nirgendwo anzuecken, haben sie aber andererseits sämtliche Konventionen sexueller Schamhaftigkeit übernommen. *»Ihr außereheliches Interesse an Frauen besitzt dieselbe Dimension wie das eines kleinen Jungen, der seiner Lehrerin einen Apfel mit in die Schule bringt.«*[76] Ollies galante Small-Talks, bei denen ein Blitzen seiner Äuglein zuweilen sehr wohl die Kühnheit seiner Anspielungen erahnen läßt, zeugen davon ebenso wie der verlegene Flirt in MEN O'WAR: Hier haben die beiden ein Damenhöschen gefunden, als gerade eine Frau auftaucht, die etwas sucht. Hardy, ganz Mann von Welt, glaubt natürlich den verloren gegangenen Gegenstand in Händen zu halten und beginnt ein anzügliches Frage/Antwort-Spiel mit der Passantin, die in Wahrheit ihre Handschuhe wiederfinden möchte. Verschämt deutet er an, sie vermisse das Verlorene wohl sehr. »Das können Sie sich denken«, meint die Frau und kichert ebenfalls, »ich verliere es immer so leicht.«

Da, wo es wirklich ernst wird, verläßt die beiden – auch dies ein Ausdruck übernommener Moralvorstellungen – allerdings schnell der Mut. In SCRAM finden sich die beiden nach einer nächtlichen Odyssee im Regen im Bett einer völlig betrunkenen Frau wieder, die ihnen eine Reihe mehr oder weniger eindeutiger Avancen macht. Zu dritt macht man es sich in Pyjamas auf dem Bett bequem, aber die kühnen Zu- und Übergriffe der Frau wehren beide ab; zu peinlich ist die Situation, zu verschämt ihr Wesen, als daß sie die Gelegenheit beim Schopfe packen würden. Aber während sich Hardy der Tragweite dieser Konstellation bewußt ist, wird Laurel von einem eher diffusen Mißtrauen gepackt. Er ist die Verkörperung reiner Unschuld, die die Welt mit den Augen eines unreifen Kindes sieht.

Auch aus diesem Grunde ist Sexualität für ihn kein Thema. Die kecken Verführungsversuche der beiden leichten Mädchen in WE FAW DOWN, die ihn an seinem Adamsapfel kitzeln, wehrt Laurel brüsk ab, während er in WAY OUT WEST in panische Angst verfällt, als sich das berechnende Revuegirl mit ihm im Boudoir einschließt.

Die Bedrohung, der er beispielsweise im Schlafzimmer der Erpresserin in CHICKENS COME HOME ausgesetzt ist, nimmt er nicht in ihrer ganzen Tragweite wahr. Ihm geht es lediglich darum, die Frau von dem bedrohten Ollie fernzuhalten. Für ihn sind die Frauen keine Objekte von Minne und Begierde, sondern Figuren aus seiner Umgebung, die er gewöhnlich nur schemenhaft wahrnimmt. Da ihm die Galanterie eines Oliver Hardy abgeht, schreckt er auch vor Schlägen nicht zurück. In THE MUSIC BOX versetzt er einer forschen Krankenschwester einen Tritt in den Hintern, in HOLLYWOOD PARTY kann er nur mühsam davon abgehalten werden, einer hysterischen Filmschönheit an die Gurgel zu springen. Nur in den frühen Laurel-&-Hardy-Filmen trägt er bisweilen die Züge eines geilen Satyrs, die freilich auch in solchen Szenen für die Damenwelt keine wirkliche Bedrohung darstellt. Ähnlich wie Harpo Marx stellt er ihnen dann zwar nach, doch sind diese seltenen Ausbrüche unverblümter Gier reiner Selbstzweck.

Bekanntestes Beispiel für diese »dunkle«, weil sexuell geprägte Seite Laurels ist PUTTING PANTS ON PHILIP. Da kommt Stan Laurel in der Rolle eines unbedarften Dorfburschen aus Schottland nach Amerika, um im gelobten Land aller Emigranten für peinliche Vorfälle en suite zu sorgen. Zunächst bringt er seinen von Oliver Hardy gespielten Onkel in Verlegenheit, weil der nicht an der Seite eines Mannes im Kilt gesehen werden will. Mehrfach fordert er den inzwischen zum Gespött der Umstehenden gewordenen Neffen auf, ein paar Schritte hinter ihm zu gehen. Der Kerl im Weiberrock jedoch holt die Distanz regelmäßig auf und hängt sich dann auch noch schamlos bei ihm ein – die Würde Hardys ist wieder einmal dahin. Albernes Kichern, verschämtes Necken weisen Laurel zunächst als das Kind aus, das er in so vielen Filmen spielt. Dann jedoch entpuppt sich der vermeintlich asexuelle Dümmling als bocksbeiniger Satyr, der beim Anblick attraktiver Mädels unanständige Sprünge vollführt und den Objekten seiner Begierde sofort nachläuft. Gleichzeitig wird er selbst von einer sensationslüsternen Menge verfolgt, die ihn bestaunt wie ein unbekanntes Tier. *»Was genau Stanley mit den Mädchen anstellt, ist im Film nicht zu sehen. Man kann nur ahnen, daß Stan vermutlich ein echter Triebtäter ist; denn wann auch immer er eine Frau zu fassen kriegt, gibt's ein großes Geschrei, das Volk strömt zusammen, und alle wollen sehen, was der perverse Schotte schon wieder anstellt.«*[77]

Um den sexuellen Anspielungen die Krone aufzusetzen, gibt es in PUTTING PANTS ON PHILIP eine Szene, die einen berühmt gewordenen Gag aus dem Marilyn-Monroe-Film THE SEVEN YEAR ITCH (Das verflixte siebte Jahr) vorwegnimmt. Der Schotte steht über

Abgründe der Schamhaftigkeit: Szene aus ›Liberty‹ (1929)

dem Belüftungsschacht einer U-Bahn, wo ihm die Zugluft – wie 30 Jahre später der Monroe – den Rock hochbläst. Natürlich trägt er darunter eine adrette Unterhose, die er jedoch nach dem Genuß echt schottischen Schnupftabaks beim heftigen Niesen verliert. Als er wieder auf einem Belüftungsschacht zum Stehen kommt und ihm der Kilt erneut hochgeweht wird, weist uns die Ohnmacht einer Riege schockierter Damen darauf hin, was die entsetzten Frauen zu Gesicht bekommen haben.

Angesichts dieser permanenten Fehltritte und Peinlichkeiten entschließt sich der Onkel schließlich, dem Neffen Hosen anpassen zu lassen. Stan schämt und ziert sich gewaltig, als der Herrenschneider maßnehmen will. Er ist völlig verängstigt und von Entsetzen geschüttelt, sobald der Schneider Hand an ihn legen will. Onkel Ollie redet beschwichtigend auf ihn ein, kann sein Vertrauen aber nicht erringen. Als Onkel und Schneider schließlich zu einer heimtückischen List greifen, um mit dem Metermaß endlich an Stan her-

anzukommen, werden wir Zeugen einer veritablen Vergewaltigung.
Stan, der Jüngling aus der Fremde, wird vom Onkel in Zusammenarbeit mit dem Schneidermeister in einem Anflug perfider Hinterlist überwältigt. Man zerrt ihn in die Umkleidekabine, wo der Schneider sein alltägliches, aber in Stans Augen so entwürdigendes Werk verrichtet. Nach einer unheilschwangeren Pause erscheint der Schneider vor dem Vorhang und notiert mit triumphierender Miene die Maße. Dann tritt auch Stan wieder aus der Umkleidekabine heraus. Seine Schottentracht ist völlig zerrissen, seine Züge reflektieren die absolute Verzweiflung einer soeben geschändeten Jungfrau. Einige endlos lange Sekunden ringt der seiner Würde beraubte Highlander um Fassung, schließlich bricht er völlig verzweifelt in Tränen aus. In keinem anderen Film ist das typische Laurel-Flennen so bewegend tragisch wie in dieser Szene, der kaum verschlüsselten Darstellung eines Vergewaltigungsopfers: »*Eine großartige pantomimische Nummer, erschütternd komisch, erschütternd absurd und erschütternd echt.*«[78]

Das Stigma der Homosexualität haftet Laurel & Hardy ebenso an wie ihre Unfähigkeit, Vorurteile ihrer Umwelt einfach zu ignorieren. So handelt ihr Film LIBERTY, der ihre Flucht aus dem Kittchen zum Inhalt hat, in der ersten Hälfte ausschließlich vom Bemühen, das Schandmal des Schwulseins abzuschütteln. Kaum aus dem Knast entkommen, versuchen sie zunächst, den gestreiften Gefängnis-Drillich loszuwerden und zivile Kleidung anzuziehen. Dabei erwischt der Dicke versehentlich die Hose von Stan, während dieser in den viel zu weiten Kleidern Ollies steckt. Sie wollen also die vertauschten Beinkleider wieder wechseln, werden aber von ahnungslosen Passanten immer ausgerechnet dann entdeckt, wenn sie sich gerade in Unterhosen gegenüberstehen. Ob im Taxi oder hinter einer Mauer – jedesmal fällt der Blick kopfschüttelnder Männer oder spitze Entsetzensschreie ausstoßender Damen auf sie. Abgründe der Schamhaftigkeit tun sich auf, wenn Stan und Ollie teils lächelnd um Nachsicht bitten, teils schlicht überrascht die so peinliche Situation zu überspielen suchen.

Ein ganzes Heer von Männern in Unterhosen taucht schließlich in YOU'RE DARN TOOTIN' auf. Als Musiker, die aus einem obskuren Orchester gefeuert wurden, versuchen Laurel & Hardy ihr Glück als Straßenmusikanten. Doch bereits an der Frage, wer beim gemeinsamen Musizieren den Einsatz geben darf, entzündet sich ein wilder Disput, der bald Handgreiflichkeiten nach sich zieht. Als schließlich Hardys Horn von einem Lastwagen plattgewalzt wird, lassen sich auch zufällig daher kommende Passanten von der Auseinandersetzung mitreißen. Dem Gesetz der Kettenreaktion folgend, beteiligt sich bald ein ganzer Straßenzug an den Kampfhandlungen, wobei jeder gegen jeden vorgeht. Es geht ausschließlich darum, dem jeweiligen Gegner die Hosen herunterzureißen. Außer einem Wirbelwind verschlungener Arme und Beine sind nur noch Hosen zu sehen, die durch die Luft fliegen. Zurück bleibt eine Hundertschaft Männer in Unterhosen, während Laurel & Hardy im Schlußbild gemeinsam in einer einzigen überdimensionalen Hose stecken und beim Abbiegen um eine Ecke höflich die Hüte lüpfen.

Das ist in erster Linie natürlich eine Reflexion über den Verlust äußerlicher Accessoires würdevollen Prestiges. Die Häufigkeit von Männern in Unterwäsche – nach einer schlaflosen Nacht im Schlafwagen stehen Stan und Ollie in BERTH MARKS sogar ohne Beinkleider auf einem Bahnhof – im Oeuvre von Laurel & Hardy ist indes zu häufig, um in YOU'RE DARN TOOTIN' lediglich eine Studie über Kettenreaktionen zu sehen. Allerdings ist dieser Film auch eine Paraphrase über die Zerstörungswut, die sich hier noch ausschließlich gegen Kleidungsstücke richtet. Der Film leitet damit über zu einem weiteren Stilmittel in der Komik von Laurel & Hardy, der hemmungslosen Lust an sinnloser Destruktion.

Wie du mir, so ich dir

In YOUR'RE DARN TOOTIN' sind es Hosen, gegen die sich die Zerstörungswut von Laurel & Hardy richtet, in TWO TARS Autos, in BIG BUSINESS gar ein ganzes Haus, in TIT FOR TAT die Waren eines Lebensmittelgeschäfts – von all dem Hausrat, den Gebrauchsgegenständen und Kleidungsstücken ganz zu schweigen, die in ihren anderen Filmen der völligen Zerstörung preisgegeben werden. Das Destruktive ist der vielleicht wichtigste Bestandteil Laurel & Hardy'scher Komik, weil ihre Unfähigkeit, sich mit den Gegebenheiten der modernen Welt zurechtzufinden, nur in hilflose Angriffslust umschlagen kann. Hier sind zwei Männer, die sich redlich bemühen, ihren Platz in einer von vielerlei Normen und Verhaltensregeln bestimmten Umwelt einzunehmen. Das Scheitern dieses Ansinnens ist ambivalent: Zum einen fällt es Laurel & Hardy aufgrund ihrer intellektuellen Mängel trotz ihres guten Willens ohnehin schwer genug, mit den gesellschaftlichen Konventionen Schritt zu halten – angefangen bei hierarchischen Grundmustern über Fragen der Moral bis hin zu alltäglichsten Situationen bei der Arbeit oder im ehelichen Zusammenleben. Zum anderen aber ist die Gesellschaft kaum bereit, derart ungeschickte Tölpel überhaupt dazugehören zu lassen. Das ewige Streben von Stan und Ollie, anerkannt und akzeptiert zu werden, führt wegen der Unduldsamkeit und Borniertheit ihrer Mitmenschen am erhofften Ziel vorbei.

Doch nicht nur mit den Menschen ihrer Umgebung haben Laurel & Hardy Schwierigkeiten; auch die Dinge scheinen allzeit gegen sie zu sein. Profane Gebrauchsgegenstände werden für die beiden zu Hürden, deren Handhabung Stan und Ollie ebenso wenig beherrschen wie beabsichtigen. Harmlos erscheinende Tätigkeiten wie Geschirrspülen (HELPMATES, THICKER THAN WATER), Umkleiden (BERTH MARKS, BE BIG) oder das Betätigen einer Türklingel (THE MUSIC BOX, GOING BYE-BYE) bergen für sie Gefahren in sich, die stets mit Verletzungen oder heftigem physischem Schmerz einhergehen. Nicht einmal Kartoffeln schälen können die beiden, ohne daß die geschnittenen Stücke vom Topfrand abprallen und Hardy (in BOHEMIAN GIRL) mit Karacho gegen die Nase donnern. Er vor allem ist der Leidtragende im aussichtslosen Kampf gegen die Tücke des Objekts. *»Alle Clowns waren irgendwann in ihren Filmen Opfer. Jedem fiel gelegentlich ein Blumentopf auf den Kopf, und fast jeder saß mal in einem Auto, das nicht wollte wie er. Ein (...) Clown war (...) zweifach gestraft: Oliver Hardy. Er muß sowohl mit seinem hochgradig verwirrten Partner wie auch mit hinterhältigen Dingen leben. Meist wird diese Hinterhältigkeit der Dinge erst durch Stans Anregung verursacht, wenn er Ollie dazu bringt, einen seiner konfusen Pläne auszuführen. Letztlich aber ist Ollie selber an den ihn treffenden Katastrophen schuld, denn hätte er Stans Ideen überdacht und analysiert, wäre ihm vielleicht deren Idiotie aufgefallen, denn er ist der graduell Vernünftigere der beiden. Die Dinge können in den Filmen der beiden aber auch die Funktion der ausgleichenden Gerechtigkeit übernehmen, denn jedesmal, wenn Ollie meint, Stan sei zu dumm oder zu ungeschickt für eine Aufgabe und diese selber übernimmt, wie zum Beispiel das Tragen einer Torte, rächt sich diese Überheblichkeit böse an Ollie. Das Objekt manifestiert seine tückische Seite, Ollie rutscht aus und fällt mit dem Gesicht in die Torte.«*[79] In OUR WIFE rügt Ollie seinen Partner mit herablassendem Kopfschütteln und meint: »Es ist mir völlig schleierhaft, wie irgendjemand so ungeschickt sein kann!« Sagt's, dreht sich um und schlägt mit voller Wucht gegen den Türrahmen, weil er den Durchgang ins nächste Zimmer um Zentimeter verfehlt hat. Seine Aggression gegen Menschen und Dinge schlägt immer wieder um und trifft ihn selbst. Ernüchternde Erlebnisse wie dieses kulminieren letztenendes in dem Drang, alles kurz und klein zu schlagen.

Denn die Lust an der Zerstörung wird bedingt durch die Vergeblichkeit, die allem Handeln von Laurel & Hardy innewohnt. Alle Tätigkeiten, die sie mit nie versiegendem Eifer ergreifen, sind sinnlos. Stan und Ollie sind die modernen Enkel von Sisyphos, dem mythologischen König von Korinth. Er mußte ein Felsstück einen steilen Gipfel hinaufwälzen, von dem dieser immer wieder herabrollte. Und genau dieselbe Vergeblichkeit schlummert im Handeln von Laurel & Hardy, die freilich mit stoischer Ruhe ihr Ziel nie aus den Augen verlieren und nichts unversucht lassen, ihr Werk zu vollenden.

In DIRTY WORK sind sie Schornsteinfeger. Ein Butler läßt die beiden herein, und sie beginnen damit, die wertvollen Möbel und Teppiche eines opulent ausgestatteten Wohnzimmers abzudecken. Wir sehen, sie sind guten Willens und sich durchaus darüber im klaren, daß es eventuell Dreck geben könnte. Während Ollie bereits

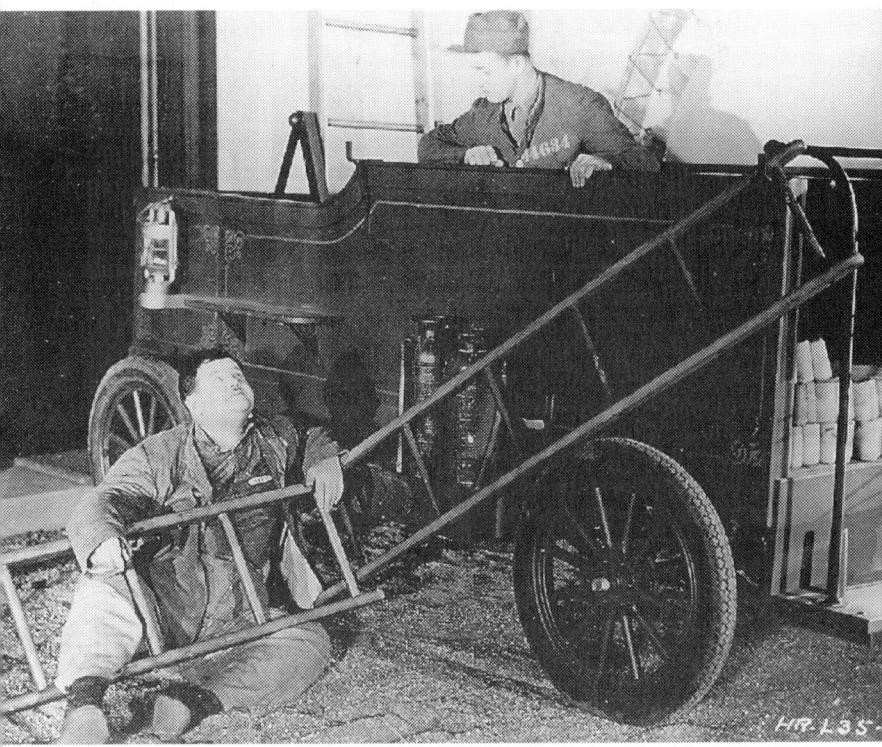

Die Enkel von Sisyphos: Laurel & Hardy in ›Pardon Us‹ (1931); diese Szene war nur in den fremdsprachigen Fassungen zu sehen

aufs Dach klettert, will Stan eine Plane vor den offenen Kamin hängen, um ja kein Körnchen Staub auf das elegante Mobiliar kommen zu lassen. Die Plane versucht er mit einer Uhr, die auf dem Kaminsims steht, festzuklemmen. Er verheddert sich in der Plane, die Uhr geht zu Bruch, das Unglück nimmt seinen Lauf.
Natürlich wird der Schornstein nie sauber, statt dessen versinkt das Wohnzimmer im wahrsten Sinne des Wortes in Schutt und Asche. Den mannigfaltigen Irrtümern, Versehen und Fehlern, die Stan und Ollie im Laufe dieses nur 20 Minuten langen Kurzfilms unterlaufen, haben die beiden ihre stoische Ruhe, ihr Pflichtgefühl und ihre Zähigkeit entgegenzusetzen. Wie Sisyphons kämen sie niemals auf die Idee, ein einmal in Angriff genommenes Vorhaben aufzugeben. Laurel & Hardy sind arbeitsam, dienstbeflissen, allzeit bereit. Ewig droht das Desaster, aber stets bleiben die beiden am Ball. Mit unerschütterlichem Widerstand stellen sie sich dem nicht aufzuhaltenden Untergang entgegen, bis es kein Entrinnen mehr gibt. THE FINISHING TOUCH handelt von ihrer Arbeit an einem Rohbau, der von ihnen in eine Ruine verwandelt wird. In A PERFECT DAY wollen die beiden mit der Familie zum Picknick aufbrechen, kommen jedoch nicht einmal bis zur nächsten Straße. BE BIG führt die Torturen vor, die Oliver Hardy zu erleiden hat, als er sich versehentlich in die Reitstiefel von Stan Laurel zwängt und sie nicht mehr ausziehen kann. Die Radioantenne, die sie in HOG WILD auf dem Dach anbringen wollen, wird niemals installiert, weil es zu zahlreichen, immer makabrer werdenden Zwischenfällen kommt.
Sisyphos bekam seine schwere Arbeit, die keine andere Perspektive als die Vergeblichkeit hatte, von den Göttern als Strafe auferlegt, weil er verschlagen gewesen war. Stan und Ollie dagegen übernehmen ihre sinnlosen Tätigkeiten freiwillig – oft sogar, um anderen damit einen Gefallen zu tun. Denn das Perfide geht ihnen völlig ab, sie sind freundlich und darauf bedacht, es sich mit niemandem zu verderben. Um so erschütternder sind ihre Studien über das Scheitern. In HELPMATES erklärt sich Stan bereit, Ollie nach einer in Abwesenheit von dessen Frau gefeierten wilden Party beim Aufräumen des Hauses zu helfen. Wirklich ausgeführt wird dieses Vorhaben jedoch nie, weil beim Gläserspülen, Staubwischen, Saubermachen immer irgend etwas passiert. Am Ende steht die völlige Zerstörung von Ollies Kleidung, Heim und Ehe.
Ein Klavier soll in THE MUSIC BOX von den beiden in eine Wohnung gebracht werden, die am Ende einer scheinbar endlosen Treppe liegt. Immer wieder treten Stan und Ollie den beschwerlichen Weg an, plagen sich außer mit dem Gewicht des Sperrguts mit einer hilfsbedürftigen Krankenschwester, einem cholerischen Spa-

Die Hilfsbereitschaft geht in die Hose: ›Helpmates‹ (1932)

ziergänger und einem peniblen Polizisten herum. Immer wieder gehen sie ihre Aufgabe an, aber mit ebensolcher Regelmäßigkeit scheitern sie bereits im Detail. »*Hier haben wir den Sisyphos-Mythos in komischen Termini: eine kleine Hymne auf die Vergeblichkeit der Arbeit, die man ohne das geringste Zögern neben die besten Werke des Absurden Theaters stellen kann. Und diese Grundtöne der* Music Box *ziehen sich wie eine Leitmelodie durch das gesamte Schaffen von Laurel & Hardy. Ihre Filme handeln hauptsächlich von sinnlosem Bemühen und stoischem Widerstand gegen die Unerbittlichkeit des Desasters.*«[80]

Das Tun von Laurel & Hardy ist absurd. Es erfüllt keinen Sinn, weil es nie das erhoffte Ergebnis nach sich zieht, nie ans angestrebte Ziel führt, nie einen wie auch immer gearteten Nutzen zeitigt. Sie hinterfragen nichts, weil sie im Grunde genommen zufrieden und

Das Ende eines Klaviers: Billy Gilbert zerlegt selbiges in ›The Music Box‹ (1932)

glücklich sind, überhaupt eine Beschäftigung zu haben. Diese Beschäftigung gilt es ordnungsgemäß zu erledigen. Aus diesem Bewußtsein schöpfen sie Kraft und Ausdauer, um es vor der endgültigen Kapitulation vor der Tücke des Objekts oder den Widrigkeiten des Schicksals immer wieder von Neuem zu versuchen. So wie Wladimir und Estragon, die beiden deutlich von Laurel & Hardy beeinflußten Beckett-Figuren, ewig auf Godot warten, ohne sich über den Sinn dieses Tuns im Klaren zu sein, so sind auch die Aktionen von Laurel & Hardy reiner Selbstzweck.

Vielleicht ist dies mit ein Grund dafür, daß Stan und Ollie gerade jetzt wieder so populär sind. Denn wir leben in einer Zeit, in der es nur noch selten zu einer Identifikation mit der Arbeit kommt, in der es zwischen Job und Hobby keine Kongruenz mehr gibt, in der selbst die Freizeit-Aktivitäten von Mode und Gruppendruck

bestimmt sind. Vieles von dem, was der moderne Mensch der westlichen Wohlstandsgesellschaft tut, erledigt er ohne inneren Antrieb, ohne Reflexion über Sinn und Zweck seiner Handlung. Unser Alltag läuft nach bestimmten Schemata ab, so wie auch Sisyphos nur das tat, was ihm auferlegt wurde.
Was bleibt, ist Frustration, die schon nach kurzer Zeit in wildeste Destruktion umschlägt. In BIG BUSINESS sehen wir die beiden als »Handlungsreisende«, die mit Christbäumen hausieren. Ihr klappriges Auto mit einer Handvoll Fichten und Tannen beladen, steuern sie ein ruhiges Wohngebiet an. Sie klingeln an einer Tür, ein Mann mit Pfeife und Zeitung öffnet. Es ist James Finlayson, der keinen Weihnachtsbaum haben möchte. Er macht denn auch weiter nicht viel Federlesens und knallt ihnen die Tür einfach vor der Nase zu. Dabei wird die Spitze des Musterbäumchens eingeklemmt. Also läuten Stan und Ollie wieder, der Mann öffnet wie-

Das Ende eines Autos: James Finlayson zerlegt selbiges in ›Big Business‹ (1929)

der, schlägt die Tür sofort wieder zu und klemmt die Baumspitze wieder ein. Noch einmal wird geschellt, diesmal kann der Baum zwar gerettet werden, aber dafür ist ein Zipfel von Laurels Mantel in der Tür eingeklemmt. Der kaufunwillige Kunde hat jetzt endgültig die Nase voll. Als die beiden zwangsläufig wieder läuten, zwackt er mit einer großen Heckenschere den Christbaum in drei Teile. Der Krieg ist da.

Die nun folgende Auseinandersetzung – die erschütterndste und zugleich erheiterndste Darstellung sinnloser Zerstörung in der Geschichte des Kinos – beginnt gemächlich, ja fast intim. Um sich für den zerstörten Weihnachtsbaum zu rächen, läuten Stan und Ollie noch einmal, halten aber nun einen spritzenden Wasserschlauch auf die Tür. Diese ruchlose Tat will auch der Hausbesitzer nicht ungesühnt lassen, und wutentbrannt stürzt er auf den Lieferwagen der beiden Hausierer. Er reißt einen Scheinwerfer ab, wirft ihn mit voller Wucht in die Windschutzscheibe und nimmt nach getanem Werk die triumphierend-lauernde Stellung eines apportierenden Jagdhundes ein.

BIG BUSINESS ist die zeitgenössische Umsetzung des biblischen Prinzips »Wie du mir, so ich dir«. Noch während sich der Hausbesitzer mit dem Duktus des Siegers am Anblick der zertrümmerten Windschutzscheibe weidet, setzen Laurel & Hardy zum Gegenschlag an: Ein kleines, offenbar erst vor wenigen Tagen gepflanztes Obstbäumchen im Vorgarten des Kunden wird samt Wurzeln aus dem Boden gerissen und zertrampelt. Die beiden bearbeiten mit der Axt sein schmuckes Reihenhaus, während der Mann sich wie von Sinnen am Auto zu schaffen macht. Türen werden herausgerissen, Lampen zerschlagen, Fenster zertrümmert, schließlich geht es an die Inneneinrichtung. Ein Klavier – merkwürdigerweise in zahlreichen Laurel-&-Hardy-Filmen ein klassisches Objekt von Haß und Gewalt – muß dran glauben. Ollie wirft Vasen aus dem Fenster, die von Stan zielsicher mit einer Schaufel gleich Tontauben in der Luft zerschlagen werden. Derweil zündet der Kontrahent den bereits vorher herausgerissenen Tank des Lieferwagens an, der daraufhin in die Luft fliegt. Als am Ende ein Polizist, der die Kampfhandlungen die ganze Zeit ruhig beobachtet und zu Papier gebracht hat, endlich einschreitet, sind sowohl vom Wohnhaus als auch vom Lieferwagen nur noch ein paar rauchende Trümmer übrig. Erst jetzt, da das Zerstörungswerk vollendet ist, können sich Laurel & Hardy und ihr cholerischer Kombattant unter Tränen versöhnen.

Die Zerstörung ist hier reiner Selbstzweck. Es geht längst nicht mehr um den Christbaum, der in der Tür eingeklemmt war. Im

Vordergrund steht einzig und allein der Gedanke, dem Gegner möglichst effizient Schaden zuzufügen. Die Gegenstände ihres Destruktionstriebes sind von trivialster Alltäglichkeit, stellen mithin ausschließlich den Besitz von Durchschnittsmenschen dar. Dem wohnt ein durch und durch anarchistisches Potential inne, denn dies ist quasi ein Kommentar zum Wertewandel unserer Zeit. Nicht mehr menschliche Qualitäten zählen, sondern Wohlstand und technische Ausstattung. Immer wieder richten sich die Aggressionen gegen das Auto, die zentrale Errungenschaft des urbanen 20. Jahrhunderts, dessen Gepflogenheiten und Riten den beiden soviel Mühe machen. *»Es liegt auf der Hand: Laurel & Hardy kommentieren, zeitlos, wie man so sagt (...), Prozesse sozialen, kulturellen und technologischen Übergangs. Die beiden leben zugleich das Alte im Neuen und das Neue im Alten; sie haben das neue Tempo, die neue Wahrnehmung, das neue Gerät, aber sie wissen nicht damit umzugehen. Sie haben kein Ziel, außer in all dem Trubel zur Ruhe zu kommen, und gerade das ist nicht zu erreichen.«*[81]
Um den Sieg vollends auskosten zu können, ist es wichtig, daß der Kontrahent bei der Zerstörung seines Besitzes zusieht. Der unwillige Kunde vergewissert sich genauestens, daß er von Laurel & Hardy beobachtet wird, ehe er die Tür ihres Wagens herausreißt. Außerdem prüft er ihre Funktionsfähigkeit, denn warum sollte er eine ohnehin bereits defekte Tür zerstören wollen? In TIT FOR TAT, wo die beiden als Inhaber eines Elektrogeschäfts gegen den benachbarten Lebensmittelhändler vorgehen, wird dieses Auskosten der Schmerzzufügung noch expliziter formuliert. Kaum ist der Streit entbrannt, macht man sich in die Ladenräume des anderen auf, um sich dem Zerstörungswerk zu widmen. Der andere läuft jeweils nach und sieht den ablaufenden Destruktionen entsetzt, aber ohne einzugreifen zu. Immer dann, wenn Laurel & Hardy im Lebensmittelgeschäft etwas beschädigt haben, verlassen sie mit triumphierend zurückgeschobenen Hüten den Laden; am Ausgang drehen sie sich noch einmal um, greifen ungeniert in ein großes Glas mit Kaubonbons und stecken sich, dem Gegner zugewandt, die Süßigkeiten mit der Attitüde eines Schlachtensiegers in den Mund. Der Konkurrent erkennt natürlich die zusätzliche Demütigung, die dieser Geste innewohnt, und wird nur noch rasender.
TIT FOR TAT ist BIG BUSINESS in seiner Konzeption sehr ähnlich. Hier wie dort stehen Laurel & Hardy auf der einen, ein besonders unsympathischer Zeitgenosse auf der anderen Seite. Der Schlagabtausch verläuft in beiden Filmen quasi genau nach Plan. Immer darf der eine Kombattant sein Zerstörungswerk zu Ende bringen,

während der andere mit stoischer Gelassenheit zusieht. Zwar ist seine innere Pein zu erkennen, die er empfindet, wenn seine Habe der Vernichtung anheimfällt. Doch wie in einer Choreographie der Destruktion greift er niemals ein. Das Zusehen-Müssen ist ein Bestandteil aller Feldzüge von Laurel & Hardy, denen außerdem das Merkmal eines sich ständig ausweitenden Konflikts gemein ist. Immer beginnt es harmlos und mit kleinen Schäden; der Christbaum wird zerschnitten, der Aggressor bekommt dafür Wasser ins Gesicht. Der nächste Schritt ist dann etwas schärfer, schließlich fliegen Ziegelsteine, und das Auto explodiert. Physische Gewalt interessiert dabei nur am Rande, es geht vor allem darum, die Habe des Gegners zu vernichten.

Die Destruktion eskaliert, sie greift immer weiter um sich und wird in ihrer Sinnlosigkeit zu einem immer mächtigeren Mahlstrom des Wahnsinns. In HOLLYWOOD PARTY – einem der wenigen Filme, in dem sich der geballte Zorn von Laurel & Hardy gegen eine schöne Frau richtet – beginnt alles mit einem an sich harmlosen Mißverständnis um den besten Platz an der Bar, in THEM THAR HILLS kommt man sich beim Camping in die Quere, die wilde Schlammschlacht in SHOULD MARRIED MEN GO HOME wird von der Frage ausgelöst, wie die Golfregeln auszulegen seien. Anlaß des Schlagabtauschs ist stets eine Bagatelle, etwa die Eifersucht des Konkurrenten in TIT FOR TAT, als seine Frau in Hardy einen alten Bekannten wiedererkennt. Die ersten, noch zurückhaltenden Kampfhandlungen sollen lediglich dazu dienen, eventuell drohende Konflikte zu ersticken. Deshalb bietet Ollie dem (grundlos) eifersüchtigen Lebensmittelhändler zunächst Freundschaft und Zusammenarbeit an. Diese gute Absicht wird jedoch durch einen stärkeren, jetzt bereits schmerzvollen Gegenschlag zunichte gemacht: Hardys Hut, der zu ihm gehört wie Ponyfrisur und Bärtchen, landet im elektrischen Brotschneider. Die Annahme der Kriegserklärung ist eine Ladung Kartoffelsalat, die der Hut-Schänder ins Gesicht kriegt. Von nun an gibt es keine Gnade mehr, die systematisch betriebene Zerstörung nimmt ihren unheilvollen Lauf.

Neben Laurel & Hardy neigen vor allem die Marx-Brothers zu einer fanatischen Zerstörungswut, denn auch sie sind nicht bereit, die Normen der Gesellschaft zu akzeptieren. Im Unterschied zu den Gebrüdern Marx sind Laurel & Hardy eher anbiedernd, wollen nur zu gerne so sein wie alle anderen. Da sie mit dieser aus den Fugen geratenen Welt jedoch nicht zurechtkommen, bleibt ihnen nur die absolute Destruktion. *»Damit das aber geschehen kann, muß erst einmal Tabula rasa gemacht werden. Alles, was die Har-*

Zwei Matrosen und ihre Mädels lösen einen monumentalen Tumult aus: ›Two Tars‹ (1928)

monie stört, muß radikal abgeräumt werden in einem Akt der Befreiung, der erleichtert und erheitert.«[82]

So gesehen, ist der ausgeprägte Destruktionstrieb von Laurel & Hardy nichts anderes als die logische Konsequenz ihrer Bestrebungen, sich eine eigene Nische innerhalb der bürgerlichen Gesellschaft zu schaffen. Sobald dies aufgrund ihrer Tölpelhaftigkeit nicht gelingt, bleibt nur die Zerstörung. Auf ihrer Suche nach dem Glück bleibt ihnen nichts anderes übrig, als alles auszumerzen, was sich diesem Vorhaben in den Weg stellt. So entzündet sich in Two Tars eine veritable Massenschlacht lediglich an den völlig normalen zwischenmenschlichen Spannungen, die ein Verkehrsstau zwangsläufig mit sich bringt.

Stan und Ollie sind hier zwei Matrosen auf Landurlaub, die ein Auto gemietet und sich außerdem zwei nette Mädchen angelacht haben. Zu viert ist man nun unterwegs zu einem beschaulichen Wochenend-Ausflug, als die fröhliche Fahrt in einem langen Stau jäh endet. An die hundert Personen- und Lastwagen warten bereits vor einer Baustelle. Durch Ollies altkluges Auftreten geraten die ohnehin schon ausgesprochen gereizten Verkehrsteilnehmer vollends aus dem Häuschen, so daß es bald zu Handgreiflichkeiten kommt. Aus nichtigen Anlässen erwächst ein monumentaler Tumult, bei dem es ausschließlich darum geht, Autos zu beschädigen oder ganz zu zerstören. Reifen werden plattgestochen, Scheiben eingeschlagen, Kotflügel abgerissen, Lampen zertreten, mühsam festgebundene Gepäckstücke vom Dach geschlagen, Kühlerhauben fliegen durch die Luft, Öl spritzt in geduldig leidende Gesichter, ein Motorrad wird unter einem Lastwagen zerquetscht, Lehmklumpen landen klatschend auf den Köpfen kämpfender Autofahrer.

Der weitere Schlagabtausch von TWO TARS ist bestimmt von der gemächlichen, jedoch aberwitzig konsequent voranschreitenden Eskalation. Die Darstellung, der sich beständig potenzierenden Destruktion gelingt in Filmen wie BIG BUSINESS oder TIT FOR TAT besser, weil dort Laurel & Hardy jeweils nur einem oder zwei Gegnern gegenüber stehen. Die sich ausweitenden Aggressionen werden um so unsinniger, je überschaubarer die Zahl der Kombattanten ist. Andererseits wird in Filmen wie TWO TARS, YOU'RE DARN TOOTIN' oder THE BATTLE OF THE CENTURY das Phänomen der Kettenreaktion sehr anschaulich thematisiert. Gerade THE BATTLE OF THE CENTURY ist ein Musterbeispiel für das »personalintensive« Chaos, das Stan und Ollie selbst bei alltäglichsten Vorgängen auszulösen in der Lage sind.

Ollie ist hier der Manager des erfolglosen Boxers Stan, für den er gerade eine hohe Versicherung abgeschlossen hat. Um das Geld möglichst umgehend kassieren zu können, läßt er in der Nähe seines Schützlings mehrfach eine Bananenschale fallen in der Hoffnung, er möge sich die Knochen brechen. Aber nicht Stan, sondern ein Bäcker mit einem Tablett voller Sahnetorten kommt auf der Bananenschale zu Fall. Rasch versuchen Laurel & Hardy, einander die Schuld an dem Zwischenfall in die Schuhe zu schieben, da hat Ollie auch schon eine Torte im Gesicht – Strafaktion des Bäckers, der ihn längst als Schuldigen ausgemacht hat. Das will wiederum Stan nicht hinnehmen, der seinen Freund und Manager sofort rächt und nun dem Bäcker seinerseits die Sahne nachwirft. Ein zufällig des Weges kommender Passant, der sich als neutraler Schlichter aufspielen will, wird mit diesem probaten Mittel ebenfalls zum Schweigen gebracht. Es dauert nicht lange, und ein ganzer Straßenzug ist an der »Schlacht des Jahrhunderts« beteiligt. Den Nachschub holt man sich jeweils aus dem Lieferwagen des Bäckers, mit dem alles begonnen hat. Seinen Ruhm verdankt dieser Film vor allem einer Lobeshymne, die der Schriftsteller Henry Miller verfaßt hat: »*Nach Tausenden von Slapstick-Filmen, nach Mack Sennetts Tortenschlachten, nachdem Charlie Chaplin seinen Vorrat an Gags ausgeschöpft hatte, nach Fatty Arbuckle, Harold Lloyd, Harry Langdon, Buster Keaton – jeder mit seiner speziellen Art, Unfug zu treiben – kam das Chef d'Oeuvre des Slapsticks und aller Tortenschlacht-Orgien. Das ist meiner Meinung der großartigste komische Film, der je gemacht wurde – weil er die Tortenschlacht zu ihrer Apotheose führte. Er ist das Ultimative der Burleske.*«[83]

Die Kettenreaktion treibt selbst völlig Unbeteiligte in einen Taumel der Hysterie. Auch dies ist ein Hinweis auf die subtile Zivilisationskritik in den Filmen von Laurel & Hardy. Denn wenn die Menschen ähnlich individualistisch ausgerichtet wären wie Stan und Ollie (die dies freilich keineswegs für eine Tugend halten), würde es zu derartigen Massenschlägereien gar nicht erst kommen. Bezeichnenderweise ordnen sich im Universum von Laurel & Hardy allerdings auch die »seriösen« und »vernünftigen« Zeitgenossen den Spielregeln ihres Komik-Rhythmus unter. Das geduldige Ertragen von Pein und Demütigung ist allen Kämpfenden auf den Schlachtfeldern ihrer Filme zu eigen.

Lange Leitung

Was immer Laurel & Hardy angetan wird, sie halten still, bis der Gegner seine Marter beendet hat. Körperlicher Schmerz wird stoisch ertragen, die Zerstörung des Besitzes geduldig abgewartet. Fast läßt sich bei der Beobachtung der feindlichen Destruktion so etwas wie eine masochistische Neugier erkennen, als wolle man den physischen oder psychischen Schmerz bis zum Ende auskosten und zusehen, wie weit der Gegner noch gehen wird. »*Man wehrt sich nicht gegen die Attacken des Feindes, sondern läßt sie melancholisch, ja geradezu nachdenklich über sich ergehen. Und brütet dabei in aller Gelassenheit den Gegenschlag aus. (. . .) Keiner interessiert sich dabei noch für das eigene Eigentum – das Glück der Zerstörung ist weit mächtiger als die Furcht um den Besitz. Der Kampf: ein strenges Ritual und ein Taumel der Vernichtung.*«[84]

Dies ist der Slow Burn, jenes Verhalten, auf eine Aggression nicht sofort zu reagieren und erst nach Abschätzung des entstandenen Schadens zur Vergeltung zu schreiten. Der Slow Burn bedingt das gemächliche Tempo der Auseinandersetzungen von Laurel & Hardy und ist zugleich seine Konsequenz. Er ist gleichbedeutend mit jenem langen Moment der totalen Fassungslosigkeit, in dem die gequälte Kreatur verzweifelt versucht, den soeben erlittenen Schlag zu verdauen. Dem Slow Burn wohnt beides inne: die Erkenntnis, das ganze Leid der Menschheit zu tragen, und die gleichzeitige Bereitschaft, es mit den Widrigkeiten des Schicksals aufzunehmen. Insofern ist dieser Kunstgriff – obwohl fast alle Slapstick-Komiker und viele spätere Spaßmacher ihn aufgegriffen haben – für Stan und Ollie das adäquate Vehikel für ihre Komik der verzögerten Reaktionen. Besonders Oliver Hardy beherrschte den Slow Burn meisterlich, war er doch die ideale Ausdrucksmöglichkeit für seine gequälte Geduld angesichts der permanenten Fehlleistungen Laurels. Ollies stummer Leidensblick in die Kamera ist die Weiterentwicklung des Slow Burn, denn im Umgang mit seinem Partner erwartet er überhaupt keine Erlösung, sondern fügt sich duldsam in sein hartes Los. *»Slow Burn – das ist eine bestimmte Haltung stoischer Geduld, während der sich auf eine bestimmte Person eine Widrigkeit nach der anderen häuft. (...) Der Slow Burn hat zwei Exponenten nötig: das Opfer und den Peiniger. Laurel & Hardy sind abwechselnd beides. Sie erleiden den Slow Burn von anderen und praktizieren ihn an anderen. Im ersten Fall kennzeichnet sie ihre stoische Reaktion, im zweiten Fall ihre stoische Aggression. Gelegentlich vermischen sich diese Fronten. (...) Den Slow Burn haben Laurel & Hardy von anderen Komikern übernommen, auf ihre spezifischen Persönlichkeiten zugeschnitten und ihn erstmals konsequent entwickelt.«*[85]

Doch der Slow Burn, der in den Roach-Studios als Kontrapunkt zum rasanten Tempo etwa der Komödien Mack Sennetts entwickelt wurde, bezieht sich nicht nur auf die Reaktion nach Gewaltausbrüchen. Er meint auch eine einfach zu spät reifende Einsicht in tatsächliche Gegebenheiten. In SONS OF THE DESERT nascht Laurel aus einer Schale mit Äpfeln, wann immer er die Wohnung der Hardys betritt. Daß es sich um Imitationen aus Wachs handelt, bemerkt er erst, nachdem ihn Hardys Frau angefahren hat, er solle gefälligst ihre Zierfrüchte stehen lassen. In WAY OUT WEST fordert ihn Hardy auf, die Hand auszustrecken, auf daß er ihm zur Strafe für einen begangenen Fehler mit einem dicken Seil eine kleine Abreibung verpassen kann. Laurel ziert sich in Erwartung des heftigen Schmerzes, streckt die Hand dann schließlich in stoischer Schicksalsergebenheit doch aus. Obwohl ihm Hardy das Seil auf den Kopf schlägt, lindert Laurel durch Blasen und Schütteln imaginäre Schmerzen an der Hand.

»Solche Komik der Verzögerung treiben die beiden bis zum Äußersten. Wenn Ollie (in WAY OUT WEST, *Anm.) ins Wasser fällt und Stan weiterzieht, anhält, sich langsam umdreht, sucht und Ollie end-*

lich schläfrig zu Hilfe kommt; wenn Stan einen Schlag mit dem Holzhammer auf den Kopf versetzt bekommt, aber erst einmal seine Arie zu Ende singt, bevor er umfällt, dann ist das immer nach dem gleichen Prinzip gebaut: Auf eine Aktion folgt eine unendlich verspätete Reaktion, die, wenn sie endlich kommt, bereits absurd geworden ist. Am schönsten entwickelt sich diese Komik mit Zeitzündung in den Kämpfen, also bei Aktionen, die ihrer Natur nach durch Tempo gekennzeichnet sind.«[86]

Der eigentliche Meister des Slow Burn dagegen ist Oliver Hardy, der die absurdesten Sachverhalte als völlig selbstverständlich akzeptiert, in seinen jeweiligen Verrichtungen fortfährt und erst nach einigen Sekunden den wahren Gehalt des Gesehenen oder Gehörten erkennt. In ANY OLD PORT erfährt er von einem groben Klotz, er werde eine zarte Jungfrau ehelichen. Hardy nimmt diese Mitteilung beifällig zur Kenntnis. Erst nachdem der Groschen gefallen ist, wie unsinnig diese Verbindung ist, zuckt er überrascht

Kleine Abreibung mit großem Seil: ›Way Out West‹ (1937)

zusammen. Die treffendste Übersetzung für Slow Burn wäre daher »lange Leitung«. In FRA DIAVOLO geben sich die beiden völlig einer kleinen Lach-Orgie hin, bis Hardy plötzlich eines uniformierten Ordnungshüters ansichtig wird. Einen Moment lang lacht er noch weiter, dann dämmert ihm mit aller Härte die Tragweite dieses Umstandes. In ONE GOOD TURN erfährt er, während er in einem Bach die Wäsche besorgt, von dem aufgelöst hin- und herrennenden Laurel, daß ihr Zelt in hellen Flammen steht. Einen Augenblick lang widmet er sich unberührt dem Waschvorgang, dann erst erfaßt er die Situation. Beispiele für diese verspäteten Erkenntnisse gibt es in nahezu jedem Laurel-&-Hardy-Film, wobei der Slow Burn nicht nur von den beiden Freunden selbst angewandt wird, sondern auch von ihren Partnern.

Analog zum Slow Burn gebrauchen Laurel & Hardy in ihren Filmen den Double Take, die wutschnaubende Wahrnehmung eines unerfreulichen Ereignisses. Vor allem James Finlayson und Edgar Kennedy haben dieses Stilmittel aggressiver Komik kultiviert. So heißt es in einem Porträt Finlaysons: »*Erst dreht er den Kopf, um den Schauplatz zu überblicken, und dann rastet er plötzlich wie mechanisch ein, man merkt, er hat begriffen, und während er in jähem Zorn ein Auge zukneift, zieht er eine Augenbraue diabolisch hoch. Wegen dieser besonders ausgefeilten Spezialität gilt er innerhalb der Roach-Schule als ›Mr. Double Take‹.*«[87]

Der Double Take kann zwar in Verbindung mit einem Slow Burn, also erst mit einer gewissen Verspätung erfolgen, bezieht sich jedoch ausschließlich auf die Heftigkeit der Reaktion. Finlayson wirft den Kopf nach hinten, wenn er Zeuge von Vorgängen wird, die entweder zu seinen Ungunsten ablaufen oder ihm aber zu Oberwasser verhelfen. So ist er in CHICKENS COME HOME der Butler von Hardy und wird Zeuge der Wirrnisse um dessen frühere Geliebte. Mit lauerndem Double-Take-Blick belauscht er Ollies Beschwörungen am Telefon, um sich danach sein Schweigen teuer bezahlen zu lassen. In PACK UP YOUR TROUBLES wie in BONNIE SCOTLAND und THE FLYING DEUCES ist er jeweils militärischer Vorgesetzter von Laurel & Hardy; ihr ewiges Unvermögen, zackige Befehle umgehend umzusetzen, quittiert er gleichfalls mit seinem sprichwörtlichen Augenverdrehen.

Er verhält sich dabei ungleich cholerischer als Edgar Kennedy, der das ihm von Stan und Ollie zugefügte Leid mit stummer Duldermiene erträgt. Auch er beherrscht den Double Take ganz meisterhaft, wobei uns eine erschütterte Handbewegung quer über Gesicht und Glatze zu verstehen gibt, daß er die Tolpatschigkeiten seiner beiden Peiniger in ihrer gesamten Tragweite abzuschätzen vermag. Besonders wirkungsvoll ist diese Dulder-Attitüde in AIR RAID WARDENS, wo ihn Laurel & Hardy an der Vollendung eines umfangreichen Puzzlespiels hindern wollen. Sehr erheiternd ist der Double Take bei Edward Everett Horton, einem von Hollywoods profiliertesten Nebendarstellern und Charakterkomikern, und es ist schade, daß er im Laufe seiner fast fünfzigjährigen Karriere nie mit Laurel & Hardy zusammengearbeitet hat. Sein merkwürdiges Kopf- und Augenverdrehen beim Erhalt gewisser Nachrichten hätte mit der unbekümmerten Direktheit von Stan und Ollie sicherlich hervorragend korrespondiert.

Knirpse

Gerade das Unbekümmerte, Zwanglose, ja Naive macht in vielen Szenen den besonderen Reiz von Laurel & Hardy aus. Ihr allzu salopper Umgang mit gesellschaftlichen Konventionen, der freilich eher ihrem Unvermögen als einem durchdachten Vorgehen entspringt, macht sie zu Kindern. Ihre Verhaltensweisen alltäglichen Phänomenen und ihren Mitmenschen gegenüber sind häufig von einer entwaffnenden Naivität beherrscht, die die Grenzen zum Infantilismus weit hinter sich läßt. *»Die destruktiven und sadistischen Züge, die, wie die Psychoanalyse gezeigt hat, in engem Zusammenhang mit (...) unterdrückten kindlichen Entwicklungsstufen stehen, entziehen sich insofern der moralischen Verurteilung, als sie selber noch Ausdruck eines amoralischen, infantilen Zustands sind. Auf die Kindheit verweisen aber auch die Sisyphos-Arbeiten, wie sie in* THE FINISHING TOUCH *und vielen anderen Filmen dargestellt werden. Sie entsprechen eben jenem Lust/Unlust-Umschlag, den Kinder tagtäglich erleben, wenn ihnen ihre Bauwerke einstürzen, oder frühe Autonomie am Unvermögen, Schnürsenkel zu knüpfen, jämmerlich scheitert. (...) Daß ihre Komik darauf beruht, Kinder zu spielen, wird (...) zum Thema.«*[88]

So entspricht vieles, was Laurel & Hardy tun, kindlichen Verhaltensmustern. Unbewußt kämpfen sie gegen die langweiligen, da normierten und fixierten Regeln der Erwachsenenwelt mit all ihren Mißständen. Nur Kinder, deren Sexualität bestenfalls unter ödipalen Gesichtspunkten eine Rolle spielt, können sich Frauen ohne jeden erotischen Aspekt nähern. Nur Kinder tragen ihre Konflikte, die zudem oft auf lächerlichen Motiven beruhen, mit derart sado-masochistischer Leidenschaft aus. Nur Kinder leben destruktive Neigungen in solchem Maße aus. Nur Kinder können sich eine dermaßen lange Leitung leisten. Stan und Ollie, zwei Kindsköpfe in der Maske Erwachsener, machen mit den Kindern

*Chaotisch und anarchistisch, ängstlich und kleinlaut: Laurel & Hardy in
›The Live Ghost‹ (1934)*

gemeinsame Sache. Sie sind chaotisch und anarchistisch, etwa
wenn sie in ihre völlig enthemmten Kleinkriege gegen Gott und die
Welt ziehen. In Augenblicken des Zwiespalts und der Ungewißheit
sind sie ängstlich und kleinlaut, etwa angesichts der mysteriösen
Vorgänge an Bord eines Spukschiffes in THE LIVE GHOST oder bei

einem nächtlichen Friedhofbesuch in HABEAS CORPUS. Die Erkenntnis, sich im Umgang mit anderen den Mund verbrannt zu haben, versucht Laurel mit verlegenem Grinsen unter den Tisch zu kehren, während Hardy mit der Krawatte wedelt und um Verständnis für den begangenen Faux pas heischt. Kindisch sind schließlich auch die absurden Dialoge, die sich zwar durchaus aus dem Kontext ergeben, rein objektiv aber jeden Sinngehalts entbehren. So erklärt etwa Ollie in GOING BYE-BYE seiner Gesprächspartnerin am anderen Ende der Telefonleitung, er habe Milch im Ohr. In PARDON US gibt es ein nachgerade surrealistisches Zwiegespräch, als die beiden getrennt voneinander in Dunkelhaft gesperrt sind. Minutenlang fängt die Kamera lediglich die beiden spärlich erleuchteten Zellen ein, während wir Zeugen einer absurden Unterhaltung über das Essen werden.

»Ebenso wie Harpo Marx, Harry Langdon und Jerry Lewis in seinen frühen Filmen verkörpern Laurel & Hardy groß gewordene Kinder, die ihren infantilen Zustand in die Welt der Erwachsenen

Das Kind im Manne: ›Brats‹ (1930)

tragen und damit für sich und für andere Unheil anrichten. Die Mißgeschicke, die den beiden ununterbrochen passieren, entstehen aus dem von den Autoren bewußt gewollten Mißverstehen der Funktionsschemata, die jede Art von Beziehung global festsetzen. Laurel & Hardy sind die Bremsklötze in einer Welt, die das System ein für allemal für gegeben hinnimmt und zur Tagesordnung übergehen will. Wenn sie lacht, stolpert sie über die beiden, ohne es zu wissen.«[89]
Erst ihr Kindsein erklärt die vereinfachende Denkweise von Laurel & Hardy. Alles reduziert sich auf simple Kausalzusammenhänge, die Welt erleben sie in einer lapidaren Schwarzweiß-Szenerie, die nur Freunde und Feinde kennt. Da sie von den Tatsachen der realen Welt überfordert sind, reduzieren sie ihr Umfeld auf einige grundlegende Elemente, um mit diesen ihre Späße zu treiben. So wie es nur Freunde oder Gegner gibt, kann es auch nur eitel Sonnenschein oder absolute Katastrophen geben – und die Grenzen zwischen beiden Extremen sind fließend, die Stimmung kann jeden Moment umschlagen. So fallen die beiden in EARLY TO BED

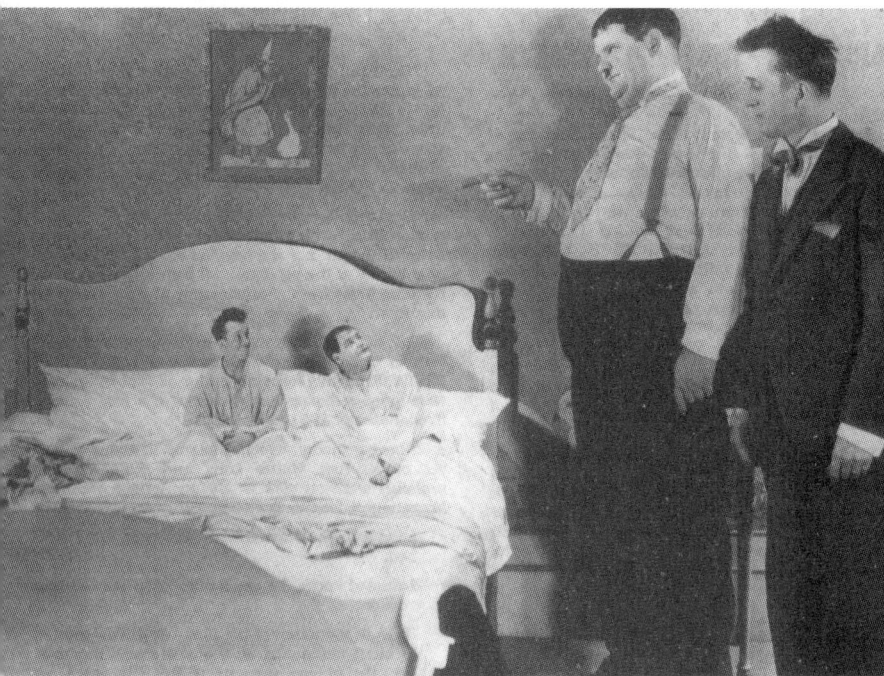

Zwei Kindsköpfe und ihre Kinder: ›Brats‹

bedenkenlos übereinander her, obwohl sie noch kurz zuvor die besten Freunde waren. In A PERFECT DAY ist man von einer Sekunde zur anderen mit einem Nachbarn zerstritten, der den Freunden bis dahin ausgesprochen freundlich begegnete. Daß ihre Umgebung mit diesen großgewordenen Kindsköpfen nicht zurechtkommt (und sie vor allem nicht mit ihrer Umgebung zurechtkommen), liegt schlicht und einfach in der Tatsache begründet, daß alle Personen um Laurel & Hardy das dem Paar eigene Stadium der Unschuld längst verlassen haben. Oder, unfreundlicher formuliert: Die beiden sind für diese Welt, die von komplexen Zusammenhängen und dem rücksichtslosen Kampf ums Überleben bestimmt ist, noch nicht reif genug.

»Laurel & Hardy bewegen sich wie zwei Kinder, die das Stadium der Unschuld noch nicht verlassen haben, in einer Umgebung, die dieses Stadium nie gekannt zu haben scheint. Sie sind so naiv und gutgläubig, aber auch so eigensinnig und bösartig wie Kinder. Sie gehen gleichsam nachtwandlerisch (...) durch eine Welt, deren Gesetzmäßigkeiten ihnen für immer verschlossen zu bleiben scheinen. Der Eintritt in diese Welt bleibt für Laurel & Hardy selbst völlig folgenlos, für die Welt jedoch bedeutet er die Katastrophe: Sie wird gemächlich, aber unaufhaltsam in ihre Bestandteile zerlegt, sie wird angesichts der unbegreiflichen, unerschütterlichen Naivität und Aggressivität der beiden demontiert.«[90]

Je mehr sich Stan und Ollie um eine Angleichung an die Gepflogenheiten und Erfordernisse ihrer Umwelt bemühen, desto notwendiger wird deren Reduzierung auf Laurel & Hardy'sche Erfordernisse. Wo es – wie in A CHUMP AT OXFORD – nur eine Stellung für ein Diener-Ehepaar gibt, dort schlüpft einer der beiden eben in Frauenkleider. Ist in DIRTY WORK kein Verlängerungsstück für den Kaminkehrbesen zur Hand, steckt Laurel das zu kurze Reinigungs-Werkzeug eben auf eine Flinte. Und da in WAY OUT WEST die Zündhölzer naß und unbrauchbar geworden sind, gibt er einfach mit seinem Daumen Feuer – Surrealismus als pragmatische Lösung in Zeiten der Not. Alles wird dem eigenen bescheidenen Horizont angepaßt, quasi auf ein identifikationsfähiges Maß zurechtgestutzt, und dabei kennt der Pragmatismus keine Grenzen: In CHICKENS COME HOME wird Laurel nach der Festnahme einer Erpresserin eine hohe Belohnung in Aussicht gestellt. Auf die Frage Hardys, was er denn nun mit dem vielen Geld anfangen wolle, erklärt Laurel lapidar: »Ich kaufe mir für 1000 Dollar Schokoladeneis.« Ein Fliegenschwarm droht in OUR WIFE die stattliche Hochzeitstorte zu verderben, worauf Laurel zu einem Giftspray greift und die Störenfriede zwar massakriert, dafür aber den

Kuchen in in einziges garstiges Fliegen-Massengrab verwandelt. In HELPMATES versucht er, vor der Rückkehr der Hardys ein gemütliches Kaminfeuer zu entfachen. Da die Holzscheite nicht gleich brennen wollen, behilft er sich mit einem Kanister Benzin – und das Heim der Hardys fliegt in die Luft.

Diese Art naiver Selbsthilfe findet in Oliver Hardy ihr ewiges Opfer. Andererseits trägt auch er eine Reihe infantiler Züge, deren Palette von altklugem Auftreten (»Auf so ein dumme Frage gebe ich gar keine Antwort«, kritisiert er in DIRTY WORK) über hilfloses Imponiergehabe (in SHOULD MARRIED MEN GO HOME versucht er Eindruck zu schinden, indem er den Gartenzaun mit einem flotten Hechter überspringen will) bis hin zu pseudo-reifen Eingeständnissen heldenhafter Schwäche (in der Schlußszene von HELPMATES meint er, mühsam um Fassung ringend: »Das reicht, um einen erwachsenen Mann in Tränen ausbrechen zu lassen.«). Hardys affektiertes Auftreten erinnert häufig an ein Kind, das einen Erwachsenen spielt. Innerhalb ihres Kindseins beachten Laurel & Hardy denn auch eine gewisse Rollenverteilung, so wie richtige Kinder bisweilen »Vater, Mutter und Kind« spielen: »*Stan ist das Kind, Ollie ist die Eltern. Aber Stans verklemmtes Mißgeschick ist regelmäßig destruktiver als Ollies chaotisches Wüten. Vielleicht ist es so, daß, wenn Kinder sich am ehesten mit Stan identifizieren und Ollie vergleichsweise für schreckenerregend halten, Eltern sich lieber mit Ollie identifizieren. Er ist ein überraschend geduldiges Opfer von Stans kindlicher Selbsthilfe.*«[91]

Ollie fühlt sich allerdings auch für Stan verantwortlich. Als der Vorsitzende der Loge in SONS OF THE DESERT in einer pathetischen Ansprache darauf hinweist, daß die Starken den Schwachen beistehen müssen, verrät uns ein jovial-selbstbewußter Blick, mit dem er Laurel von oben herab fixiert, daß Hardy sich ohne jeden Zweifel für einen der Starken hält. Bisweilen macht er auch von seinem Züchtigungsrecht Gebrauch, indem er dem Kleineren bei besonders gräßlichen Fehlern eine kleine Abreibung verpaßt. Manchmal schubst er ihn kräftig, manchmal setzt es tatsächlich eine Tracht Prügel, die sich Stan in der Regel gefallen läßt. Nachdem er Hardy in DIRTY WORK versehentlich Dreck in die Hose geschaufelt hat, lüpft er sogar freiwillig den Hut, damit ihm der andere mit der Schaufel eins überbraten kann. Laurels Aggressionen richten sich nur in seltenen Ausnahmefällen – etwa am Schluß von ONE GOOD TURN oder zu Beginn der Hosenschlacht in YOU'RE DARN TOOTIN' – gegen Hardy. Gewöhnlich ist er bereit, sich Ollie unterzuordnen. »*Das Anarchische, keine Herrschaft Duldende in der kindlichen Phantasie ist die eine Seite, die Autoritätsversessenheit die Kehrsei-*

te. Die beiden fürchten sich vor Hausvermietern, vor Arbeitgebern, vor ihren Ehefrauen, die eigentlich nur als Ersatzmütter fungieren und ihnen fast alles verbieten oder sie zusammenstauchen und nicht aus dem Haus lassen. Sie mucken heimlich, unter der Bettdecke und unter der Bank, gegen die Autorität auf. Und wenn gar kein Erziehungsberechtiger da ist, spielt Hardy ihn für Laurel, der sich dafür fürchterlich rächt. Zum Kindlichen, zum Unerzogenen gehört, daß man Rachgelüste noch keineswegs abgelegt hat. Hier gilt noch Auge um Auge, Torte um Torte, wobei es keinen hemmenden Unterschied macht, daß der, dem man eins auf die Nuß gibt, Männlein oder Weiblein ist.«[92]

Während Ollie selten zögert, die Ungeschicklichkeit Stans anderen gegenüber selbstgefällig zu denunzieren, und ihn darüber hinaus regelmäßig ausnutzt, sind dessen Solidarität und Treue unerschütterlich. Er ist bereit, mit ihm in die Fremdenlegion einzutreten (BEAU CHUMPS) und will sogar im Falle eines Selbstmords (THE FLYING DEUCES) mit ihm diesen Weg gehen. Wenn der Dicke mit der Aufkündigung ihrer Freundschaft droht, kann Stan nur noch in angstvolles Weinen verfallen. So droht ihm der andere in SONS OF THE DESERT, Frau Laurel über das heimliche Rauchen ihres Mannes in Kenntnis zu setzen. »Das würdest du wirklich tun?« fragt er und kann es nicht fassen, daß ein Freund zu einer derart ruchlosen Tat fähig wäre.

So unwahrscheinlich das Überleben zweier so ausgeprägter Kindsköpfe in einer kalten Welt ohne Mitleid zunächst erscheinen mag, so adäquat ist die Szenerie, wenn Laurel & Hardy ein Märchenland betreten. In Kostümfilmen, die aus historischen Kulissen oder putzigen Maskeraden einen ganz eigentümlichen Reiz beziehen, wirkt die Partnerschaft zwischen Stan und Ollie deshalb stets besonders überzeugend. Das unwirkliche Ambiente deutet auf eine Welt hin, in der es die beiden – wie wir anfänglich vermuten – besser haben könnten, in die sie schlichtweg besser passen. Doch in FRA DIAVOLO, einer Räuberpistole vor dem malerischen Hintergrund des 18. Jahrhunderts in Italien, entgehen sie gleich zweimal nur knapp ihrer Hinrichtung; in THE BOHEMIAN GIRL, der die romantische Geschichte eines Waisenkindes unter fahrenden Zigeunern erzählt, schleppen sie die Schergen eines hartherzigen Landesherrn auf die Folterbank.

Selbst in BABES IN TOYLAND kämpfen sie gegen einen Trupp »Schwarzer Männer«, obwohl sie hier eine Tätigkeit ausführen, die Kindern zukommt: In einem fantasievoll ausgestatteten Wunderland, in dem Märchenerzählerinnen in überdimensionalen Schuhen wohnen und die »Drei kleinen Schweinchen« aus den Disney-

Cartoons zum Leben erwachen, finden sie Arbeit in der Werkstatt eines Spielzeugmachers. Hier gibt der Weihnachtsmann, dem Stan und Ollie leibhaftig begegnen, seine Bestellungen auf, und auch ansonsten gebärden sich die beiden wie Kinder. So streiten sie sich um ihre Sparbüchse und widmen sich absurden Geschicklichkeitsspielen, ehe sie im Kampf gegen einen lüsternen Bösewicht über sich selbst hinauswachsen. Mit Einfallsreichtum und Wagemut können sie den Buhmann besiegen und erringen dadurch einen erwachsenen Reifegrad, ohne ihre kindliche Unschuld völlig preiszugeben.

Laurel & Hardy waren sich über diese Interpretationsmöglichkeiten ihres filmischen Oeuvres offenbar durchaus im klaren. Denn sie stellten in TWICE Two das feminine Element ihrer Leinwand-Charaktere in den Mittelpunkt, und auch den infantilen Untertönen der Filmfiguren Stan und Ollie widmeten sie ein komplettes Opus. In BRATS stellen sie – wiederum in Doppelrollen – ihre eigenen Kinder dar; die verkindlichende Retardierung ist damit abschließend und endgültig vollzogen. Der Film stellt folgerichtig ihre naiven Züge einer Reihe genuin kindlicher Eigenschaften gegenüber. Die Mütter sind offenbar ausgegangen, jedenfalls müssen Laurel & Hardy ihre Sprößlinge, die ihnen äußerlich wie charakterlich aufs Haar gleichen, einen Abend lang alleine hüten. Unheilschwanger hängen jedoch von Anfang an Konflikte in der Luft, denn nicht nur die lieben Kleinen necken sich spielerisch, auch die beiden Väter sind sich keineswegs so wohlgesonnen, wie sie ihren Söhnen weismachen wollen.

Während Klein-Ollie und Klein-Stan mit Bauklötzen hantieren, vertreiben sich die beiden Alten ihre Zeit am Spieltisch. Hardy verliert gegen Laurel haushoch beim Mühle-Spielen, obwohl er seine Strategie mehrfach intensiv überdenkt und bereits ausgeführte Züge wieder rückgängig macht. Derweil liefern sich auch die Kids mit ihren Holzklötzen ein kleines Scharmützel, ehe sie schließlich kurzerhand ins Bett gesteckt werden. Der Rest des Films schneidet ebenso geschickt wie erheiternd von Szenen mit den erwachsenen Laurel & Hardy auf Intermezzi mit den Kindern, wobei sowohl eine überzeugende Trickfotografie als auch überdimensionale Möbel zum Einsatz kommen. Unten in der guten Stube versuchen die Erwachsenen eine Partie Billard (die durch ein paar zu Bruch gehende Glasvitrinen ein frühzeitiges Ende findet), oben treiben die Kinder derweil lausbübischen Unfug. Klein-Ollie stürzt über einen nicht weggeräumten Rollschuh, Klein-Stanley verpaßt ihm mit dem Boxhandschuh einen gepfefferten Kinnhaken. Ollie, ganz der Papa, verpetzt Stanley bei den Vätern, die ob des Lärms

wutentbrannt nach oben stürmen. Natürlich halten sie ihren Sprößlingen eine Gardinenpredigt, aber heimlich verständigen sich der kleine und der große Ollie verstohlen mit dem typischen Hardy-Winken, während die beiden Laurels sich mittels des bekannten Grinsens ihrer gegenseitigen Sympathie versichern.
Die Darstellung sublimierter Infantilismen gelingt in BRATS deshalb so überzeugend, weil die kindlichen Charakteristika von Laurel & Hardy hier vollends und ohne jede Camouflage ausgespielt werden können. Natürlich sind Klein-Ollie und Klein-Stan genauso ungeschickt wie ihre Väter, nur eben mit dem Unterschied, daß wir ihnen ihre Fehlleistungen eher nachsehen. Sie machen sich im Badezimmer zu schaffen und vergessen natürlich, vor dem Zu-Bett Gehen das Wasser abzudrehen. Daß irgendwann eine Überschwemmung droht, ahnen wir bereits. Doch daß ausgerechnet Vater Hardy, autoritär den Kindern wie dem Freund gegenüber, die Flut heraufbeschwört, erscheint innerhalb der Erzählstruktur des Films überraschend. Die beiden Buben werden ins Bett gebracht, Hardy singt ihnen mit Erfolg ein Schlaflied. Doch kaum singt Laurel die zweite Stimme des süßlichen Wiegenlieds, da schrecken beide Kinder auch schon wieder auf. Sie beginnen zu quengeln, wollen einen Schluck Wasser trinken. Vater Laurel will im Badezimmer etwas zu Trinken holen, doch Vater Hardy hält ihn mit dem Hinweis zurück, er könne eventuell etwas verschütten. Also übernimmt Hardy diesen Gang und löst damit jene Überschwemmung aus, mit der BRATS endet. Übrigens verwandeln sich Laurel & Hardy als Gaststars in WILD POSES, einem Kurzfilm aus der Serie um die »Kleinen Strolche«, noch einmal in Kinder.
So versuchen Stan und Ollie mit ebenso entwaffnender wie enervierender Blauäugigkeit, sich bei allen Liebkind zu machen. Wer sich diesem Bestreben widersetzt, zieht natürlich ihren Zorn auf sich. Doch bei aller Brutalität geht ihnen jede berechnende Hinterlist völlig ab. Laurel & Hardy mögen in ihrem Destruktionstrieb von unbarmherziger Gewalttätigkeit sein, Fallensteller kriminellen Zuschnitts sind sie nicht. Alles Perfide, Arglistige und Gemeine ist ihnen fremd: *»Eins sind die beiden (...) nie: raffiniert. Das macht sie so ungemein sympathisch. Auch wenn das Barometer auf Sturm steht, behält ihr naiver Optimismus die Oberhand. Raffiniert sind immer nur die anderen, ist die Welt, gegen die sie sich mehr als einmal mit Erfolg behaupten. So haben alle ihre Versuche, auch mal gerissen zu sein, nur die Einsicht zur Folge, daß das nicht ihre Sache ist. Ertappen sie aber einmal andere beim bösen Spiel, wie etwa in* WAY OUT WEST, *wo ihnen der ewige Finlayson eine Besitzurkunde abluchst, dann stehen sie mit moralischer Entschlossenheit auf der*

Seite der Schwächeren. Gerade dieser unbeirrbare Glaube, daß es die Welt am Ende doch gut mit ihnen meint, macht sie so liebenswert. Ihr Humor kommt ohne Schwarzen Peter aus, ohne Zynismus und Gemeinheiten.«[93]
Dem unerschütterlichen Optimismus von Laurel & Hardy steht jedoch ein eher düsteres Weltbild entgegen, das ihre Filme im übrigen zeichnen. Der zitierte WAY OUT WEST gönnt den beiden nach der Rückeroberung der Urkunde ein Happy End, doch in den meisten anderen Filmen bleibt es ihnen versagt – und zwar auch, nachdem der Umstieg auf abendfüllende Langfilme einen versöhnlicheren Grundtenor notwendig gemacht hatte. In LEAVE'EM LAUGHING versinken die beiden nach vergeblichem Kampf gegen einen engstirnigen Polizisten samt ihrem Auto im Morast; in THE MUSIC BOX ergreifen sie vor einem unduldsamen Choleriker, auf den sie zuvor mit Engelszungen eingeredet haben, die Flucht; in BELOW ZERO verschwindet Laurel in einem riesigen Wasserbottich; in BUSY BODIES landen sie als Insassen eines Kleinwagens in einer riesigen Kreissäge, in BLOCKHEADS zeigt sie die Schlußeinstellung, wie sie auf der Flucht vor streitenden Hausparteien wieder einmal Fersengeld geben.

Slapstick-Kurzfilme – auch die von Laurels & Hardys zeitgenössischen Konkurrenten – enden fast immer mit einem Blackout, also einem relativ abrupten Abblenden aus einer noch laufenden Szene. Bei Stan und Ollie jedoch ist es besonders tragisch, wenn ihr alltägliches Martyrium ausgerechnet in Augenblicken höchster Not ausgeblendet wird. Da wir wissen, wie hilflos und zornig sich die beiden in Situationen verhalten, die sich mit ihrem Harmoniebedürfnis nicht decken, und wie verständnislos andererseits ihre Mitmenschen auf ihr Fehlverhalten reagieren, erscheint es uns bei aller Heiterkeit herzlos, Laurel & Hardy ausgerechnet dann verlassen zu müssen, wenn die Lage besonders verfahren, wenn nicht gar hoffnungslos ist. Aber was kann andererseits den beiden noch Schlimmeres widerfahren, nachdem ihnen ein brutaler Seemann in THE LIVE GHOST das Gesicht auf den Rücken gedreht hat? Der Schrecken ist zu Ende, verschärfter kann die Pein nicht mehr werden.

Wenn nicht einmal mehr die Flucht in die Kindheit Linderung von den Härten des Alltags bringen kann, bleibt eigentlich nur noch der Schritt ins Tierreich, um aller menschlichen Wirrsal zu entkommen. Es ist Ollie, der diese Ultima Ratio wählt. In DIRTY WORK taucht er aus einem obskuren Verjüngungsbad als Affe wieder auf, der dem angesichts dieser Schicksalsfügung in Tränen ausbrechenden Stan sein resigniertes »Dazu habe ich nichts zu sagen« entgegensetzt. Die letzte Sequenz von THE FLYING DEUCES, der einige philosophische Statements Hardys zum Thema Wiedergeburt vorangegangen sind, zeigt ihn schließlich in Gestalt eines Pferdes. Der Gaul trägt Ollies Bärtchen und seine Melone. Stan, dem nach dem Unfalltod seines Freundes nur ein Dasein als Vagabund geblieben ist, hört eines Tages die vertraute Stimme und entdeckt den reinkarnierten Ollie auf einer Pferdekoppel. Freudig schließt er den Klepper in die Arme, herzt und drückt ihn. Er ist glücklich, den so lange vermißten Freund wiedergetroffen zu haben – und sei er nur im Körper eines Pferdes. Der eine kann halt nicht sein ohne den anderen, und eine schönere Darstellung der innigen Herzensfreundschaft zwischen Stan und Ollie als in THE FLYING DEUCES ist in keinem anderen ihrer Filme zu finden.

Wir gehen zaubern

Die Fluchtbewegungen ins Tierreich – wenn man sie denn als solche interpretiert – sind natürlich eindeutige Surrealismen, wie sie in den Filmen von Laurel & Hardy vereinzelt immer wieder auftreten. Es liegt auf der Hand, daß zwei derart weltfremde Figuren mitunter ins Irrationale abdriften. Dies ist nicht nur an Laurels traumwandlerischer Wahrnehmung seiner Umwelt abzulesen, sondern auch in bizarren Schlußfolgerungen, Aktionen und Einfällen. So funktioniert Stan in THE FLYING DEUCES den Gitterrost eines Bettes in seiner Gefängniszelle versonnen zur Harfe um, Ollie zelebriert in HOG WILD einen lächerlichen Eiertanz auf der Suche nach jenem Hut, den er bereits seit geraumer Zeit auf dem Kopf trägt.

Der Surrealismus will die Darstellung oder Betrachtung »überwirklicher«, irrationaler, unbewußter Vorgänge. Das kann nicht das Ziel zweier Komiker sein, denen es ja gerade um das Abbild der wirklichen Welt mit all ihren Absonderlichkeiten geht. Aber surrealistische Exkurse sind andererseits ein ideales Vehikel, um die Absurditäten des Tatsächlichen ins rechte Licht zu rücken. Es ist beispielsweise ein durchaus alltägliches Ereignis, wenn in SWISS MISS der Haussegen eines temperamentvollen Musikerehepaares schief hängt. Der Mann, ein Komponist, verläßt deshalb das gemeinsame Hotelzimmer und zieht sich in eine kleine Hütte in den Schweizer Alpen zurück, um dort in Ruhe seine neue Operette fertigstellen zu können. So weit, so gut. Als Laurel & Hardy dann jedoch den Auftrag erhalten, ein Klavier in die Hütte zu transportieren, geht das Normale relativ abrupt ins Surreale über: Die beiden müssen das Klavier über eine wackelige Hängebrücke

Surrealismus in Seppelhosen: ›Swiss Miss‹ (1938)

manövrieren, wo sie urplötzlich von einem Gorilla attackiert werden.
Woher das Tier kommt und was es ausgerechnet in die Schweizer Alpen verschlagen hat, erfahren wir nicht. Es taucht aus dem Nichts auf, treibt mit Laurel & Hardy ein paar rüde Späße und stürzt schließlich in die Tiefe, als die Hängebrücke endgültig abreißt. In eine Szenerie, die ohnehin von Höhenangst bestimmt ist, platzt ein zusätzlicher irrealer Schrecken in Gestalt des Affen, der am Schluß des Films noch einmal auftaucht. Von dem Sturz in die Alpenschlucht völlig lädiert, wirft er mit einer Krücke nach Stan und Ollie, die wieder einmal angsterfüllt in der Ferne entschwinden. Swiss Miss wartet noch mit einer Reihe weiterer quasi-surrealistischer Versatzstücke auf, die sich zwar aus der Handlung durchaus erklären, uns im Grunde genommen aber ratlos

zurücklassen. Warum kommen die ausgerechnet in die Schweiz? Weil sie mit Mäusefallen handeln und es in einem Land, das für seinen Käse bekannt ist, auch Mäuse geben muß. Warum entströmen der Orgel plötzlich Seifenblasen? Weil Stan beim Aufwischen oberhalb des Musikinstruments einen Wassereimer verschüttet hat, dessen Inhalt in die Orgelpfeifen tropft.

»*Das ist die Dialektik der Aufklärung in der Version von Laurel & Hardy: Ollie liegt im Bett und will endlich schlafen. Also befiehlt er Stan, gefälligst das Licht zu löschen. Stan stapft zum Schalter, löscht das Licht und steigt ins Bett. Dann kommen ihm leise Zweifel. Er steht noch einmal auf, tastet sich zum Lichtschalter vor und entzündet ein Streichholz: ›Was machst du da?‹ fragt Ollie. ›Ich wollte nur noch einmal nachschauen, ob ich auch wirklich den Schalter gedrückt habe.‹ Das geht zu weit, meint da mancher, diese Szene ist einfach zu unwahrscheinlich. Adorno würde antworten: ›Die Ideologie verbirgt sich in der Wahrscheinlichkeitsrechnung.‹ Womit Stan und Ollie bereits hinreichend als Feinde der herrschenden Ordnung entlarvt wären.*«[94]

Anklänge an Dali und Buñuel: ›Wrong Again‹ (1929)

Eine kleine Anleihe bei einem der bekanntesten Werke des filmischen Surrealismus, dem Kurzfilm UN CHIEN ANDALOU (Ein andalusischer Hund) von Salvador Dali und Luis Buñuel, findet sich in WRONG AGAIN. Als Stallburschen belauschen Stan und Ollie zufällig ein Gespräch, daß »Blue Boy« verschwunden und auf die Wiederbeschaffung eine hohe Belohnung ausgesetzt sei. Mit der bauernschlauen Logik, die Hardy in solchen Momenten entwickelt, reimen sie sich zusammen, daß es sich eigentlich nur um das Rennpferd »Blue Boy« handeln kann, das sich just in ihrem Stall befindet. Sie machen sich also auf in die Villa des Millionärs, der »Blue Boy« vermißt. Er hat die Prämie freilich nicht für die Lieferung eines Pferdes versprochen, sondern auf die Wiederbeschaffung des Gemäldes »Der blaue Page« von Gainsborough. Der Aufforderung, »Blue Boy« auf den Flügel im Wohnzimmer zu stellen, kommen Laurel & Hardy trotzdem nach. Mit viel Mühe und Einfallsreichtum bugsieren sie den Gaul aufs Klavier – ein undeutbares surrealistisches Traumbild und zugleich ein Zitat des toten Esels im Klaver aus UN CHIEN ANDALOU.

Der Film ist das ideale Medium für die Wiedergabe surrealistischer Inhalte, da er unwirkliche, aus unergründlichen Träumen stammende Bildkompositionen und Ereignisse in ihrem Ablauf darstellen kann. Sie entziehen sich weitestgehend einer schlüssigen Deutung und sind nur frappierend, erschreckend oder aber – wie im Fall von Laurel & Hardy – komisch. Bemerkenswerterweise haben die wohldosierten Surrealismen bei ihnen stets einen alltäglichen Ursprung; die unwahrscheinlichen Ereignisse in A-HAUNTING WE WILL GO basieren dagegen auf ihrer Bekanntschaft mit einem Zauberer und gehören nicht in dieses Umfeld. In THE FINISHING TOUCH beobachtet Ollie, wie Stan ein langes Brett an ihm vorbei trägt. Stan verschwindet am Bildrand, das Brett hinter sich herziehend. Während der Dicke mit ungläubigem Staunen den Vorgang verfolgt, bewegt sich das Brett immer noch durchs Bild. Es ist endlos lang, und als wir endlich den Schluß der überlangen Holzbohle zu Gesicht bekommen, wird auch dieses Ende von Laurel getragen. Er hält offenbar gleichzeitig Anfang und Ende des überlangen Brettes in der Hand. Der Gag wird in GREAT GUNS noch einmal variiert, indem Stan das Ende des Brettes nicht trägt, sondern gedankenverloren daraufsitzt. Und weiter: Hardy verschluckt in THE FINISHING TOUCH kiloweise Nägel, weil er während der Arbeit keine Hand frei hat und sich immer ein paar Nägel auf Vorrat in den Mund steckt. Das Haus, dessen Rohbauarbeiten die beiden abschließen sollen, stürzt komplett ein, als sich ein winziges Vögelchen auf den Schornstein setzt.

Nicht bein-, sondern kopflos: ›Blockheads‹ (1938)

In BLOCKHEADS – der schon vor einer völlig abwegigen Idee ausgeht, indem er Laurel noch zwanzig Jahre nach Ende des Ersten Weltkriegs ahnungslos und pflichtbewußt im Schützengraben ausharren läßt – wird es noch irrationaler. Die langen Jahre in der kompletten Isolation des Schützengrabens haben Stan ein wenig wunderlich gemacht, wie Ollie peu à peu bemerkt, nachdem er ihn in die Zivilisation seines bis eben so gemütlichen Ehelebens zurückgeholt hat. Woher er denn gewußt habe, daß er überhaupt lebe, will Ollie von ihm wissen, als er den alten Kameraden im Veteranenheim abholt. »Ich habe mein Bild in der Zeitung gesehen«, erklärt Laurel nach kurzem Überlegen. Den Beweis der eigenen Existenz zieht er aus dem, was er über sich selbst in der Zeitung liest.

BLOCKHEADS variiert in erster Linie das Grundthema der Laurel-&-Hardy-Filme von der Hilflosigkeit in einer übermächtig technisierten Umwelt. Illustriert wird dies mit einer ganzen Reihe unwirklicher Versatzstücke von surrealem Zuschnitt. Da keine andere Sitzgelegenheit verfügbar ist, läßt sich Laurel in einem Rollstuhl für Beinamputierte nieder, wobei er das rechte Bein einfach unter sich schiebt. Als Hardy im Veteranenheim auftaucht, um ihn heimzuholen, glaubt er natürlich sofort, daß der Freund sein Bein im Krieg gelassen hat. Einen Augenblick erkennen wir in den um Fassung ringenden Zügen Hardys, daß ihn der Schmerz um die dem Kameraden widerfahrene Unbill zu übermannen droht. Aber er rappelt sich zusammen und versucht in einer Mischung aus Mitleid und Verlegenheit, im ersten Wortwechsel mit Laurel das Mißliche nicht anzusprechen. Die paar Schritte bis zu seinem Wagen will er Stan tragen. Der läßt sich das nur zu gerne gefallen. Daß er noch im Besitz seiner beiden Beine ist, bemerkt Ollie nur zufällig, als er ihn kurz absetzen muß. Es kommt zur ersten, von Hardy noch geduldig unterdrückten Disharmonie nach dem Wiedersehen. Daß sein Kumpan in den zwei Jahrzehnten seiner Abwesenheit kein Jota intelligenter geworden ist, dämmert Hardy langsam, aber todsicher, als dieser ungewollt eine komplette Wagenladung Sand über ihn und sein Auto kippt.

Eine surrealistische Odyssee durch das Treppenhaus von Hardys Mietskaserne schließt sich den Vorfällen im Veteranenheim an. Da der Lift defekt ist, müssen sich die beiden über sehr lange Treppen nach oben quälen. In einer Totalaufnahme des »aufgeschnittenen« Hauses sehen wir Stan und Ollie hinauf- und hinunterrennen, weil ein frecher Junge und sein unbequemer Vater sie mehrfach zwingen, einen Ball vom Parterre hochzuholen. Auch nachdem Laurel dem Vater in einem seltenen Anflug kämpferischen Selbstbewußtseins einen Kinnhaken verpaßt hat, geht das Treppensteigen weiter, da jetzt eine Schlägerei zwischen Hardy und einem unduldsamen Frackträger ansteht.

Für einige stille Momente absurd-surrealistischer Poesie sorgt Stan, indem er im Treppenhaus mit der Hand in die Welt der Schatten eindringt. *»Bis sie (...) die vielen Stockwerke hinaufgeklettert sind (...), vergeht eine lange Zeit. Solche Räume und Spielfelder zu füllen, darin offenbart sich die Kunst der beiden. In jedem Stockwerk des Hauses gibt es zum Beispiel auf einem Treppenabsatz den Schattenriß eines Fensters mit Rollo. Stan Laurel aber, der Narr mit dem stets staunenden, leicht ratlosen Blick, hat Magie in seinen Händen. Der Schatten seiner Finger nimmt die Schnur des Rollos und zieht es herunter. Wenn Ollie, der Pragmatiker, das gleiche versucht, geschieht zu seiner wachsenden Verbitterung überhaupt nichts. Irgendwann taucht dann eine Wand des Treppenhauses auf, auf der gar nichts zu sehen ist. Fast ein wenig erleichtert klopft Ollie auf die*

Wand, und nur dies eine Mal geschieht etwas: das Rollo springt hoch. Was ist stärker, die Phantasie oder das Handeln? Dieser (...) Witz (...) charakterisiert die Poesie, den Flug der Gedanken und Phantasie in den Filmen von Stan Laurel und Oliver Hardy.«[95]
Ehe schließlich die Hardy'sche Wohnung in BLOCKHEADS einer Explosion des Gasherdes zum Opfer fällt, gibt Laurel noch eine Kostprobe surrealistisch-unwirklicher Behaglichkeit. Selbstzufrieden macht er es sich in einem Sessel gemütlich, und zur absoluten Bequemlichkeit fehlt ihm nur noch der beruhigende Genuß einer Tabakspfeife. Da er keine zur Hand hat, benutzt er eine Hand als Pfeife. Er macht eine Faust und spreizt den Daumen nach oben – fertig ist die Pfeife. Allerdings simuliert er das Rauchen nicht, sondern zündet sich den imaginären Tabak tatsächlich mit einem Streichholz an. Gleich Kindern, die sich alle Wünsche in ihrer Phantasie erfüllen, bedarf auch Laurel nicht der tatsächlichen Realisation seiner Bedürfnisse. Die Illusion genügt ihm, und sie ist so perfekt, daß auch die Zuschauenden von der Wirklichkeit seiner Substitute überzeugt sind.

Auch in WAY OUT WEST wartet Stan mit einer surrealistischen Fingerfertigkeit auf, die Ollie zunächst weder begreift noch nachahmen kann. Stan und Ollie sitzen am Lagerfeuer, ein gemütliches Pfeifchen schmauchend. Sie haben Ernsthafts zu bereden, deshalb merkt Laurel gar nicht, daß sich der Pfeifenkopf vom -stiel löst und er trotzdem Rauch inhalieren kann. Weil die Zündhölzer bei einem Marsch durch die Furt eines Flüßchens naß geworden sind, behilft er sich mit einem ganz speziellen Dreh. Wenn er den Daumen seiner rechten Hand hervorschnellen läßt wie den Verschluß eines Feuerzeugs, so lodert auf dem Finger eine stattliche Flamme. Der Gag wird im Laufe des Films virtuos durchgespielt. Für Stan ist es die normalste Sache der Welt, auf diese Weise Feuer zu geben. Ob beim Rauchen oder einem nächtlichen Überfall auf den Saloon, bei dem die Kerze versehentlich ausgeblasen wird, er schnippt mit dem Finger und hat sofort Feuer. Ähnlich wie bei dem Rollo-Gag in BLOCKHEADS, versucht Hardy verstohlen und hinter Laurels Rücken, den Trick nachzumachen. Es klappt natürlich nie, bis plötzlich während ihres nächtlichen Einstiegs in die Kneipe auch aus seinem Daumen Flammen züngeln. Hardy ist völlig perplex, glaubt im ersten Schrecken zu verbrennen und veranstaltet ein lautes Geschrei, das den schlafenden Saloonbesitzer auf den Plan ruft.

WAY OUT WEST ist ohnehin der zentrale Film, was den Hang Laurels & Hardys zu surrealistischen Intermezzi angeht. Laurel wettet, er werde Hardys Hut aufessen, wenn es ihnen nicht gelingt, dem betrügerischen Gaunerpärchen im Saloon die zu Unrecht erwor-

Das Daumen-Feuerzeug: ›Way Out West‹

bene Urkunde wieder abzunehmen. *»Als die Sache vorerst scheitert, weist Ollie seinen Freund auf die Wette hin. Stan ziert sich, hat Hemmungen, doch dann beißt er vorsichtig in die Hutkrempe hinein. Nach einigem Kauen scheint ihm der Hut zu schmecken, und er beißt weiter ab, holt Serviette und Salz. Daraufhin beißt der kluge Oliver in den Hut und verzieht sein Gesicht zu einer alles sagenden Grimasse.«*[96]

Schließlich tauchen auch noch einmal der Esel und das Klavier aus dem surrealistischen Klassiker UN CHIEN ANDALOU auf. Das Maultier, mit dem Stan und Ollie in den Wilden Westen gekommen sind, dient beim Einbruch im Saloon als Gegengewicht, als Ollie sich per Flaschenzug ins Obergeschoß ziehen läßt. Stan sitzt auf, setzt den Esel in Gang, und majestätisch schwebt Ollie gen Himmel. Aber er hat den Werkzeugbeutel vergessen, der natürlich noch um den

Hals des Esels baumelt. Also steigt Stan ab, um ihm den Beutel zu bringen. Doch als Stan absitzt, wird Ollie für den Esel allein zu schwer. Während Ollie nach unten saust und ein Loch in den Boden schlägt, transportiert der Flaschenzug den Esel hinauf ins Wohnzimmer des Saloons. Ein Esel am Flaschenzug – ein Anblick, der eines Salvador Dali würdig gewesen wäre. Später dann, als auch Stan und Ollie endlich im Innern des Saloons landen, müssen sie sich vor dem durch heftigen Lärm aufgeschreckten Besitzer verstecken. Sie suchen ausgerechnet in einem Konzertflügel Zuflucht, wo sie auf kleinstem Raum zwischen den Saiten eingepfercht sind. Ein letztes irrationales Element in diesem Film ist schließlich Hardys dehnbarer Hals. Eine Falltür fällt ihm auf den Kopf und zersplittert, so daß nur Ollies Haupt aus dem Boden herauslugt. Stans Versuche, ihn aus dieser mißlichen Lage zu befreien, sind von bizarrer Brutalität. Zunächst dreht er Ollies Hals, der plötzlich dehnbar wie Gummi ist, mehrmals um die eigene Achse, so daß er aussieht wie ein Korkenzieher, ehe er wieder in seine natürliche Position zurrt. Schließlich beginnt der Kleine, mit Leibeskräften an Ollies Kopf zu ziehen. In einer kurzen Einstellung, die einen Zeichentrickfilm entnommen sein könnte, dehnt sich der Gummihals meterlang und knallt mit aller Wucht zurück, als Stan erschöpft losläßt. In A CHUMP AT OXFORD ist er es, der sich über die Regeln der menschlichen Anatomie hinwegsetzt. In der Rolle des angesehenen Wissenschaftlers Lord Paddington, dessen Identität Stan vorübergehend annimmt, beginnt er in Momenten heftigen Zorns mit den Ohrmuscheln zu wackeln. Sobald er diese übernatürliche Fähigkeit – nach den Schatten-Rollos und dem feuergebenden Daumen ein weiteres surreales Talent – ausspielt, suchen seine Gegner angsterfüllt das Weite.
Das Spiel mit vertauschten Identitäten taucht mehrfach auf. Häufig schlüpft Stan in fremde Rollen, wobei die Motive dafür von der Flucht vor Gangstern (SUGAR DADDIES) über Maskeraden, um die Haut zu retten (ANOTHER FINE MESS), bis hin zur Bewahrung eines umfangreichen Erbes (THAT'S MY WIFE) reichen. Die Doppelrollen in BRATS und TWICE TWO zeugen natürlich auch von der Lust Laurels & Hardys, sich zu verkleiden. Am weitesten treiben sie den Identitätswechsel in OUR RELATIONS und THICKER THAN WATER. Letzterer ist eigentlich nur ein weiteres Trauerspiel aus der Hardy'schen Ehehölle, deren Torturen wieder einmal durch die bloße Anwesenheit Laurels gesteigert werden. Für Ollie setzt es Bisse in die Hand und Kopfschläge mit dem Frühstücksgeschirr. Bei einem Botendienst, den er zusammen mit Stan im Auftrag seiner Gattin erledigt, geraten die beiden in eine Versteigerung, wo sie nicht ganz

freiwillig eine alte Standuhr erwerben und dafür ihr gesamtes Sparkonto plündern müssen.
Die Uhr jedoch geht während des Transports in die eheliche Wohnung zu Bruch, so daß die ob des verlorenen Geldes erzürnte Frau Hardy ihren Mann mit einer schweren gußeisernen Bratpfanne traktiert. Dabei richtet sie den Armen derart zu, daß er ins Krankenhaus gebracht werden muß. Eine sofort notwendige Bluttransfusion, zu der Stan zwangsverpflichtet wird, führt schließlich zu einem teilweisen Identitäts-Austausch zwischen den beiden. Bei der Entlassung aus dem Hospital sehen wir Laurel mit Hardy'scher Ponyfrisur, Oberlippenbärtchen und dem knappen Jackett, wie er wütend schnaubt: »Da hast du mir ja mal wieder eine schöne Bescherung eingebrockt!« Auch Hardy hat einige altbekannte Manierismen seines Freunds übernommen. Er kratzt sich am steil nach oben stehenden Haarschopf und verfällt in Laurels typisches Weinen.
Dieser Schlußgag funktioniert logischerweise nur, wenn man die charakteristischen Eigenheiten von Laurel & Hardy kennt. THICKER THAN WATER spekuliert darauf, daß sein Publikum mit ihren Manierismen vertraut ist. Ganz ähnlich ist auch OUR RELATIONS konzipiert. Er schildert die lächerlichen Verwicklungen, die das Auftauchen von Stans und Ollies totgeglaubten Zwillingsbrüdern auslöst. Alf und Bert, die ihren Brüdern bis zu den charakteristischen Verhaltensweisen exakt gleichen, sind leichtfertiger als die zu spießig-bigotten Pantoffelhelden mutierten Stan und Ollie. Ihr unbeschwertes Treiben in der Stadt, in der auch die Doppelgänger leben, bringt diese in prekäre Situationen, zumal es um wertvollen Schmuck und eine größere Geldsumme geht.
Die Handlung von OUR RELATIONS ist reichlich verwirrend und wird auch nicht ganz logisch aufgelöst, dürfte indes die Schauspieler Laurel & Hardy, die hier wieder einmal Doppelrollen spielen, nicht sonderlich angestrengt haben. Denn natürlich besteht zwischen Stan und Alf einerseits sowie Ollie und Bert andererseits weitgehende Kongruenz, denn die beiden Matrosen leben in einer genauso strukturierten Symbiose wie die biederen Ehemänner.
»Der Effekt des Wiedererkennens solch durch alle Filme hindurch typischen Verhaltens wird bewußt in Rechnung gesetzt. Das Spiel mit der Identität wird in (...) OUR RELATIONS, (...) zur Triebfeder der Ereignisse und der Komik gemacht. (...) Hier vervielfachen sich die Möglichkeiten des Paar-Motivs noch, und in manchen Szenen treten die Doppelgänger, jeweils zwei Hardys und zwei Laurels, zur gleichen Zeit auf.«[97]
Es liegt auf der Hand, daß Alf in demselben Maße von Bert domi-

niert wird, wie es bei Stan und Ollie seit jeher der Fall ist. Als Stan und Ollie, die betulichen Bürger, zusammen mit ihren Ehefrauen in einem Biergarten aufkreuzen, werden sie sofort von zwei leichten Mädchen angehauen, die hier seit geraumer Zeit auf Alf und Bert warten. Natürlich ist es Ollie, der wortreich die Situation aufzuklären versucht, während Stan stumm zusieht. Als die beiden zähneknirschend die Rechnung der beiden Bardamen begleichen, händigt ihnen der Wirt einen Ring aus, den die Doppelgänger zuvor als Pfand hinterlegt hatten. Auf diesen Ring, der Alf und Bert von ihrem Kapitän übergeben wurde, sind bald auch ein paar Ganoven scharf. Um Stan und Ollie unter Druck zu setzen, werden die beiden gekidnappt und in riesige Schüsseln einzementiert. Auf diesen Sockeln befördert man die beiden auf die Kaimauer, wo Stan und Ollie wie zwei riesige Stehaufmännchen auf und ab rollen. Gerettet werden sie schließlich von ihren Zwillingsbrüdern. Und kaum hat man Wiedersehen gefeiert, als die beiden Hardys sich auch schon über die beiden Laurels mokieren.

Die Music-Box

Die Stehaufmännchen-Nummer am Kai zeugt von der rabiaten Robustheit, die der Komik von Laurel & Hardy stets innewohnt. Andererseits schwingt in all ihren Filmen trotz der Destruktion, der Gewalt und der Roheit, die ihr Verhältnis untereinander wie ihre Haltung gegenüber Dritten bestimmt, so etwas wie Poesie mit. In vielen flüchtigen Momentaufnahmen, kleinen Gesten und kurzen Zwischenspielen blitzt für einen Augenblick eine lyrische Note auf, die ihre Filme so unwiderstehlich und – bei aller Vehemenz der vorgeführten Aktionen – so liebenswert macht. Es ist ihre Eleganz, ihre beschwingte Leichtigkeit und ihre linkische Anmut, die selbst heftigsten Attacken noch einen Hauch von Unbeschwertheit verleiht.

»Stets hat (Hardy) die passende Pose parat. In Double Whoopee *zum Beispiel, wo er als künftiger Portier bei der Ankunft im Luxushotel versehentlich für einen Prinzen gehalten wird – wie er weit mit den Armen ausholt, um schwungvoll seinen Namen ins Empfangsregister zu setzen. Es ist viel Schönheit in dieser Bewegung, sozusagen Kinomagie pur.«*[98]

In fast all ihren Filmen haben Laurel & Hardy einen Moment der Besinnung, des Innehaltens und Ausruhens eingebaut, der zwischen den zahlreichen Schrecknissen und Erschütterungen wie eine kontrapunktive Oase wirkt. »Ich möchte allein sein«, erklärt Ollie in Helpmates mit der Abgeklärtheit eines Mannes, der alles

verloren hat, nachdem Stan seine gesamte Habe in die Luft gejagt hat. Der Hausrat ist ruiniert, das Eigenheim abgebrannt, seine Frau hat ihn verprügelt und verlassen: Nach all diesen ebenso frustrierenden wie zehrenden Zwischenfällen bleibt Ollie einsam auf einem rauchenden Schlachtfeld zurück. Es gibt nichts mehr zu sagen, sein mit vielerlei geduldig ertragenen Bürden beladenes Dasein gönnt ihm endlich einen Augenblick der Ruhe.
So sind Komiker zugleich auch Poeten. Ein wirklicher Poet, der walisische Dichter Dylan Thomas, lieferte zur Untermauerung dieser These eine hübsche Anekdote. Während einer Amerika-Reise nahm der berühmte Schriftsteller in New York an einer sehr hochgestochenen Diskussion über Filmkunst teil, bei der unter anderem einige experimentelle Werke der Avantgardefilmerin Maya Deren gezeigt wurden. *»Während sie über ihre Filme sprach,*

Zarte Liebe (zum Hund): ›Laughing Gravy‹

Ein warmherziges Lied bei klirrender Kälte: ›Below Zero‹ (1930)

konstatierte Miss Deren, das Dramatische in einem Film sei horizontal und das Poetische vertikal. Thomas hörte dieser und ähnlichen Ausführungen geduldig zu, rauchte Kette und war von dem, was er mitbekam, offensichtlich entnervt. Als er an der Reihe war, stand er auf und sagte, er verstehe nichts von der besonderen Beziehung zwischen Poesie und Film. ›Aber‹, sagte er, ›ich weiß, daß es so etwas wie Poesie im Film gibt. Ich kann dafür keine dezidierten Definitionen geben, aber ein Beispiel. Ich erinnere mich an eine Szene, in der Laurel seinen Freund Hardy die Treppe hinunterstößt.‹ Hier verfiel er in Lachen: ›Ich kann es nicht beschreiben, man muß es gesehen haben. Ich sage nur eines: Das war wahre Poesie in jeder Hinsicht.‹ (...) Daß die Filme von Laurel & Hardy einen unserer*

größten Poeten und ungezählte Kinder gleichermaßen reizen, ist eine Tatsache, die eine nähere Untersuchung rechtfertigen würde.«[99]
Dylan Thomas spielt auf die lyrische Grazie, die schier zerbrechliche Sensibilität an, die ihre Wirkung letztlich ausmacht. Die eigentliche Poesie liegt jedoch in kleinen, sozusagen nebenbei servierten Details. Die zur Harfe umfunktionierte Stahlmatratze in THE FLYING DEUCES; Laurels zarte Liebe zu einem kleinen Hündchen in LAUGHING GRAVY; Hardys liebevolles Spiel mit dem Waisenkind in PACK UP YOUR TROUBLES; die Tränen der Rührung, die Hardy bei dem Liedvortrag ihres Mündels in BOHEMIAN GIRL vergießt; die ehrlichen Versuche seines Freundes, ihn in SWISS MISS den Qualen unerhörter Liebe zu entreißen; ihr gefühlvoller Vortrag eines sentimentalen Kitschliedes in BELOW ZERO – all das sind Kabinettstückchen zurückhaltend-gemütvoller Komik, die im aktionsreicheren Umfeld ihrer Filme oft untergehen.

Doch in der Tat gehören diese seltenen Oasen der Ruhe zu den gelungensten Beweisen schauspielerischer Bandbreite, die uns Laurel & Hardy hinterlassen haben. Es sind Szenen, in denen sie aus einem Kosmos, der nur aus ehelicher Unterdrückung, unverhohlener Zerstörungssucht und dem bis zum Exzeß geführten Kampf ums Dasein zu bestehen scheint, hinüber schweben in einen siebten Himmel, der ihnen eine kurze Verschnaufpause gönnt. Auf ihrer vergeblichen Suche nach Glückseligkeit machen Stan und Ollie kurz Station auf Inseln der Stille; aber auch hier ist die Ruhe nur von kurzer Dauer. ATOLL K ist gleichsam eine Allegorie dieses Unvermögens, in eine bessere Welt zu entfliehen. Denn hier vererbt ihnen ein reicher Onkel tatsächlich eine eigene Insel, auf der Laurel & Hardy zur Ruhe zu kommen hoffen. Aber weder erreichen sie das Eiland allein, noch finden sie dort Beschaulichkeit und Entspannung vor.

Eine weitere Möglichkeit, aus kurzen Zwischenspielen erlösende Kraft und Gelassenheit zu schöpfen, bietet sich den beiden in Gesangs- und Tanznummern. Inmitten ungastlicher Szenerien lassen sie für einen kurzen Augenblick die böse Welt böse sein und geben sich versonnen einem Tänzchen hin. Nachdem in THE MUSIC BOX bereits ein Großteil der Wohnung, in die Stan und Ollie das schwere Klavier transportiert haben, ruiniert ist, verfallen die beiden während des Aufräumens immer mehr in einen Tanzschritt. In BONNIE SCOTLAND kehren sie den Kasernenhof; als in der Nähe die Regimentskapelle den Marsch »A Hundred Pipers« probiert, improvisieren sie dazu einen Tanz, dessen linkische Eleganz zu den zauberhaftesten Momenten des ganzen Films gehört. Sie wissen, daß ob ihrer Fehlleistungen zwar der Knast droht, lassen sich davon aber nicht beunruhigen. Schließlich tanzen sie sogar in die bereits offenstehende Zelle hinein – der komische Antagonismus von verknöchert-sturem Militarismus und ausgelassenem Frohsinn.

Eine ähnliche Szene findet sich auch in THE FLYING DEUCES. Diesmal sind sie gerade dabei, die Fremdenlegion fluchtartig zu verlassen, nachdem sie den Oberkommandierenden beleidigt haben. Der ist schon unterwegs, um sie exekutieren zu lassen. Aber Stan und Ollie bemerken, wie einige ihrer Kameraden im Kasernenhof Akkordeon spielen und singen. So stellen sie ihre bereits gepackten Koffer ab, Ollie stimmt das Volkslied »Shine on Harvest Moon« an, und Stan verfällt in einen improvisierten Soft-Shoe-Dance. Es ist dies nicht nur ein Zwischenspiel zwischen den Turbulenzen, die der Eintritt von Laurel & Hardy in die Fremdenlegion naturgemäß mit sich bringt. Gesangs- und Tanz-Einlagen stellen zugleich eine kleine Reminiszenz an das künstlerische »Vorleben« der beiden dar. Denn Laurel mußte sich während seiner Music-Hall- und Vaudeville-Zeit auch an komischen Tänzen

Mit Musik geht alles besser: ›Towed in a Hole‹ (1932)

versuchen, während Hardy in seiner Jugend ja mehrfach als Sänger von sich reden gemacht hatte.
Das musikalische Element ihrer Filme ist deshalb wichtiger, als es angesichts der stets wiederkehrenden Hintergrundmelodien den Anschein haben mag. Ähnlich wie etwa der berühmte Brötchen-Tanz in Charlie Chaplins THE GOLD RUSH (Goldrausch), das bizarre Kauderwelsch-Lied in MODERN TIMES (Moderne Zeiten) oder die regelmäßigen Instrumentaleinlagen in den Werken der Marx-Brothers, sind die Musiknummern bei Laurel & Hardy von der Handlung des Films weitgehend losgelöst. Die Umstände, die die beiden zum Anlaß nehmen, sich einer kleinen musikalischen Darbietung hinzugeben, werden zwar noch aus der Story heraus erklärt, die Songs und Tänze selbst indes sind nicht integriert. Sie tanzen nicht, weil es das Drehbuch so vorschreibt, sondern weil diese völlige Loslösung von den herrschenden Umständen ein überzeugender Ausdruck ihrer naiv-liebenswerten Unbefangenheit ist. Es sind Zwischenspiele. In PARDON US müssen Stan und Ollie vorübergehend auf einer Baumwoll-Plantage in den Südstaaten untertauchen und verkleiden sich als Neger. Nach Feierabend sitzen sie mit ihren farbigen Freunden beisammen und lauschen den Klängen gefühlvoller Spirituals. Während Ollie mit schöner Stimme das alte Lied vom »Lazy Moon« singt, führt Stan einen graziösen Tanz vor – eine Vorwegnahme der fast identisch angelegten Szene in THE FLYING DEUCES. Die farbigen Plantagenarbeiter achten jetzt nur noch auf Ollies melodisches Volkslied und Stans verzücktes Tänzchen, in dem er dermaßen aufgeht, daß er gar nicht merkt, wie er in einen Tümpel hineintanzt.
Solange sie verzückt in der Musik aufgehen, macht Unbill Pause. In BRATS singt Hardy ein Wiegenlied und bringt die beiden Lausbuben damit einen Moment zur Ruhe, doch das Desaster droht bereits in Form einer überlaufenden Badewanne. In THEM THAR HILLS stimmen Stan und Ollie im Suff zusammen mit einer Camperin eine wortlose Debil-Melodie an; mit ihrer unbeschwerten Singerei entfachen die drei Zecher jedoch erst die Eifersucht des gereizten Ehemanns der Frau. Auch in SONS OF THE DESERT, der mit dem Schlager »Honolulu Baby« eine ihrer bekanntesten Musiknummern enthält, wird mit dem fröhlichen Lied das lauernde Übel nur um kurze Zeit verschoben. Fröhlich kehren die beiden vom Treffen ihrer Loge heim. Sie wissen noch nicht, daß das Schiff, mit dem sie eigentlich hätten nach Honolulu fahren sollen, gesunken ist. Deshalb sind sie – wie echte Honolulu-Urlauber – ausstaffiert mit Ananas, Blütenkranz und Ukulele, und während sie an der Haustür klingeln, singt Hardy den Schlager. Daß ihnen

ihre Frauen längst auf die Schliche gekommen sind, ahnen die beiden ebenso wenig wie die fürchterliche Rache, die jetzt droht.

In WAY OUT WEST kommen die beiden vor dem Saloon an, binden ihr Maultier fest und lauschen dann lächelnd einer schlichten Hillbilly-Melodie, die vier Cowboys vor der Western-Bar anstimmen, »Commence the Dancin«. Und dann verfallen sie ganz spontan in einen Soft-Shoe-Tanz: Erst wippt nur der eine mit den Füßen, dann auch mit den Knien, schließlich schunkeln beide zum eingängigen Rhythmus, bis sie sich zu einem veritablen Pas de Deux in die Arme fallen und als Paar weitertanzen. Die gesamte Szene ist in einer einzigen Einstellung aufgenommen, so daß wir die ganze Zeit nichts anderes sehen als die tanzenden Laurel & Hardy, wie sie ein paar kühne Tangoschritte wagen und sich um die eigene Achse drehen. Ein vergleichbares Zusammenspiel von Grazie und Entrücktheit gibt es in keinem anderen Film des Paares.

Es gibt in WAY OUT WEST noch zwei weitere liebenswerte Musiknummern. Das Wildwest-Liebeslied »In the Blue Ridge Mountains of Virginia« wird von derselben Cowboytruppe angestimmt, die Stan und Ollie bereits vor dem Saloon zu ihrer Tanzeinlage stimuliert hat. Diesmal stehen die beiden an der Theke, und nachdem einer der Cowboys die erste Strophe gesungen hat, stimmt Hardy mit ein. Mit seiner warmen Tenorstimme singt er vom Mädchen in den Bergen Virginias, dessen Name ein verliebter Westerner in die Rinde einer Pinie geritzt hat. Den Refrain trägt er dann zusammen mit Stan zweistimmig vor – eine Melodie von zu Herzen gehender Schlichtheit, bis Stan plötzlich mitten im Lied zunächst in einen tiefen Baß und dann in ein schrilles Falsett fällt. Zum Schluß von WAY OUT WEST, nachdem die Waise aus den Klauen der geldgierigen Saloonbetreiber befreit ist, singen sie zu dritt »We're Going to See our Home in Dixie«.

Angesichts dieser überzeugenden musikalischen Intermezzi überwiegend in den abendfüllenden Langfilmen verwundert es, warum Laurel & Hardy nicht öfter auf solche Einlagen zurückgriffen. Den Grund dafür kennen wir nicht, aber interessanterweise fallen den beiden nicht einmal in den Opern- und Operettenverfilmungen eigenständige Musiknummern zu. Bei FRA DIAVOLO und BOHEMIAN GIRL, die beide auf Werken des Musiktheaters aus dem 18. Jahrhundert basieren, wurde ohnehin das Gros der Arien und Gesangsstücke zugunsten komischer Szenen herausgestrichen. Die klassischen Kompositionen dienen allenfalls als Hintergrundmusik, im übrigen sind nur jeweils eine Handvoll der eingängigsten Melodien aus diesen Werken zu hören. Bei FRA DIAVOLO dienen diese Szenen ausschließlich dazu, die schönen Stimmen von Dennis King und Thelma Todd in den Mittelpunkt zu stellen. In BOHEMIAN GIRL, schließlich – einem in seiner Schwülstigkeit zugegebenermaßen nicht mehr ganz zeitgemäßen Opern-Melodram – gibt es lediglich eine Gesangs- sowie mehrere Chorszenen. Laurel & Hardy sind in beiden Filmen nur für das komische Handlungselement zuständig und erhalten keine Gelegenheit zum Singen.

Bei der Lehar-Bearbeitung THE ROGUE SONG erklärt sich das Fehlen von Musiknummern mit Laurel & Hardy aus den Produktionsbedingungen, da sie erst nach Fertigstellung der Dreharbeiten als zusätzliche Zugpferde »eingebaut« wurden. Bei den beiden anderen Opernverfilmungen mag man auf eigenständige Gesangsszenen verzichtet haben, um zwischen Komik und Musik klar trennen zu können – eine zwar nachvollziehbare, aber nicht unbedingt schlüssige Argumentationsweise, da sich das Zusammenspiel beider Elemente in anderen Filmen als sehr wirkungsvoll erweist. Es ist daher schade, daß es auch in BABES IN TOYLAND und SWISS MISS, zwei vollkommen als Musicals angelegten Filmen, keine entsprechenden Auftritte für Laurel & Hardy gibt. In beiden Werken sind zwar Stan und Ollie die Hauptfiguren, die Musik-Szenen jedoch gehören dem jeweiligen Liebespaar und sind um zahlreiche Chor- und Massenauftritte bereichert.

Abgesehen von diesen Variationen klassischer oder bereits vorliegender Kompositionen, erklingen in den Filmen von Laurel & Hardy zumeist die von den zeitgenössischen Stilrichtungen bestimmten Werke der Hauskomponisten Hal Roachs. *»Die musikalischen Untermalungen der Filme wurden mit lockerer Lässigkeit zusammengestellt. Nur etwas mehr als ein Dutzend eingängiger, aber ansonsten kaum bemerkenswerter Melodien wurden mehrfach eingesetzt. Selbst wenn in einer Szene ein Radio oder Plattenspieler läuft, ist mit Sicherheit eines dieser Standard-Themen zu hören. Indessen ist ›The Cuckoos‹, das unter den Titeln und bei ihrem ersten Auftreten gespielt wird, ein schönes Stück wirklich inspirierter Musik.«*[100]

Dieser »Dance of the Cuckoos« stammt aus der Feder von Marvin Hatley und tauchte erstmals 1930 in BRATS auf. Das Thema wurde zur Erkennungsmelodie von Laurel & Hardy, und vielfach dient es als Indikator für Laurel & Hardy'schen Geist, auch wenn sie selbst gar nicht in Erscheinung treten. Auf der einzigen Schallplatte, die 1932 zum Abschluß ihres Europa-Besuchs aufgenommen wurde, ist diese Melodie ebenfalls zu hören. Wie sich Laurel später erinnerte, wurde »The Dance of the Cuckoos« ursprünglich nicht speziell für Laurel & Hardy geschrieben: *»Es gab im Roach-Studio eine Radiostation. Morgens zwischen sieben und acht Uhr brachten sie*

Ein Tänzchen in Ehren, ganz graziös: ›Way Out West‹

ein Programm, das hauptsächlich aus Werbung bestand. (...) Sie nannten es die ›Kuckucksstunde‹, und unser (späteres) Thema war ihre Einleitungsmusik. Eines Morgens hörten wir es in einem Restaurant und waren der Ansicht, daß dies eine sehr lustige Musik sei, mit der man unsere Filme einleiten könnte. Mehr aus Spaß ließen wir eine Aufnahme machen und für unseren nächsten Film aufzeichnen. Die Zuschauer in der Probevorführung lachten darüber. (...) So entschlossen wir uns, sie weiterhin zu verwenden. Sogar das

Bostoner Symphonieorchester hat eine große Sache daraus gemacht.«[101]

Meist von den Roach-Komponisten LeRoy Shield und Marvin Hatley geschrieben, dient die Musik in den Filmen von Laurel & Hardy überwiegend der Untermalung. Ob im Nachtklub oder zu Hause, ob bei aktionsreichen Arbeiten oder seltenen Augenblicken der Entspannung – zumeist ist im Hintergrund eine der bereits aus anderen Filmen bekannten Melodien zu hören. Seltener sind Motive, die einzelne Stimmungen, Empfindungen oder Verhaltensweisen illustrieren, etwa im von Falle Laurels debilstaunendem Unschuldsblick nach besonders eklatanten Schnitzern. Bestimmt sind diese Kompositionen überwiegend von Elementen des Jazz und Swing, so daß ihre leichtfüßige Beschwingtheit zum Tempo der Filme durchaus beiträgt. Daneben gibt es Szenen, in denen die Akteure Radio oder Schallplatten hören und ebenfalls die Themen aus Roachs Komponier-Stube ertönen – etwa in den Eröffnungssequenzen von ME AND MY PAL (Hardy hört im Radio ein Interview mit Laurel) oder in BUSY BODIES (die beiden haben unter der Motorhaube ihres Autos einen Plattenspieler installiert, der ihnen auch bei der Fahrt Musikgenuß ermöglicht).

In den deutschen Bearbeitungen der Filme wurden diese Melodien häufig durch eigenständige neue, nicht immer bessere Kompositionen ersetzt. Das verblüfft, denn normalerweise ist es üblich, die Musikuntermalung eines Films auch in der Synchronfassung zu übernehmen. Bisweilen wurden separate Musiknummern sogar komplett herausgeschnitten, so daß aufgrund des Fehlens dieser charmanten Intermezzi der Akzent mehr auf aktionsreiche Komik gelegt wurde. Auch wenn hier und da die mangelnde Qualität des alten Tonnegativs, auf dem zudem noch Sprache und Musik gleichzeitig aufgenommen waren, den Ausschlag gegeben haben mag, so zeugt dieser saloppe Umgang mit der ursprünglichen Fassung der Filme von den barbarischen Praktiken, denen die Filme von Laurel & Hardy hierzulande so häufig unterworfen waren. Aber das ist ein anderes Kapitel.

Stan und Ollie in Deutschland

»Stan und Ollie in Deutschland« ist der Titel des bereits erwähnten Bühnenstücks von Urs Widmer. Das Stück bietet keine biografischen Episoden, aber es atmet mehr vom Geist Laurel & Hardy'scher Komik als viele der völlig willkürlichen Pseudo-»Bearbeitungen«, durch die das Gros ihrer Filme gerade hierzulande immer wieder verändert, verfälscht, ja zerstört wurde. Diese ohne logische oder künstlerische Kriterien zusammengestellten Querschnitts-Filme, die überdies häufig durch neu unterlegte Musikuntermalungen und einen mehr als dämlichen Kommentar angereichert wurden, brachten Laurel & Hardy in Deutschland nach 1945 ein hohes Maß an Popularität ein, trugen ihnen aber andererseits den Ruf tortenwerfender Klamauk-Komiker ein. Doch bereits in den Jahren vor dem Zweiten Weltkrieg hatten Babe und Stan hier eine große Anhängerschaft. Zahlreiche Artikel in deutschsprachigen Filmzeitschriften der 30er Jahre belegen den Stellenwert, den sie in Deutschland und Österreich von Anfang an genossen. Ein weiteres Indiz für ihre Beliebtheit ist die Tatsache, daß auch immer wieder über geplante Besuche und Auftritte berichtet wurde.

Die frühen Laurel-&-Hardy-Filme wurden ab 1927 von Metro-Goldwyn-Mayer in Deutschland vertrieben. »Kavaliere für 24 Stunden« – so der deutsche Titel von THE SECOND HUNDRED YEARS – erschien im Oktober 1927 in den hiesigen Kinos, im August des folgenden Jahres wurde THEIR PURPLE MOMENT unter dem Titel »Dick und Dof im Sündenpfuhl« aufgeführt. Hier und in »Das ideale Wochenendhaus« (THE FINISHING TOUCH), der ebenfalls im Sommer 1928 gestartet wurde, taucht erstmals die Bezeichnung »Dick und Dof« (so die damalige Schreibweise) auf. Das Etikett, das einen eher derben Humor suggeriert, war also von Anfang an gebräuchlich. Es hat sich bis heute gehalten, wobei lediglich aus »Dof« das korrekte »Doof« wurde.

Wer die Beinamen wann eingeführt hat, läßt sich nicht mehr feststellen. »*Vermutlich waren es die Herren von der deutschen Filiale der (...) Filmgesellschaft Metro-Goldwyn-Mayer, die diese Filme in Deutschland herausbrachte. Vielleicht fand man das komisch, vielleicht glaubte man, Laurel & Hardy dadurch schneller populär zu machen; daß die Spitznamen aber sehr oft unzutreffend waren (zumindest Stan Laurels Name), hatten die Herren offenbar übersehen.*«[102]

Möglicherweise diente die etwas ungehörig anmutende Bezeichnung tatsächlich nur der raschen Lancierung von Laurel & Hardy. Denn MGM selbst hat den Namen ab Anfang der 30er Jahre nicht mehr verwendet und untersagte auch den Kinobesitzern seine Erwähnung. Während der Verleih in sämtlichen deutschen Filmtiteln den Namen »Dick und Doof« nicht mehr benutzte, griffen ihn die Lichtspieltheater häufig in ihren Ankündigungen auf. So veröffentlichte MGM 1937 in mehreren deutschen Filmzeitschriften ein ausdrückliches Verbot: »*(Es wird) noch einmal darauf hin-*

Besser als nur ›Dick und Doof‹: ›Leave'em Laughing‹ (1928)

gewiesen (...), daß Stan Laurel und Oliver Hardy (...) bei der Aufführung ihrer Filme keinesfalls als Dick und Dof angekündigt werden dürfen.«[103]
Zu diesem Zeitpunkt hatten sich die Spitznamen jedoch bereits allgemein eingebürgert, so daß sie auch in Filmbesprechungen und Porträtartikeln über die beiden verwendet wurden. Angemerkt wurde allerdings auch: »*Die deutschen Bezeichnungen für Oliver Hardy und Stan Laurel haben das amerikanische Komikerpaar auch bei uns populär gemacht, erschöpfen aber weder äußerlich noch innerlich die Persönlichkeiten des voluminösen Dicken und des schmächtigen Kleinen. (...) Sie beschränken sich nicht auf die billigen Möglichkeiten, die durch den figürlichen Gegensatz gegeben sind.*«[104]
Tatsache ist jedenfalls, daß Laurel & Hardy auch in vielen anderen Ländern mit mehr oder weniger »komischen« Beinamen versehen wurden. Vom italienischen »Crick e Crock« über das in

Schweden und Norwegen gebräuchliche »Helan och Halvan« bis hin zum dänischen »Gog og Gokke« existieren 17 verschiedene Bezeichnungen. In Finnland heißen sie »Min und Fin«, in Griechenland »Xonapoe und Azsnoe«, selbst in chinesischen Kinos kennt man die Kosenamen »Fu-Tu und Tu-Tu«. Die vielleicht sympathischste Umschreibung hat sich das französische Publikum ausgedacht, das die beiden Namen in einem Wort zusammenzog und so die innige Beziehung zwischen beiden formulierte; aus Laurel & Hardy wurde hier »Lorèléardi«.

Ein Gutteil ihrer frühen Beliebtheit bei den deutschen Kinogängern verdanken Laurel & Hardy ohne jeden Zweifel dem Umstand, daß MGM fremdsprachige Versionen ihrer Filme drehen ließ. Die erste Produktion, in der die beiden deutsche Dialoge sprachen, war der am 21. Mai 1931 erstaufgeführte »Spuk um Mitternacht«, die deutsche Fassung von THE LAUREL & HARDY MURDER CASE. Während einheimische Stars wie Wilhelm Dieterle, Gustav Fröhlich, Heinrich George und Camilla Horn nach Hollywood gerufen wurden, um in den für Deutschland bestimmten Fassungen von US-Produktionen die notwendige sprachliche Authentizität zu garantieren, konnten zwei so unverwechselbare Typen wie Stan und Ollie von keinen anderen Darstellern verkörpert werden. Die in Deutsch gedrehten Versionen ihrer Filme (siehe auch Kapitel »Sie steigen auf«) wurden diesseits des Ozeans sowohl vom Publikum als auch der Kritik beifällig aufgenommen, wie eine zeitgenössische Rezension von PARDON US beweist, der am 23. Mai 1932 als »nicht jugendfrei« in Berlin uraufgeführt wurde: *»Dick und Dof sprechen selbst Deutsch in dieser (...) Version; jenes amerikanische Deutsch eines Buster Keaton, das die deutschen Laute im Munde rollt, bis sie breitem amerikanischem Slang gleichen; jenes USA-Deutsch, das etwas vorsichtig Tastendes hat, das allmählich kecker wird und gleichsam mit den Vokalen Jonglierkünste treibt. Die Wirkung bleibt für den Komiker nicht aus – diese Art zu sprechen gibt die Möglichkeit, die guten alten Bekannten (des Stummfilms) von drüben wieder in deutschen Kinos zu zeigen.«*[105]

Sechs kurze und ein Langfilm wurden im Laufe des Jahres 1930 nach diesem ebenso zeitaufwendigen wie kostspieligen Verfahren in Deutsch gedreht, ehe Hal Roach die Praxis wieder aufgab. Lediglich in der deutschen Fassung der HOLLYWOOD REVUE OF 1929, die mit zweijähriger Verspätung unter dem Titel »Wir schalten um auf Hollywood« erschien, waren die beiden nicht dabei. Dafür wurden sie bei uns von MGM als Stars von THE ROGUE SONG angekündigt, obwohl sie nur zwei kleine Gastauftritte absolvieren. Als er unter dem Titel »Banditenlied« am 3. Juni 1931 erstmals aufgeführt wurde, war die Synchronisation ausländischer Filme noch nicht üblich. Nachdem die Herstellung verschiedener Fassungen aus Kostengründen eingestellt werden mußte, liefen fremdsprachige Produktionen, von denen keine deutsche Version produziert worden war, daher zunächst im jeweiligen Original mit deutschen Unter- oder Zwischentiteln. Zwei Tage nach der Aufführung von FRA DIAVOLO am 5. September 1933 im »Marmorhaus«, einem der renommiertesten Berliner Premierenkinos, merkte deshalb ein Kritiker in einer reichlich negativen Besprechung verärgert an: *»Daß das Ganze englisch gesprochen wird, wirkt auch nicht eben anregend.«*[106]

Doch schon bald sorgte MGM nicht nur dafür, daß von den Laurel-&-Hardy-Filmen deutsche Synchronfassungen produziert wurden, sondern verhalf ihnen gleichzeitig mit einer beispiellosen Publicity-Aktion zu neuem Ruhm. Die Verleihfirma ließ weltweit nach geeigneten Synchronsprechern für Stan und Babe suchen. Die groß angekündigten und dann mit Akribie durchgeführten Recherchen brachten Laurel & Hardy natürlich zusätzliches Renommee ein, führten aber in der Tat zum Engagement von Sprechern, deren Stimmorgan zum Flair der Filme paßte. MGM ließ in den Film-Hauptstädten Aufnahmen verschiedener Schauspieler machen, die dann per Schellack-Schallplatte nach Hollywood transportiert und dort mit dem Organ von Laurel & Hardy verglichen wurden. Zu den deutschen Probanten, die damals in Berlin getestet wurden, gehörte unter anderen der später als TV-»Kommissar« zu Ruhm gekommene Darsteller Erik Ode. In Italien avancierte der junge Komiker Alberto Sordi zu Hardys Synchronsprecher; nach wenigen Jahren wurde er in seinem Heimatland selbst als Spaßmacher außerordentlich populär. Das Ergebnis dieser ungewöhnlichen Suchaktionen wurde 1936 von MGM bekanntgegeben. Die deutschen Stimmen von Laurel und Hardy waren fortan Walter Bluhm und Will Dohm, zwei vielbeschäftigte Berliner Bühnen- und Filmschauspieler. Der erste Film, der in deutsch synchronisierter Fassung in die Kinos gelangte, war der am 8. Mai 1936 im Berliner »Gloria-Palast« aufgeführte BONNIE SCOTLAND, der hierzulande unter dem Titel »Wir sind vom schottischen Infantrieregiment« hervorragende Kassenergebnisse erzielte.

Will Dohm (1897–1948), der Oliver Hardy seine fröhliche Stimme lieh, war bereits ein äußerst populärer Star. In Köln geboren, hatte er ursprünglich als Bankangestellter gearbeitet und kam über Mühlhausen und Aachen 1926 an die Münchner Kammerspiele. In Filmen wie TANZ AUF DEM VULKAN, DAS BAD AUF DER TENNE und KORA TERRY avancierte er rasch zum bekannten Komiker. Die

Stan und Ollie spracken auck deutsh...

deutsche Stimme von Stan Laurel war Walter Bluhm (1907–1976). Der schmächtige Mann mit dem zurückhaltend-heiseren Organ war 1925 zur Bühne gekommen und als nuancenreicher Tragikomiker sehr geschätzt. Auf der Kinoleinwand dagegen erreichte er nie den Star-Status Will Dohms und war zumeist nur in Nebenrollen zu sehen. Aber es ist ebenso ungewöhnlich wie liebenswert, daß Bluhm über vier Jahrzehnte hinweg als deutscher Sprecher von Stan Laurel fungierte. Eine längere Treue zu ein und demselben Schauspieler dürfte es kaum geben. »*Seine charakteristisch brüchig-helle Stimme hat die deutschen Versionen unzähliger ausländischer Filme – markantestes Beispiel: sein ›Doof‹ in den Laurel-&-Hardy-Filmen – unverwechselbar mitgeprägt. (...) Das Vermächtnis dieses Theatermenschen bleibt, paradoxerweise, seine Filmstimme: sie wird ihn noch eine Weile überleben, eine Kreidestimme, sanft und zart und nachdrücklich zugleich, und uns an ihn erinnern.*«[107]

Salziger Fisch im süßen Heim: ›Bonnie Scotland‹ (1935)

Während des Zweiten Weltkriegs war die öffentliche Aufführung von US-Produktionen in Deutschland verboten, wiewohl Hitler – ebenso wie Churchill, Tito und vor allem Stalin – die Werke von Laurel & Hardy erklärtermaßen sehr schätzte. Als 1949 dann mit SAPS AT SEA wieder einer ihrer Filme in deutschen Kinos erschien, waren zunächst Arno Assmann und Werner Liewen die Synchronsprecher. Dann jedoch wurde wieder Walter Bluhm zu Laurels Stimme, während Hardy jetzt von Arno Paulsen (1900–1969) gesprochen wurde. Paulsen und Bluhm drückten den Filmen in den folgenden Jahrzehnten ihre persönliche Note auf. Deutsche Fans des Paares, die die Originalversionen der Filme nicht kennen, identifizierten Laurel & Hardy mit diesen Stimmen[108]. Sowohl Walter Bluhm als auch Arno Paulsen haben bis an ihr Lebensende den amerikanischen Kollegen ihre Stimme geliehen. Doch so vertraut uns der Klang ihres Sprechens ist, so dämlich sind häufig die Texte der Synchronfassungen. Sie sind – gerade bei den Neufassungen und Zusammenschnitten der 50er und 60er Jahre – an Primitivität oft nicht zu unterbieten und können das Vergnügen an der Komik von Laurel & Hardy erheblich trüben.

Bereits in den 30er Jahren hatte MGM für den deutschsprachigen Markt Kurzfilme gekoppelt und auf diese Weise Werke von abendfüllender Länge zusammengestellt. Beispielsweise erschien 1933 unter dem Titel »Die Zwei von der Zankstelle« ein Zusammenschnitt von Scram, The Music Box und County Hospital, bei dem Film »Total verrückt« handelte es sich um eine aus Towed In A Hole, Their First Mistake und Twice Two bestehende Kompilation. Doch diese Filme beließen die ihnen zugrunde liegenden Produktionen in ihrer ursprünglichen Form und suggerierten lediglich durch entsprechende Inserts oder Kommentare, daß es sich um einen eigenständigen Film handelte. Nach dem Kriege jedoch gingen hiesige Verleiher dazu über, die einzelnen Filme nach eigenem

Manchmal wirklich zum Heulen: Kompilationsfilme

Gusto zu kürzen und umzubauen. Dabei wurden Szenen plakativer Komik in den Vordergrund gestellt, während man Sequenzen vermeintlichen »Leerlaufs« schlicht herausschnitt, so daß der Schwerpunkt auf reinem Klamauk lag. Überdies war für den unvorbereiteten Betrachter nun nicht mehr zu erkennen, welche Szenen zu welchem Film gehörten. Was dabei herauskam, waren eher hektische Nummernfolgen als integrale Filme.

1957 kaufte der Filmkaufmann Erich J. A. Pietrek von Hal Raoch die deutschen Aufführungsrechte an den von ihm produzierten Laurel-&-Hardy-Filmen. Zu diesem Paket gehörten auch die Kurzfilme, die Pietreks »Nordwestdeutscher Filmverleih« in zahlreichen beliebig zusammengestellten Kompilationen auswertete. Dabei wurden so unterschiedliche Filme wie BABES IN TOYLAND, THE FLYING DEUCES und ATOLL K zur kruden Mixtur »Dick und Doof. Eine Superschau des Lachens« verbunden, aus BELOW ZERO, LAUGHING GRAVY und TIT FOR TAT wurde »Dick und Doof in tausend Nöten«. Die unruhige Nacht aus THEIR FIRST MISTAKE wurde unbekümmert zu einer Art Rahmenhandlung für BOHEMIAN GIRL umfunktioniert, indem man die gesamte Zigeuner-Geschichte als Traum des erschöpften Ollie ausgab. Die 1968 gestartete Pietrek-Produktion »Dick und Doof, die Unzertrennlichen« (größtenteils bestehend aus Teilen von PUTTING PANTS ON PHILIP und THE FLYING DEUCES) wartet sogar mit einer von Helmut Harun inszenierten Rahmenhandlung auf, die in München (!) spielt. Völlig absurd ist schließlich die Entstehungsgeschichte eines Films, der den merkwürdigen Titel »Pat und Patachon jagen mit Dick und Doof Gespenster« trägt. Bei diesem 1962 aufgeführten Elaborat handelt es sich um eine Koppelung von THE LAUREL & HARDY MURDER CASE mit der Komödie BLEKA GREVEN (Pat und Patachon als Detektive), einem der letzten gemeinsamen Filme des dänischen Komikerpaares Carl Schenström und Harald Madsen. Beide werden vielfach als Vorläufer von Laurel & Hardy angesehen, sind in ihrer Rollenverteilung und sentimentalen Komik jedoch kaum vergleichbar. Dabei begnügte man sich nicht nur damit, die Filme einfach aneinanderzuhängen, sondern schnitt Szenen mit Laurel & Hardy außerdem immer wieder zwischen die Abenteuer von Pat und Patachon.

Auf diese Weise brachte Pietreks Verleihfirma, die in ähnlich freier »Bearbeitung« auch die »Fuzzy«-Geschichten mit Al St. John in Deutschland etablierte, Filme in die Kinos, die Laurel & Hardy nie gedreht hatten. In finanzieller Hinsicht waren diese Werke, die Laurel & Hardy natürlich auch zu neuem Ruhm verhalfen, ziemlich erfolgreich. Künstlerisch jedoch sind sie völlig indiskutabel, ein Verbrechen an zwei komischen Genies, da sie mit den zugrunde liegenden Produktionen nichts mehr zu tun haben und durch ihre völlige Konzentration auf temporeichen Witz einen eher unerfreulichen Seriencharakter besitzen. Dieser wird nicht zuletzt durch die wiederkehrende Kennung »Dick und Doof als/in/bei...« verstärkt. »*Wir kennen (...) ihre Filme nur so, wie sie uns der launische Zufall daher geweht hat: mal zusammengeschnitten fürs Kino, mal auseinandergeschnitten fürs Fernsehen.*«[109] Nur in Einzelfällen – etwa bei JITTERBUGS, der unter dem Titel »Dick und Doof und die Wunderpille« am 2. Dezember 1965 in Bonn seine deutsche Erstaufführung erlebte – beließen die deutschen Verleihgesellschaften die Filme in ihrer Originalversion. Da das Gesamtwerk von Laurel & Hardy überwiegend aus Kurzfilmen besteht, ist für Verleiher die Versuchung, die 20minütigen Werke bis auf Spielfilmlänge zusammenzukleben, offenbar groß. Denn in vielen europäischen Ländern wurden solche Kompilationsfilme zusammengestellt. Fast alle waren auf die jeweiligen Höhepunkte des Ausgangsmaterials bedacht und nahmen auf die ursprüngliche Struktur der Filme wenig Rücksicht. In den Vereinigten Staaten trat besonders der Produzent Robert Youngson mit derartigen Querschnittsfilmen hervor, der dafür sogar mehrfach mit dem Oscar ausgezeichnet wurde. Allerdings ging es Youngson nicht nur um reinen Klamauk, sondern durchaus auch um filmgeschichtliche Aspekte. Filmen wie THE GOLDEN AGE OF COMEDY (Kintopps Lachkabinett) und WHEN COMEDY WAS KING (Als Lachen Trumpf war), die an verschiedene große Stummfilm-Komiker erinnern sollten, folgten mehrere Produktionen, die ausschließlich aus Szenen mit Laurel & Hardy bestanden. Auch war Youngsons Kommentierung der vielfach stummen Vorlagen weniger büttenredenhaft als die seiner Epigonen. Am Geschäft mit alten Filmen, dem ein wenig der Ruch des Fleddens anhaftet, beteiligte sich schließlich auch Hal Roach. Er, der nach einigen kühnen Finanzwagnissen seines Sohnes den gesamten Studiokomplex verkaufen mußte, legte 1965 zusammen mit dem Produzenten Jay Ward die Kompilation THE CRAZY WORLD OF LAUREL & HARDY vor.

Noch barbarischer als die Kino-Auswerter ging in Deutschland das Fernsehen vor. Seit Mai 1961 präsentierte der Schauspieler und Journalist Werner Schwier im deutschen Fernsehen die Serie »Es darf gelacht werden«. Auch er betrieb einen relativ unbekümmerten Raubbau mit den Filmen, versuchte aber zumindest durch eine nostalgische Präsentation den Charme der Vorlagen zu erhalten. Schwier bemühte sich außerdem in einer Vielzahl sehr kenntnisreicher Zeitungs- und Zeitschriftenartikel um eine Rehabilitierung der nun erst recht als »Dick und Doof« verschrieenen Laurel & Hardy. Später verfaßte er die adäquaten Textbücher für neue deutsche Synchronfassungen ihrer Filme.

Besonders unerfreulich ist schließlich die »Bearbeitung«, die das Zweite Deutsche Fernsehen dem Werk von Laurel & Hardy angedeihen ließ. In Serien wie »Väter der Klamotte« und »Männer ohne Nerven« präsentierte das ZDF lieblose Zusammenschnitte komischer Stummfilme, die in ihrer Konzeptlosigkeit jeder Beschreibung spotten. Durch die Überbetonung von Klamaukeffekten wurden die Talente der vorgestellten Komiker eher verdeckt, die kalauernde Kommentierung tat ein übriges. Nicht anders verfuhren die ZDF-Mitarbeiter bei den Serien »Dick und Doof«, »Zwei Herren dick und doof« und »Meisterszenen«, in denen alle vorliegenden Filme auf die im Vorabendprogramm übliche 25-Minuten-Länge verstümmelt oder verlängert wurden. *»Die lieblose und gewalttätige Aufbereitung der Filme (...) ließ (...) leider jedes Gespür für die in der Komik angelegten subtileren Töne vermissen.«*[110]

Die mehrfach wiederholte Serie »Dick und Doof«, die erstmals zwischen 1970 und 1973 in insgesamt 96 Folgen lief, verhackstückte nicht nur das gemeinsame Werk von Laurel & Hardy, sondern kombinierte sie teilweise auch mit Ausschnitten aus ihren Solofilmen. In der Folge »Die Silvesterprobe« sind sogar Teile aus sage und schreibe vier verschiedenen Filmen zusammengeleimt. *»Laurel-&-Hardy-Filme dienen bevorzugt als Objekte für Montageübungen. Die langen Spielfilme werden geteilt, die frühen Stummfilme werden an diese Teilspielfilme angefügt und durch einen zumeist äußerst primitiven, dummen Kommentar verbunden. Wie überhaupt der Kommentar oft das Schlimmste dieser Vorführungen ist. Man betrachtet die Filme der Komiker offenbar nur als Rohmaterial für seine eigene ›Schöpfung‹. Bedenkenlos wird da irgend etwas aus dem aktuellen Weltgeschehen auf ein 30 oder 40 Jahre altes kleines Meisterwerk ›draufgesprochen‹. (...) Hier geht man mit (einer großen) Unverfrorenheit vor.«*[111] Lediglich die satirisch-kabarettistische Kommentierung Hans-Dieter Hüschs kam dem Humor Laurels & Hardy zumindest im Ansatz etwas näher.

Um eine angemessene Bearbeitung der Filme bemühte sich das ZDF erst in der 1975 produzierten Serie »Lachen Sie mit Stan und Ollie«, für die der Filmhistoriker Joe Hembus sehr gelungene Moderationstexte schrieb. Theo Lingen, einer der größten deutschen Komiker, präsentierte innerhalb dieser Reihe 21 neu synchronisierte und fast ungekürzte Langfilme mit Laurel & Hardy, wobei jedem Werk eine kurze Einführung Lingens in den speziellen Stil seiner beiden großen Kollegen vorangestellt war.

Liebloses Flickwerk: Laurel & Hardy-Zusammenschnitte im Fernsehen

Ein ähnliches Projekt hatte bereits 1965 der Duisburger Verleih Atlas-Film gestartet. Er brachte eine neue, um Authentizität bemühte Synchronfassung von WAY OUT WEST heraus und leitete damit die längst fällige Wiederentdeckung des Paares auch durch Kritik und Bildungsbürgertum ein. Weitere Filme folgten, und Werner Schwier schrieb anläßlich dieser Rehabilitierung: *»Die Geschichte von Laurel & Hardy in Deutschland ist ein Kapitel für sich. (...) Ihre Filme erhielten von den Verleihfirmen äußerst banale Titel und wurden dementsprechend deftig synchronisiert. Da ihre surreale Komik als derber Klamauk mißverstanden wurde, tat eine infantile Werbung ein übriges, um sie in ihrem künstlerischen Wert herabzusetzen. (...) Es scheint deshalb eine Ehrenpflicht, die besten Spielfilme ihres umfangreichen Werkes (...) dem Publikum von heute in originalgetreuer Form noch einmal vorzustellen.«*[112]

Noch einmal kehrten Laurel & Hardy 1988 in die deutschen Kinos zurück, als der kleine Stuttgarter Verleih »Kinowelt« ein Paket von vier Lang- und 24 Kurzfilmen aus der Roach-Produktion startete. Diesmal liefen sie ungekürzt in der englischsprachigen Originalversion und waren zu verschiedenen Themenblöcken zusammengefaßt, etwa die Destruktion oder Stans und Ollies verklemmten Umgang mit Frauen. Damit wurde eine neuerliche Renaissance von Laurel & Hardy eingeläutet, die sich in zahlreichen Fernsehsendungen und Feuilleton-Artikeln niederschlug. Allzu spät würdigten nun auch die deutschen Kritiker das Duo als klassische und richtungsweisende Meisterkomiker, die mit Chaplin und Keaton auf einer Stufe stehen. Eine weitere Folge dieser Wiederentdeckung war die verstärkte Nachfrage nach Laurel-&-Hardy-Literatur und -Devotionalien. Historische Programmhefte und Plakate zu ihren Filmen sowie Fotos und Autogramme sind heute hochbezahlte Sammlerstücke.
Höhepunkt der neuen Begeisterung für Laurel & Hardy und andere Komiker aus der Lachfabrik Hal Roachs war eine Werkschau des Produzenten, die 1992 während der Berliner Filmfestspiele stattfand. Roach, inzwischen 100 Jahre alt, kam trotz seines hohen Alters an die Spree, um an der Hommage persönlich teilzunehmen. Kurz zuvor hatte er die Auswertungsrechte seines Gesamtwerks für ganz Europa an die Firma Beta/Taurus verkauft, ein Unternehmen des Filmhändlers Leo Kirch. Sämtliche Rechte an den Filmen von Laurel & Hardy liegen in Deutschland damit bei der mächtigen Kirch-Gruppe. In Berlin wurde Hal Roach als letzter überlebender Pionier aus den Anfangszeiten des Films gefeiert, zu seinen Ehren waren zahlreiche Filme mit Harold Lloyd, den »Kleinen Strolchen« sowie Laurel & Hardy zu sehen. Für Roach, der wenige Monate später starb, war der Besuch in Deutschland ein außerordentlicher Triumph. Laurel & Hardy dagegen sind in unserem Lande nie aufgetreten.

Bereits während ihrer England-Reise im Jahre 1932 hatte MGM Auftritte in mehreren europäischen Hauptstädten angekündigt. Geplant war auch ein Besuch in Berlin, wo zu dieser Zeit gerade die deutsche Fassung von PARDON US in den Kinos lief. Doch außer einem kurzen Abstecher nach Paris wurde dieses Ansinnen, das MGM offenbar über den Kopf von Laurel & Hardy hinweg avisiert hatte, nicht verwirklicht.
In den späten 30er Jahren war dann erneut von einem Gastspiel in Deutschland die Rede. So notierte das täglich erscheinende Branchenblatt »Film-Kurier« im April 1938: *»Einer amerikanischen*

Fachzeitschrift entnehmen wir die Meldung, daß Stan Laurel und Oliver Hardy sich nach Vollendung ihres bei Hal Roach in Arbeit befindlichen Films ›Just a Jiffy‹ (der Arbeitstitel von BLOCKHEADS, *Anm.) auf eine Tournee durch die europäischen Großstädte begeben. Sie wollen je zwei Wochen lang in Paris, Berlin und London gastieren.«*[113]

Mit Respekt vor den Originalversionen: Laurel & Hardy-Renaissance Ende der achtziger Jahre

In Deutschland nur im versiegelten Zug auf der Transitstrecke: Laurel & Hardy (hier in ›Berth Marks‹)

Die Pläne für diese Tournee waren offenbar noch nicht sehr weit gediehen. Laurels Streit mit Roach und seine vorübergehende Entlassung, die in die Zeit der Produktion von BLOCKHEADS fielen, sowie der drohende Zweite Weltkrieg verhinderten denn auch einen Besuch von Laurel & Hardy in Deutschland. Die beiden zählten seinerzeit beim deutschen Publikum zu den beliebtesten

US-Stars und fanden eine ganze Reihe von Kopierern und Nachahmern, die aus der Popularität ihrer Vorbilder Profit zu schlagen versuchten, wie folgende Meldung beweist: »*Die Hamburger Primus-Lichtspiele kündigten in diesen Tagen das persönliche Auftreten der beiden berühmten amerikanischen Filmkomiker Stan Laurel und Oliver Hardy in mehreren Inseraten an. Auch die Hamburger Presse ist dieser bewußten Irreführung der Öffentlichkeit zum Opfer gefallen. Es handelt sich bei den auftretenden Artisten um die im Januar-Programm der Berliner Scala erschienenen französischen Komiker Laury und Hardel, deren Namen bereits auf eine Täuschung des Publikums abzielen, und die mit den bekannten Metro-Goldwyn-Mayer-Stars absolut nicht identisch sind. Die Metro-Goldwyn-Mayer-Film-AG hat gegen das genannte Lichtspielhaus sofort durch ihren Anwalt Schritte unternommen.*«[114]
So sind Stan Laurel und Oliver Hardy nie in Deutschland aufgetreten. Hiesigen Boden betreten haben die beiden aber dennoch, wenn auch nur kurz. Als sie während ihrer ersten Nachkriegs-Tournee im Jahre 1947 mit dem Zug von Dänemark nach Paris fuhren, passierten sie kurzfristig eine Transitstrecke durch Deutschland. In einem Brief an einen deutschen Fan berichtete Lucille Hardy: »*Es war 1947 kurz nach dem Zweiten Weltkrieg, und der gesamte Zug wurde versiegelt. Niemandem war es erlaubt, zu- oder auszusteigen. Aus diesem Grund sahen wir nichts außer der Zerstörung, einschließlich der Stadt Aachen. Der Anblick war sehr deprimierend.*«[115]
Pressenotizen zufolge war zwar für die Osterzeit 1948 ein Auftritt in Wien vorgesehen, doch auch dazu kam es nicht. Deutschsprachige Zeitungen berichteten sehr eingehend über die Tourneen und neuen Filmpläne der beiden. Auch nach Hardys schwerem Schlaganfall wurde die Öffentlichkeit fortlaufend über seinen und seines Partners Gesundheitszustand informiert, liefen doch gleichzeitig gerade die ersten Filme des »Nordwestdeutschen Filmverleihs« in hiesigen Kinos.

Filmografie

Vorbemerkung

Da die Stories der Kurzfilme von Laurel & Hardy zumeist innerhalb eines Teams entwickelt wurden und überdies in der Regel kein reguläres Drehbuch vorlag, wird auch im Vorspann der Werke auf die Nennung eines Autors verzichtet. Der Ideengeber – in den ersten Jahren ihrer Partnerschaft steuerte besonders Leo McCarey zahlreiche Anregungen bei – ist nur in Einzelfällen bekannt. Aus diesem Grund wird auch in den folgenden Filmografien bei den Kurzfilmen kein Autor genannt. Ähnlich ist die Handhabung bei den Komponisten, da ein- und dasselbe Musikstück oft in mehreren Filmen auftaucht. Fast alle Musiken zu Laurel-&-Hardy-Filmen aus der Roach-Ära stammen aus

Dreharbeiten zu ›Men O'War‹ (1929)

der Feder von Marvin Hatley und LeRoy Shield, den »Hauskomponisten« des Studios.
Die Feststellung der deutschen Titel ist gerade im Falle von Laurel & Hardy ein ebenso aufwendiges wie zermürbendes Unterfangen, da ihr Werk immer wieder verändert, umgeschnitten und neu montiert wurde. Erschwert wird eine Zusammenstellung der deutschen Kino- und Fernsehtitel, weil häufig mehrere Filme gekoppelt wurden. Die Vielzahl von Titeln bei den abendfüllenden Langfilmen rührt daher, daß einige Werke bereits vor dem Kriege in Deutschland aufgeführt und nach 1945 einfach umbetitelt wurden. Außerdem divergieren die Verleihtitel in der Bundesrepublik, der ehemaligen DDR und Österreich. Entsprechendes gilt für die Kurzfilme, die vom Fernsehen in verschiedenen Serien aufgegriffen wurden. Allein das ZDF gestaltete mit den Reihen »Dick und Doof«, »Zwei Herren dick und doof«, »Lachen Sie mit Stan und Ollie« sowie »Meisterszenen mit Laurel & Hardy« vier verschiedene Programme, in denen die Filme liefen. Dennoch wurde bei der Nennung deutscher Verleih- und Fernsehtitel weitgehende Vollständigkeit angestrebt; eine umfassendere Auflistung hat es bisher nicht gegeben. Ein Überblick über die oft mit erschreckender Lieblosigkeit zusammengestellten deutschen und amerikanischen Kompilations- und Querschnittsfilme schließt sich dieser Filmliste an.
Da das Jahr der Herstellung eines Films nicht immer mit dem Datum der Erstaufführung identisch ist und überdies vor der regulären Kinoauswertung öffentliche Probevorführungen stattfanden, wird in der Liste zunächst das Produktionsjahr und danach das Datum des Verleihstarts genannt. Premieredaten oder der Tag des Eintrags ins Copyright-Register bleiben im folgenden unerwähnt. Die kurze Inhaltsangabe umreißt lediglich die Ausgangsidee, zumal eine Handlung im eigentlichen Wortsinne oft gar nicht erzählt wird. Darüber hinaus stellt nur der Genuß der Filme sicher, daß zumindest der größte Teil all der herrlichen Gags voll zur Geltung kommt. Bei den Solo-Filmen, die Stan Laurel und Oliver Hardy vor ihrer Partnerschaft drehten, sind lediglich Titel und Herstellungsjahr genannt.
Im übrigen werden die wiederkehrenden Angaben zu den einzelnen Filmen wie folgt abgekürzt: Verleihstart (V), Produktion (P), Regie (R), Drehbuch (DB), Kamera (K), Musik (M), Titel in Deutschland (D), Titel in Österreich (Ö).

1. Die Filme von Oliver Hardy

1914
Outwitting Dad; A Brewery Town Romance; A Lucky Strike; A Female Cop; Long May it Wave; The Kidnapped Bride; The Rise of the Johnsons; He Wanted Work; They Bought a Boat; Making Auntie

Welcome; Back to the Farm; A Fool There Was; The Green Alarm; Never Too Old; Pins Are Lucky; When The Ham Turned; The Smuggler's Daughter; The Soubrette and the Simp; Kidnapping the Kid; The Honor of the Force; The Daddy of Them All; She Was the Other; The Servant Girl's Legacy; Dobs at the Shore; The Fresh Air Cure

1915

What He Forgot; Cupid's Target; Spaghetti and Lottery; Gus and the Anarchists; Shoddy the Taylor; The Paperhanger's Helper; Charley's Aunt; Artists and Models; The Tramps; Prize Babe; An Expensive Visit; Cleaning Time; Mixed Flats; Safety Worst; The Twin Sister; Baby; Who Stole the Doggies? The New Butler; Matilda's Legacy; Her Choice; The Cannibal King; What a Cinch; Avenging Bill; The Dead Letter, The Haunted Hat; Babe's School Days; Three Rings and a Goat; A Bungalow Bungle; Ethel's Romeos; A Rheumatic Joint; Fatty's Fatal Fun; Clothes Make the Man; The Simp and the Sophomores; A Janitor's Joyful Job; Something in Her Eye; Ups and Downs

1916

The Way Out; Chickens; Frenzied Finance; A Special Delivery; Busted Hearts; A Sticky Affair; Bungle's Rainy Day; The Try-Out; One Too Many, Bungles Enforces the Law; The Serenade; Bungles' Elopement; Nerve and Gasoline; Bungles Lands a Job; Their Vacation; Mama's Boy; A Battle Royal; All for a Girl; Hired and Fired; What's Sauce for the Goose? The Brave Ones; The Water Cure, 30 Days; Baby Doll; The Schemers; The Sea Dogs; Hungry Hearts; Edison Bugg's Invention; Never Again; Better Halves; A Day at School; A Terrible Tragedy; Spaghetti; Aunt Billy; The Heroes; It Happened in Pikersville; Human Hounds; Dreamy Knights; Life Savers; Their Honeymoon; An Aerial Joyride; Side-Tracked; Stranded; Love and Duty; Artistic Atmosphere; The Reformers; Royal Blood; The Candy Trail; A Precious Parcel; A Maid to Order; Twin Flats; A Warm Reception; Pipe Dreams; Mother's Child; The Prize Winners; Ambitious Ethel; The Guilty One; He Winked and Won; Fat and Fickle

1917

Boycotted Baby; Wanted – A Bad Man; The Other Girl; The Love Bugs; Back Stage; The Hero; Dough-Nuts; Cupid's Rival; The Villain; The Millionaire; A Mix-up in Hearts; The Goat; The Genius; The Stranger; The Fly Cop; The Modiste; The Star Boarder; The Chief Cook; The Candy Kid; The Station Master; The Hobo; The Pest; The Prospector; A Day's Vacation; Little Nell

1918

The Bandmaster; The Slave; The Artist; The Barber; King Solomon;

Mit Regisseur Harry Lachman und Kameramann Rudolph Maté bei den Dreharbeiten zu ›Our Relations‹ (1936)

The Orderly; His Day Out; The Rogue; The Scholar; The Messenger; The Handyman; Bright and Early; The Straight and Narrow; Playmates; The Freeloader; Globe Hotel; All Is Fair

1919
Freckled Fish; Hop the Bellhop; Lions and Ladies; Hello Trouble; Painless Love; Mules and Mortgages; Tootsies and Tamales (auch DB mit Budd Ross); Healthy and Happy; Flips and Flops; Yaps and Yokels; Mates and Models; Squabs and Squabbles; Bungs and Bunglers; Switches and Sweeties; The Applicant

1920
Dames and Dentists; Maids and Muslin; Squeaks and Squawks; Fists and Fodder; Pals and Pugs; He Laughs Last; Springtime; The Decorator; His Jonah Day; The Back Yard; The Nuisance

1921
The Blizzard; The Tourist; The Fall Guys; The Bellhop; The Trouble Hunter; The Stagehand; The Bakery

1922
The Saw Mill; The Show; Golf; Fortune's Mask; The Little Wildcat; The Counter Jumpers; A Pair of Kings; The Sleuth

1923
One Stolen Night; Three Ages; The Barnyard; No Wedding Bells; The Gown Shop; Horseshoes

1924
A Perfect Lady; The King of Wild Horses; The Girl in the Limousine; Her Boy Friend; Kid Speed; The Four Wheeled Terror; All Wet

1925
Stick Around/The Paperhanger's Helper; Hop to It; The Wizard of Oz; Isn't Life Terrible?; Yes, Yes, Nanette (R: Stan Laurel); Should Sailors Marry? The Perfect Clown; Hey, Taxi; Wandering Papas (R: Stan Laurel)

1926
Enough to Do (R: Stan Laurel); Stop, Look and Listen; A Bankrupt Honeymoon; Madame Mystery (R: Stan Laurel); Say it with Babies; Long Fliv the King; The Gentle Cyclone; Thundering Fleas; A Sea Dog's Tale; Along Came Auntie; Crazy Like a Fox; Bromo and Juliet; Be Your Age; The Nickel Hopper; His One Ambition

1927
Should Men Walk home? Why Girls Say No; The Honorable Mr Buggs; No Man's Law; Crazy to Act; Fluttering Hearts; The Lighter That Failed; Baby Brother; Love'em und Feed'em; Assistant Wives; Galloping Ghosts; Barmun and Ringling Inc.

1939
Zenobia

1949
The Fighting Kentuckian

1950
Riding High

2. Die Filme von Stan Laurel

1917
Nuts in May; The Evolution of Fashion

1918
Hickory Hiram; Phoney Photos; Whose Zoo; No Place Like Jail; Huns and Hyphens; Just Rambling Along; Bears and bad Men; Frauds and Frenzies; It's Great to Be Crazy

1919
Do You Love Your Wife? Hustling for Health; Hoot Man/Hoot Mon

1921
The Rent Collector

1922
The Egg; The Weak-End Party; Mud and Sand; The Pest; When Knights Were Cold

1923
The Handy Man; Noon Whistle; White Wings; Under Two Jags; Pick and Shovel; Collars and Cuffs; Kill or Cure; Gas and Air; Oranges and Lemons; Short Orders; A Man About Town; Roughest Africa; Frozen Hearts; The Whole Truth; Save the Ship; The Soilers; Scorching Sands; Mother's Joy

1924
Smithy; Postage Due; Zeb vs. Paprika; Brothers under the Chin; Near Dublin; Rupert of Hee-Haw; Wide Open Spaces/Wild Bill Hiccup/Wild Bill Hiccough; Short Kilts; Mixed Nuts; Mandarin Mix-up/Madam Mix-up; Detained; Monsieur Don't Care; West of Hot Dog

1925
Somewhere In Wrong; Twins; Pie-Eyed; Snow Hawk; Navy Blue Days; The Sleuth; Yes, Yes, Nanette (R, mit Oliver Hardy); Doctor Pyckle and Mister Pride; Half a Man; Unfriendly Enemies (R); Moonlight and Noses (R); Wandering Papas (R, mit Oliver Hardy)

1926
Enough to Do (R, mit Oliver Hardy); Madame Mystery (R, mit Oliver Hardy); Never Too Old (R); The Merry Widower (R); Wise Guys Prefer Brunettes (R); Atta Boy; Get'em Young; Raggedy Rose (R); On the Front Page

1927
Seeing the World; Eve's Love Letters; Should Tall Men Marry?

1938
The Rangers' Round-up (P); Knights of the Plains (P); Songs and Bullets (P)

1939
Code of the Fearless (P); In Old Montana (P); Two-Gun Troubadour/The Lone Troubadour (P)

3. Die Filme von Laurel & Hardy

LUCKY DOG
1917 – V: wahrscheinlich 1922; P: Gilbert M. Anderson/Metro; R: Jesse Robbins; K: (?); ca. 20 Min.
Mit Florence Gillet
Inhalt: Laurel als streunender Träumer, der von dem Räuber Hardy überfallen wird.

45 MINUTES FROM HOLLYWOOD
TV: Diese Dame ist ein Kerl
1926 – V: Dezember 1926; P: Hal Roach/Pathé; R: Fred Guiol; K: (?); 14 Min.
Mit Glenn Tryon, Charlotte Mineau, Theda Bara, Edna Murphy, Al Hallet, den »Kleinen Strolchen«, Jack Hill
Inhalt: Eine Familie vom Lande besucht Hollywood und steigt in einem Hotel ab, in dem auch Laurel & Hardy auftauchen.

DUCK SOUP
1926 – V: 13. März 1927; P: Hal Roach/Pathé; R: Fred Guiol; K: (?); ca. 20 Min.
Mit Madeleine Hurlock, William Austin, Bob Kortman
Inhalt: Laurel & Hardy verstecken sich in einer leerstehenden Villa, die von einem kaufinteressierten Ehepaar aufgesucht wird.

SLIPPING WIVES
TV: Der verklemmte Verführer
1926 – V: 3. April 1927; P: Hal Roach/Pathé; R: Fred Guiol; K: George Stevens; 16 Min.
Mit Priscilla Dean, Herbert Rawlinson, Albert Conti
Inhalt: Die Frau eines Künstlers engagiert Laurel, um ihren Mann eifersüchtig zu machen. Hardy ist der Butler des Paares.

LOVE'EM AND WEEP
TV: Peggy Pimpernell
1927 – V: 12. Juni 1927; P: Hal Roach/Pathé; R: Fred Guiol; K: (?); 20 Min.
Mit Mae Busch, James Finlayson, Charlotte Mineau, Vivien Oakland, Charlie Hall, Ed Brandenberg, May Wallace
Inhalt: Laurel & Hardy stehen einem Geschäftsmann bei, den die Ex-Geliebte mit kompromittierenden Fotos erpressen will.

WHY GIRLS LOVE SAILORS
1927 – V: 17. Juli 1927; P: Hal Roach/Pathé; R. Fred Guiol; K: (?); ca. 20 Min.
Mit Malcolm Waite, Viola Richard, Anita Garvin
Inhalt: Laurel verkleidet sich als Femme fatale, um seine von Schiffskapitän Hardy entführte Freundin zurückzuholen.

WITH LOVES AND HISSES
TV: Schicksal in Uniform; Käse mit Knoblauch
1927 – V: 28. August 1927; P: Hal Roach/Pathé; R: Fred Guiol; K: (?); 22 Min.
Mit James Finlayson, Frank Brownlee, Chet Brandenberg, Anita Garvin, Eve Southern, Will Stanton, Jerry Mandy
Inhalt: Laurel erlebt seine ersten Tage als Rekrut, wobei er auf dem Kasernenhof und im Manöver mit dem Hauptmann Hardy zusammenstößt.

SAILORS, BEWARE!
(auch: SHIP'S HERO)
TV: Die Dame mit den langen Fingern; Der Lümmel im Kinderwagen
1927 – V: 25. September 1927; P: Hal Roach/Pathé; R: Hal Yates; K: (?); 20 Min.
Mit Anita Garvin, Viola Richard, Tiny Sandford, Harry Earles, Barbara Pierce, Connie Evans, Lupe Velez
Inhalt: Versehentlich landet Taxifahrer Laurel auf einem Passagierschiff, wo er mit Zahlmeister Hardy aneinandergerät.

DO DETECTIVES THINK?
TV: Das Fleischmesser an der Gurgel; Die Rache des Raubmörders
1927 – V: 20. November 1927; P: Hal Roach/Pathé; R: Fred Guiol; K: (?); 19 Min.
Mit James Finlayson, Viola Richard, Noah Young, Frank Brownlee, Will Stanton
Inhalt: Als Detektive sollen Laurel & Hardy einen Richter vor der Rache eines entflohenen Sträflings schützen.

NOW I'LL TELL ONE
1927 – V: 5. Oktober 1927; P: Hal Roach/Pathé; R: James Parrott; K: (?); ca. 20 Min.
Mit Charley Chase, Edna Marian, Lincoln Plumer, May Wallace, Will R. Walling
Inhalt: In einem Scheidungsprozeß spielt Laurel einen wirren Rechtsanwalt, während Hardy nur kurz als Polizist zu sehen ist.

FLYING ELEPHANTS
TV: Der Schmerz läßt nach
1927 – V: 12. Februar 1928; P: Hal Roach/Pathé; R: Frank Butler; K: (?); 17 Min.
Mit Tiny Sandford, Bud Fine, James Finlayson, Leo Willis, Viola Richard, Dorothy Coburn, Edna Marian
Inhalt: In der Steinzeit werben die fell-behängten Laurel & Hardy um die Tochter ihres Stammeshäuptlings.

SUGAR DADDIES
TV: Zwischen Bestien und Banditen; Der Millionär unter dem Rock
1927 – V: 10. September 1927; P: Hal Roach/MGM; R: Fred Guiol; K: George Stevens; 15 Min.
Mit James Finlayson, Noah Young, Charlotte Mineau, Edna Marian, Eugene Palette, Ray Cooke, Charlie Hall
Inhalt: Laurel & Hardy stehen einem Industriellen bei, der vom verbrecherischen Anhang seiner neuen Frau bedrängt wird.

THE SECOND HUNDRED YEARS
Kino: Kavaliere für 24 Stunden
TV: Dem Henker entronnen; Mit dem Pinsel in der Hand
1927 – V: 8. Oktober 1927; P: Hal Roach/MGM; R: Fred Guiol; K: (?); 20 Min.
Mit Tiny Sandford, Ellinor Vanderveer, James Finlayson, Eugene Palette, Otto Fries, Edgar Dearing, Charles Bachmann
Inhalt: Laurel & Hardy fliehen aus dem Kittchen und nehmen die Identität von Beamten an, die ausgerechnet ihr Gefängnis besichtigen.

CALL OF THE COCKOOS
Kino: Das Haus der 1000 Freuden
1927 – V: 15. Oktober 1927; P: Hal Roach/MGM; R: Clyde Bruckmann; K: Floyd Jackmann; 17 Min.
Mit Max Davidson, Lilian Elliot, Charles Meakin, Charley Chase, Spec O'Donnell, Frank Brownlee, Fay Holderness
Inhalt: Laurel & Hardy gehören zu einer Gruppe von Irren, in deren Nachbarschaft eine Familie eine Bruchbude erwirbt.

HATS OFF
Kino: Hut ab
1927 – V: 5. November 1927; P: Hal Roach/MGM; R: Hal Yates; K: (?); ca. 20 Min.
Mit Dorothy Coburn, Anita Garvin, James Finlayson, Chet Brandenberg, Ham Kinsey, Sam Lufkin
Inhalt: Laurel & Hardy transportieren eine übergroße Waschmaschine eine lange Treppe hinauf.

PUTTING PANTS ON PHILIP
Kino: Der Jüngling aus der Fremde
TV: Ein brutaler Hosenkauf; Der Mann im Weiberrock
1927 – V: 3. Januar 1928; P: Hal Roach/MGM; R: Clyde Bruckman; K: George Stevens; 19 Min.
Mit Harvey Clark, Dorothy Coburn, Sam Lufkin, Ed Brandenberg, Lee Phelps, Don Bailey, Bob O'Conor
Inhalt: Laurel als satyrhafter Schotte, dem sein Onkel beim USA-Besuch Hosen anmessen läßt.

THE BATTLE OF THE CENTURY
Kino: Alles in Schlagsahne
1927 – V: 31. Dezember 1927; P: Hal Roach/MGM; R: Clyde Bruckman; K: George Stevens; 11 Min.
Mit Lyle Tayo, Charlie Hall, Eugene Palette, Dick Gilbert, Ellinor Vanderveer, Al Hallet, George K. French
Inhalt: Der erfolglose Boxer Laurel und sein gewiefter Manager Hardy entfachen ungewollt eine wilde Tortenschlacht.

LEAVE'EM LAUGHING
Kino: Nur mit Lachgas
TV: Der hilfsbereite Wachtmeister
1927 – V: Januar 1928; P: Hal Roach/MGM; R: Clyde Bruckman; K: George Stevens; 21 Min.
Mit Edgar Kennedy, Charlie Hall, Otto Fries, Jack V. Lloyd, Dorothy Coburn, Viola Richard, Jack Hill
Inhalt: Beim Zahnarzt atmen Laurel & Hardy Lachgas ein und sorgen dann in hysterischer Freude für ein Verkehrschaos.

THE FINISHING TOUCH
Kino: Das ideale Wochenendhaus
TV: Die verspeisten Nägel; Das unfertige Fertighaus
1927 – V: 25. Februar 1928; P: Hal Roach/MGM; R: Clyde Bruckman; K: George Stevens; 19 Min.
Mit Edgar Kennedy, Dorothy Coburn, Sam Lufkin
Inhalt: Laurel & Hardy legen als Bauarbeiter letzte Hand an ein Haus, verwandeln es dabei aber in eine Ruine.

FROM SOUP TO NUTS
Kino: Prompte Bedienung
TV: Immer wenn er Torten trug
1927/28 – V: 24. März 1928; P: Hal Roach/MGM; R.: E Livingston Kennedy (= Edgar Kennedy); K: Len Powers; 18 Min.
Mit Tiny Sandford, Anita Garvin, Otto Fries, Edna Marian, Ellinor Vanderveer, Dorothy Coburn, Sam Lufkin
Inhalt: Ein neureiches Ehepaar engagiert Laurel & Hardy als Diener für eine opulente Cocktailparty.

YOU'RE DARN TOOTIN'
Kino: Ihr könnt mir mal was blasen
TV: Der beleidigte Bläser
1928 – V: 21. April 1928; P: Hal Roach/MGM; R: E. Livingston Kennedy (= Edgar Kennedy); K: Floyd Jackman; 19 Min.
Mit Otto Lederer, Sam Lufkin, Chet Brandenberg, Christian Frank, Dick Gilbert, William Irving, Charlie Hall
Inhalt: Nach ihrem Rauswurf aus einem Orchester versuchen sich Laurel & Hardy mit mäßigem Erfolg als Straßenmusikanten.

THEIR PURPLE MOMENT
Kino: Dick und Dof im Sündenpfuhl
TV: Mit dem Essen im Gesicht
1928 – V: 19. Mai 1928; P: Hal Roach/MGM; R: James Parrott; K: George Stevens; 21 Min.
Mit Anita Garvin, Fay Holderness, Kay Deslys, Jimmy Aubrey, Leo Willis, Patsy O'Byrne, Lyle Tayo
Inhalt: Nach dem Kegeln laden Laurel & Hardy zwei Damen zum Essen ein, müssen dann aber feststellen, daß ihr Geld nicht reicht.

SHOULD MARRIED MEN GO HOME?
Kino: Dick und Dof spielen Golf
TV: Golfspieler im Morast
1928 – V: 8. September 1928; P: Hal Roach/MGM; R: James Parrott; K: George Stevens; 20 Min.
Mit Edgar Kennedy, Kay Deslys, Edna Marian, Viola Richard, John Aasen, Jack Hill, Dorothy Coburn

›The Finishing Touch‹ (1928)

Inhalt: Bei Golfspielen gabeln Laurel & Hardy zwei attraktive Frauen auf und verursachen eine Schlammschlacht auf dem Spielgelände.

EARLY TO BED
Kino: Marsch ins Bett
TV: Sklaven des Reichtums; Der Dicke im Brunnen
1928 – V: 6. Oktober 1928; P: Hal Roach/MGM; R: Emmett J. Flynn; K: George Stevens; 18 Min.
Laurel & Hardy treten allein auf.
Inhalt: Überraschend zu Geld gekommen, schikaniert Hardy seinen Butler Laurel, bis dieser zurückschlägt.

TWO TARS
Kino: Dick und Dof auf Heimaturlaub
TV: Das Zerlegen von Kraftwagen
1928 – V: 3. November 1928; P: Hal Roach/MGM; R: James Parrott; K: George Stevens; 21 Min.

›You're Darn Tootin‹ (1928)

Mit Ruby Blaine, Thelma Hill, Charles Rogers, Charlie Hall, Edgar Kennedy, Tiny Sandford, Fred Holmes
Inhalt: Während eines Autoausflugs mit Damenbegleitung geraten Laurel & Hardy in einen Stau und bekommen mit allen Wartenden Streit.

HABEAS CORPUS
TV: Der Beamte im Sack; Die Nacht des Grauens
1928 – V: 1. Dezember 1928; P: Hal Roach/MGM; R: James Parrott; K: Len Powers; 20 Min.
Mit Richard Carle, Charles Rogers, Lon Poff
Inhalt: Im Auftrag eines verrückten Wissenschaftlers graben Laurel & Hardy nachts auf einem Friedhof nach Leichenteilen.

WE FAW DOWN
Kino: Dick und Dof auf Abwegen
TV: Im Strudel der Gosse
1928 – V: 29. Dezember 1928; P: Hal Roach/MGM; R: Leo McCarey; K: (?); 18 Min.

Mit Kay Deslys, Vivien Oakland, Bess Flowers, Vera White, George Kotsonaros, Edna Marian, Dorothy Coburn
Inhalt: Als sie aus ihrem unerfreulichen Eheleben ausbrechen, geraten Laurel & Hardy an zwei leichte Mädchen.

LIBERTY
Kino: Dick und Dof in Freiheit dressiert
TV: Die Sache mit der Hose; Der Krebs in der Hose
1928 – V: 26. Januar 1929; P: Hal Roach/MGM; R: Leo McCarey (Nachaufnahmen: Lloyd French und James Horne); K: George Stevens; 18 Min.
Mit James Finlayson, Tom Kennedy, Harlean Carpenter (= Jean Harlow), Harry Bernard, Ed Brandenberg, Jack Raymond, Jack Hill
Inhalt: Als sie aus dem Gefängnis fliehen, landen Laurel & Hardy auf dem Baugerüst eines Wolkenkratzers.

›*We Faw Down*‹ *(1928); die Szene wurde später geschnitten*

WRONG AGAIN
TV: Der Gaul auf dem Klavier; Blinde Wut
1928 – V: 23. Februar 1929; P: Hal Roach/MGM; R: Leo McCarey; K: George Stevens; 19 Min.
Mit Del Henderson, Josephine Crowell, Harry Bernard, Sam Lufkin, William Gillespie, Fred Holmes, Charlie Hall
Inhalt: Durch ein Mißverständnis glauben Laurel & Hardy, einem Millionär ein Pferd aufs Klavier stellen zu müssen.

THAT'S MY WIFE
TV: Der Sturz auf den Gatten
1928 – V: 23. März 1929; P: Hal Roach/MGM; R: Lloyd French; K: (?); 17 Min.
Mit William Courtwright, Vivien Oakland, Charlie Hall, Harry Bernard, Jimmy Aubrey, Sam Lufkin
Inhalt: Da Hardy von seiner Frau verlassen wurde, muß Laurel dessen reichem Erbonkel die glückliche Gattin vorspielen.

BIG BUSINESS
Kino: Das große Geschäft
TV: Vom Wahnsinn umzingelt; Der geschändete Oberst
1928 – V: 20. April 1929; P: Hal Roach/MGM; R: James Horne; K: George Stevens; 18 Min.
Mit James Finlayson, Tiny Sandford, Lyle Tayo, Retta Palmer, Charlie Hall
Inhalt: Aus der Weigerung eines Mannes, Laurel & Hardy einen Weihnachtsbaum abzukaufen, entwickelt sich eine Zerstörungsorgie.

DOUBLE WHOOPEE
TV: Der Prinz im Fahrstuhlschacht; Das Menü auf dem Frackhemd
1929 – V: 18. Mai 1929; P: Hal Roach/MGM; R: Lewis Foster; K: George Stevens und Jack Roach; 19 Min.
Mit Jean Harlow, Charlie Hall, Ham Kinsey, Tiny Sandford, Rolfe Sedan, Sam Lufkin, William Gillespie
Inhalt: Als Portier und Empfangschef eines Grandhotels sorgen Laurel & Hardy für Aufregung und böses Blut.

BACON GRABBERS
TV: Die Geldgierigen; Die rächende Dampfwalze
1929 – V: 19. Oktober 1929; P: Hal Roach/MGM; R: Lewis Foster; K: George Stevens und Jack Roach; 19 Min.
Mit Edgar Kennedy, Jean Harlow, Charlie Hall, Bobby Dunn, Eddie Baker, Harry Bernard, Sam Lufkin
Inhalt: Laurel & Hardy sind Gerichtsvollzieher und versuchen, einem zahlungsunwilligen Mann sein Radiogerät abzunehmen.

›Angora Love‹ (1929)

ANGORA LOVE
TV: Die nächtliche Ziegenwäsche
1929 – V: 14. Dezember 1929; P: Hal Roach/MGM; R: Lewis Foster; K: George Stevens; 20 Min.
Mit Charlie Hall, Edgar Kennedy, Harry Bernard
Inhalt: Eine streunende Ziege läuft Laurel & Hardy nach und wird von ihnen im gemeinsamen Hotelzimmer versteckt.

UNACCUSTOMED AS WE ARE
TV: Die brennende Nachbarin
1929 – V: 4. Mai 1929; P: Hal Roach/MGM; R: Lewis Foster; K: George Stevens, Len Powers, John McBurnie, Jack Roach; 20 Min.
Mit Mae Busch, Thelma Todd, Edgar Kennedy
Inhalt: Als Laurel von Hardy zum Essen eingeladen wird, verläßt dessen Frau empört das Haus.

BERTH MARKS
TV: In einem Bett
1929 – V: 1. Juni 1929; P: Hal Roach/MGM; R: Lewis Foster; K: Lon Powers; 19 Min.
Mit Harry Bernard, Charlie Hall, Baldwin Cooke, Pat Harmon
Inhalt: Die Musiker Laurel & Hardy haben während der Bahnfahrt zum nächsten Auftrittsort haarsträubende Erlebnisse im Liegewagen.

MEN O'WAR
Kino: Dick und Doof, die Vollmatrosen
TV: Blaue Jungs in Schwierigkeiten
1929 – V: 29. Juni 1929; P: Hal Roach/MGM; R: Lewis Foster; K: George Stevens und Jack Roach; 18 Min.
Mit Anne Cornwall, Gloria Greer, James Finlayson, Harry Bernard, Pete Gordon, Rolfe Sedan, Baldwin Cooke
Inhalt: Als Matrosen auf Landgang knüpfen Laurel & Hardy Kontakt mit zwei Mädchen, können aber für die Drinks nicht aufkommen.

HOLLYWOOD REVUE OF 1929
1929 – V: 23. November 1929; P: MGM (Harry Rapf); R: Charles F. Riesner; DB: Al Boasberg und Robert E. Hopkins (Dialoge); K: Maximilian Fabian, Irving Ries, John Arnold, John Nickolaus; 120 Min.
Mit Conrad Nagel, Jack Benny, Buster Keaton, Joan Crawford, John Gilbert, Lionel Barrymore, Norma Shearer
In der deutschen Version »Wir schalten um auf Hollywood« (R: Frank Reicher) wirken Laurel & Hardy nicht mit.
Inhalt: Neben anderen MGM-Stars treten Laurel & Hardy als Zauberer auf, deren Tricks alle mißlingen.

A PERFECT DAY
TV: Der Sport am Sonntag; Eine Landpartie
1929 – V: 10. August 1929; P: Hal Roach/MGM; R: James Parrott; K: (?); 19 Min.
Mit Edgar Kennedy, Kay Deslys, Isabelle Keith, Harry Bernard, Clara Guiol, Baldwin Cooke, Lyle Tayo
Inhalt: Laurel & Hardy versuchen vergeblich, mit ihren Ehefrauen und einem gichtkranken Onkel zum Picknick aufzubrechen.

THEY GO BOOM
TV: Das feuchte Hotelbett; Ein explosives Krankenlager
1929 – V: 21. September 1929; P: Hal Roach/MGM; R: James Parrott; K: (?); 19 Min.
Mit Charlie Hall, Sam Lufkin

Inhalt: Als sie für eine Nacht in einem Hotel absteigen, pflegt Laurel den stark erkälteten Hardy.

THE HOOSE-GOW
TV: Unschuldig hinter Gittern
1929 – V: 16. November 1929; P: Hal Roach/MGM; R: James Parrott; K: George Stevens, Len Powers, Glenn Robert Kershner; 19 Min.
Mit Tiny Sandford, James Finlayson, Dick Sutherland, Ellinor Vanderveer, Retta Palmer, Leo Willis, John Whiteford
Inhalt: Laurel & Hardy sind Sträflinge und müssen in einem Steinbruch arbeiten, der von Regierungsbeamten besichtigt wird.

THE ROGUE SONG
Kino: Banditenlied
1929 – V: 17. Januar 1930; P: MGM (Irving G. Thalberg); R: Lionel Barrymore; DB: Frances Marion und John Colton nach der Operette »Zigeunerliebe« von Franz Lehar; K: Percy Hilburn und Edgar Schoenbaum; M: Franz Lehar; 115 Min.
Mit Lawrence Tibbett, Catherine Dale Owen, Judith Voselli, Nance O' Neil, Florence Lake, Lionel Belmore, Ulrich Haupt, Kate Price
Inhalt: Laurel & Hardy sind in Nebenrollen als russische Schurken namens Ali-Bek und Murza-Bek zu sehen.

NIGHT OWLS
TV: Gib mir den Hammer; Dick und Doof als Einbrecher
1929 – V: 4. Januar 1930; P: Hal Roach/MGM; R: James Parrott; K: George Stevens; 20 Min.
Mit Edgar Kennedy, James Finlayson, Anders Randolph, Harry Bernard, Frank Ellis, Charles McAvoy, Baldwin Cooke
Simultan wurden eine deutsche, französische, italienische und spanische Fassung gedreht.
Inhalt: Ein Polizist, der sich profilieren möchte, überredet Laurel & Hardy zu einem nächtlichen Einbruch bei seinem Vorgesetzten.

BLOTTO
TV: Skandal im Regenbogenklub; Dick und Doof als Nachtschwärmer
1929 – V: 8. Februar 1930; P: Hal Roach/MGM; R: James Parrott; K: George Stevens; 25 Min.
Mit Anita Garvin, Tiny Sandford, Frank Holliday, Baldwin Cooke, Jack Hill, Dick Gilbert, Harry Bernard
Simultan wurden eine französische und eine spanische Fassung gedreht.
Inhalt: Bei einem Besuch in einem Nachtlokal werden Laurel & Hardy von der bewaffneten Frau Laurel überrascht.

›The Hoose-Gow‹ (1929)

BRATS
Kino: Glückliche Kindheit
TV: Das Kind in der Wanne
1930 – V: 22. März 1930; P: Hal Roach/MGM; R: James Parrott; K: George Stevens; 20 Min.

›Brats‹ *(1930)*

Laurel & Hardy treten alleine auf.
Simultan wurden eine französische, spanische und deutsche Fassung gedreht.
Inhalt: Laurel & Hardy in Doppelrollen als Väter und Kinder, die sich untereinander nicht vertragen.

BELOW ZERO
TV: Dick und Doof als Musikanten; Unterschlagene Noten
1930 – V: 26. April 1930; P: Hal Roach/MGM; R: James Parrott; K: George Stevens; 20 Min.
Mit Tiny Sandford, Charlie Hall, Bobby Burns, Blance Payson, Leo Willis, Frank Holliday, Kay Deslys
Simultan wurden eine spanische und eine deutsche Fassung gedreht.
Inhalt: Im grimmigen Winter finden Laurel & Hardy als Straßenmusikanten eine Geldbörse, die sich als leer entpuppt.

HOG WILD
TV: Panik auf der Leiter; Die Antenne
1930 – V: 31. Mai 1930; P: Hal Roach/MGM; R: James Parrott; K: George Stevens; 18 Min.
Mit Fay Holderness, Dorothy Granger, Frank Ellis
Simultan wurden eine französische und eine spanische Fassung gedreht.
Inhalt: Laurel & Hardy versuchen vergeblich, auf dem Dach eine Radioantenne zu installieren.

THE LAUREL & HARDY MURDER CASE
Kino: Spuk um Mitternacht; Dick und Doof auf Gespensterjagd
TV: Die Nacht im Mordhaus; Ohne Furcht und Tadel
1930 – V: 6. September 1930; P: Hal Roach/MGM; R: James Parrott; K: George Stevens und Walter Lundin; 29 Min.
Mit Fred Kelsey, Del Henderson, Dorothy Granger, Frank Austin, Tiny Sandford, Bill Moore, Lon Poff
Simultan wurden eine französische, spanische und deutsche Fassung gedreht.
Inhalt: Eine erhoffte Erbschaft führt Laurel & Hardy in ein Spukhaus, in dem Menschen verschwinden.

PARDON US
Kino: (Dick und Doof) Hinter Schloß und Riegel
TV: Wir bitten um Gnade; Meuterei hinter Gittern
1930 – V: 15. August 1931; P: Hal Roach/MGM; R: James Parrott; DB: H. M. Walker; K: George Stevens; M: LeRoy Shield; 65 Min.
Mit Walter Long, James Finlayson, Wilfred Lucas, Tiny Sandford, June Marlowe, Charlie Hall, Leo Willis
Simultan wurden eine französische, italienische, spanische und deutsche Fassung gedreht.
Inhalt: Wegen illegalen Bierbrauens landen Laurel & Hardy im Gefängnis, können aber vorübergehend fliehen und arbeiten auf einer Baumwollfarm.

›Another Fine Mess‹ (1930)

ANOTHER FINE MESS
Kino: Zwei Kuckuckseier
TV: Endstation Villa Bockschuß; Wohnungsagenten
1930 – V: 29. November 1930; P: Hal Roach/MGM; R: James Parrott; K: George Stevens; 27 Min.
Mit James Finlayson, Thelma Todd, Eddie Dunn, Charles Gerrard, Gertrude Sutton, Bill Knight, Bob Mimford
Simultan wurde eine spanische Fassung gedreht.
Inhalt: In einer leerstehenden Villa geben sich Laurel & Hardy gegenüber Besuchern als Besitzer und Dienstmädchen aus.

BE BIG
Kino: Sei ein Mann; Dick und Doof, die Schwerenöter
TV: Die Qual mit den Stiefeln; Herrenpartie
1930 – V: 7. Februar 1931; P: Hal Roach/MGM; R: James Parrott; K: Art Lloyd; 27 Min.
Mit Anita Garvin, Isabella Keith, Charlie Hall, Baldwin Cooke, Jack Hill, Ham Kinsey, Chet Brandenberg
Simultan wurden eine französische, spanische und deutsche Fassung gedreht.
Inhalt: Beim Umziehen für einen Herrenabend verwechseln Laurel & Hardy ihre Stiefel und versuchen, sie wieder auszuziehen.

CHICKENS COME HOME
Kino: Sowas kommt von sowas; Den Glücklichen schlägt keine Stunde; Dick und Doof, die Mustergatten (auch TV)
TV: Die Dame auf der Schulter
1931 – V: 21. Februar 1931; P: Hal Roach/MGM; R: James Horne; K: Jack Stevens und Art Lloyd; 29 Min.
Mit Mae Busch, Thelma Todd, James Finlayson, Norma Drew, Charles French, Gertrude Pedlar, Frank Ryce
Simultan wurde eine spanische Fassung gedreht.
Inhalt: Hardy wird von einer früheren Geliebten erpreßt und schickt Laurel zu ihr, um die Sache zu bereinigen.

THE STOLEN JOOLS
(auch: The Slipperly Pearls)
1931 – V: April 1931; P: RKO, The Masters Club; R: William McGann; 18 Min.
Mit Joan Crawford, Buster Keaton, den »Kleinen Strolchen«, Joe E. Brown, Edward G. Robinson, Norma Shearer, Gary Cooper
Inhalt: Werbefilm für eine Tuberkulose-Klinik mit vielen zeitgenössischen Stars. Laurel & Hardy treten kurz als Detektive auf.

LAUGHING GRAVY
Kino: Ein Hundewetter
TV: Alle Hunde lieben Stan; Auf den Hund gekommen
1931 – V: 4. April 1931; P: Hal Roach/MGM; R: James Horne; K: Art Lloyd; 20 Min.
Mit Charlie Hall, Harry Bernard, Charles Dorety
Simultan wurden eine französische, spanische und deutsche Fassung gedreht.
Inhalt: Da sie ein Hündchen bei sich haben, bekommen Laurel & Hardy Schwierigkeiten mit dem Inhaber ihrer Pension.

OUR WIFE
Kino: Verkehrt verheiratet; Unsere Hochzeit
TV: Die Braut wird geklaut
1931 – V: 16. Mai 1931; P: Hal Roach/MGM; R: James Horne; K: Art Lloyd; 20 Min.
Mit Babe London, James Finlayson, Ben Turpin, Charles Rogers, Blanche Payson
Inhalt: Laurel ist Hardy behilflich, als dieser nachts mit seiner Braut durchbrennen will.

COME CLEAN
TV: In die Falle gelockt; Dick und Doof als Lebensretter
1931 – V: 19. September 1931; P: Hal Roach/MGM; R: James Horne; K: Art Lloyd; 20 Min.
Mit Mae Busch, Gertrude Astor, Linda Loredo, Charlie Hall, Eddie Baker, Tiny Sandford, Harry Bernard
Inhalt: Eine vermeintliche Selbstmörderin, die von Laurel & Hardy gerettet wird, versucht sie zu erpressen.

ONE GOOD TURN
Kino: Dick und Doof bei Tante Klara
TV: Retter in der Not; Von Gefahren umlauert
1931 – V: 31. Oktober 1931; P: Hal Roach/MGM; R: James Horne; K: Art Lloyd; 19 Min.
Mit Mary Carr, James Finlayson, Billy Gilbert, Snub Pollard, Dorothy Granger, Gordon Douglas, Lyle Tayo
Inhalt: Laurel & Hardy wollen einer alten Dame, die ihnen Essen gegeben hat, gegen einen vermeintlichen Wucherer beistehen.

BEAU HUNKS
(auch: BEAU CHUMPS)
Kino: Laurel & Hardy in der Wüste
TV: Duell mit den Wüstensöhnen
1931 – V: 12. Dezember 1931; P: Hal Roach/MGM; R: James Horne; K: Art Lloyd und Jack Stevens; 35 Min.
Mit Charles Middleton, Broderick O'Farrell, Harry Schultz, Abdul Kasim K'Horne (= James Horne), Tiny Sandford, Charlie Hall, Gordon Douglas
Simultan wurden eine französische und eine spanische Fassung gedreht.
Inhalt: Als Fremdenlegionäre verteidigen Laurel & Hardy im Alleingang ihr Fort gegen kriegerische Araber.

›One Good Turn‹ (1931)

ON THE LOOSE
1931 – V: 26. Dezember 1931; P: Hal Roach/MGM; R: Hal Roach; K: Len Powers; 20 Min.
Mit Thelma Todd, Zasu Pitts, Claude Allister, John Loder, Billy Gilbert, Charlie Hall

Inhalt: In einem kurzen Gag-Auftritt wollen Laurel & Hardy zwei Mädchen zur Kirmes einladen, die dort soeben anstrengende Abenteuer erlebten.

HELPMATES
Kino: Wenn die Maus aus dem Haus ist; Die Strohwitwer
TV: Wir sitzen in der Klemme; Dick und Doof als Fußbodeningenieure
1931 – V: 23. Januar 1932; P: Hal Roach/MGM; R: James Parrott; K: Art Lloyd; 20 Min.
Mit Blanche Payson, Robert Burns, Robert Callahan
Simultan wurde eine französische Fassung gedreht.
Inhalt: Vor der Heimkehr von Frau Hardy versucht Laurel, die Spuren einer wilden Party zu beseitigen.

ANY OLD PORT
TV: Bitteres Seemannslos; Dick und Doof gehen vor Anker
1931 – V: 5. März 1932; P: Hal Roach/MGM; R: James Parrott; K: Art Lloyd; 20 Min.
Mit Walter Long, Jacqueline Wells (= Julie Bishop), Harry Bernard, Charlie Hall, Robert Burns, Eddie Baker, Will Stanton
Inhalt: In einem drittklassigen Hotel beschützen Laurel & Hardy ein Zimmermädchen vor den Avancen des lüsternen Besitzers.

THE MUSIC BOX
Kino: Das verrückte Klavier; Die musikalische Kiste
TV: Der zermürbende Klaviertransport; Drahtkommode
1931 – V: 16. April 1932; P: Hal Roach/MGM; R: James Parrott; K: Walter Lundin und Len Powers; 29 Min.
Mit Lilyan Irene, Sam Lufkin, Billy Gilbert, Charlie Hall, William Gillespie, Gladys Gale, Marvin Hatley (Klavieruntermalung)
Inhalt: Laurel & Hardy schleppen ein elektrisches Klavier eine Treppe hinauf und versuchen, es am Zielort zu installieren.

THE CHIMP
Kino: Die Schimpansendame
TV: Der Gorilla unter der Bettdecke; Dick und Doof in der Manege
1932 – V: 21. Mai 1932; P: Hal Roach/MGM; R: James Parrott; K: Walter Lundin; 24 Min.
Mit Billy Gilbert, James Finlayson, Charles Gemora, Tiny Sandford, Martha Sleeper, George Miller, Dorothy Layton
Inhalt: Laurel & Hardy arbeiten im Zirkus und landen nach dessen Pleite mit einem Gorilla im Hotel.

COUNTY HOSPITAL
Kino: Harte Eier und Nüsse; Hals- und Beinbruch
TV: Im Taumel des Rausches; Dick und Doof im Krankenhaus

1932 – V: 25. Juni 1932; P: Hal Roach/MGM; R: James Parrott; K: Art Lloyd; 18 Min.
Mit Billy Gilbert, William Austin, May Wallace, Sam Lufkin, Ham Kinsey, Baldwin Cooke, Belle Hare
Inhalt: Laurel besucht Hardy, als dieser mit gebrochenem Bein im Krankenhaus liegt.

PACK UP YOUR TROUBLES
Kino: Zwei Musketiere; Dick und Doof als Rekruten (D); Zwei Väter und ein Kind; Die Teufelsbrüder; Die Retter der Kompanie (Ö)
TV: Vergiß deine Sorgen; Opa, Kind und heiße Würstchen
1932 – V: 17. September 1932; P: Hal Roach/MGM; R: George Marshall und Raymond McCarey; DB: H. M. Walker; K: Art Lloyd; M: LeRoy Shield und Marvin Hatley; 59 Min.
Mit James Finlayson, Donald Dillaway, Jacquie Lyn, Rychard Cramer, Billy Gilbert, Charles Middleton, Grady Sutton
Inhalt: Laurel & Hardy suchen nach den Großeltern eines Mädchens, nachdem der Vater im Krieg gefallen ist.

SCRAM
Kino: Vom Regen in die Traufe; Laurel & Hardy als Landstreicher (auch TV)
TV: Gelächter in der Nacht
1932 – V: 10. September 1932; P: Hal Roach/MGM; R: Raymond McCarey; DB: Art Lloyd; 20 Min.
Mit Arthur Housman, Rychard Cramer, Vivien Oakland, Charles Dorety, Frank Ellis, Sam Lufkin, Baldwin Cooke
Inhalt: Ein Betrunkener läßt Laurel & Hardy in ein fremdes Haus, wo sie sich im Schlafzimmer einer Frau wiederfinden.

THEIR FIRST MISTAKE
TV: Getrübte Vaterfreuden; Dick und Doof adoptieren ein Kind
1932 – V: 5. November 1932; P: Hal Roach/MGM; R: George Marshall; K: Art Lloyd; 20 Min.
Mit Mae Busch, Billy Gilbert, George Marshall
Inhalt: Um seine Ehe zu retten, adoptiert Hardy ein Kind und erlebt zusammen mit Laurel eine unruhige Nacht.

TOWED IN A HOLE
Kino: Segler ahoi; Frische Fische
TV: Schiff ahoi; Dick und Doof kaufen ein Schiff; Schiff mit kleinen Löchern
1932 – V: 31. Dezember 1932; P: Hal Roach/MGM; R: George Marshall; K: Art Lloyd; 20 Min.
Mit Billy Gilbert

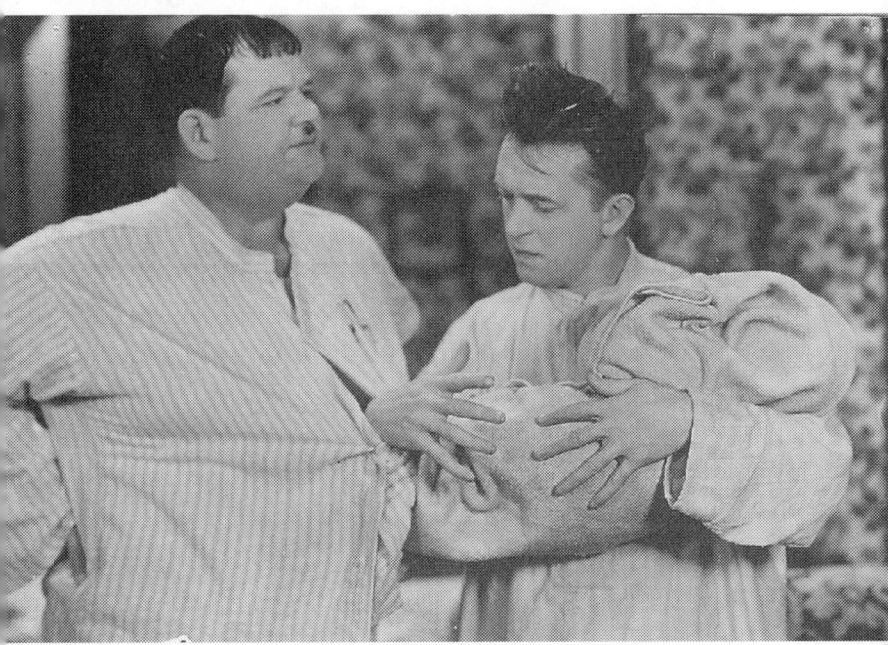

›Their First Mistake‹ (1932)

Inhalt: Die Fischhändler Laurel & Hardy kaufen einen alten Kahn und versuchen, ihn zu renovieren.

TWICE TWO
Kino: Laurel & Hardy als Frauen
TV: Glückliche Frauenherzen; Dick und Doof als Ehemänner
1932 – V: 25. Februar 1933; P: Hal Roach/MGM; R: James Parrott; K: Art Lloyd; 19 Min.
Mit Baldwin Cooke, Charlie Hall, Ham Kinsey, May Wallace und Carol Tevis (Synchronsprecherinnen für Laurel & Hardy in Frauenrollen)
Inhalt: Laurel & Hardy sind jeweils mit der Zwillingsschwester des anderen verheiratet und begehen gemeinsam ihren Hochzeitstag.

FRA DIAVOLO
(auch: THE DEVIL'S BROTHER)
Kino: Die Teufelsbrüder; (Dick und Doof) Hände hoch oder nicht; Die Sittenstrolche

›Fra Diavolo‹ (1933)

TV: Fra Diavolo; Bruder des Teufels
1933 – V: 5. Mai 1933; P: Hal Roach/MGM; R: Hal Roach und Charles Rogers; DB: Jeanie MacPherson nach der Komischen Oper von Daniel Auber; K: Art Lloyd und Hap Depew; M: Leroy Shields nach Aubers Vorlage; 89 Min.
Mit Dennis King; Thelma Todd, James Finlayson, Henry Armetta, Lucille Brown, Lane Chandler, Wilfred Lucas
Inhalt: Im Italien des 18. Jahrhunderts macht der elegante Räuber Fra Diavolo Laurel & Hardy zu seinen Dienern.

ME AND MY PAL
Kino: Die Mitgiftjäger
TV: Verspielte Millionen

1933 – V: 22. April 1933; P: Hal Roach/MGM; R: Charles Rogers und Lloyd French; 19 Min.
Mit James Finlayson, Eddie Dunn, Frank Terry, James C. Morton, Marion Bardell, Bobby Dunn, Charlie Hall
Inhalt: Weil ihm Laurel ein Puzzlespiel schenkt, verpaßt Hardy seine Hochzeit mit einer Millionärstochter.

THE MIDNIGHT PATROL
Kino: Dick und Doof, die Hüter des Gesetzes; Mitternachts-Patrouille
TV: Bestellen Sie zwei Särge; Dick und Doof als Polizisten
1933 – V: 3. August 1933; P: Hal Roach/MGM; R: Lloyd French; K: Art Lloyd; 18 Min.
Mit Frank Terry, Eddie Dunn, Frank Brownlee, Charles Rogers, James C. Morton, Harry Bernard, Tiny Sanford
Inhalt: Laurel & Hardy sind Polizisten auf Nachtstreife, die versehentlich ihren eigenen Chef verhaften.

BUSY BODIES
Kino: Dick und Doof und die Wundersäge
TV: Am Rande der Kreissäge; Im Sägewerk; Dick und Doof als Handwerker
1933 – V: 7. Oktober 1933; P: Hal Roach/MGM; R: Lloyd French; K: Art Lloyd; 18 Min.
Mit Charlie Hall, Tiny Sanford, Dick Gilbert, Jack Hill
Inhalt: Bei der Arbeit im Sägewerk machen Laurel & Hardy sich und anderen das Leben schwer.

WILD POSES
1933 – V: 28. Oktober 1933; P: Hal Roach/MGM; R: Robert McGowan; K: Francis Corby; ca. 20 Min.
Mit den »Kleinen Strolchen«, Franklin Pangborn, Emerson Treacy, Gay Seabrook, George Stevens jr.
Inhalt: Die »Kleinen Strolche« sollen beim Fotografen porträtiert werden. Laurel & Hardy haben einen Gastauftritt als Babies.

DIRTY WORK
Kino: Dick und Doof als Schornsteinfeger
TV: Männer im Schornstein; Dick und Doof als Kaminkehrer
1933 – V: 25. November 1933; P: Hal Roach/MGM; R: Lloyd French; K: Kenneth Peach; 18 Min.
Mit Lucien Littlefield, Sam Adams
Inhalt: Im Hause eines Wissenschaftlers sollen Laurel & Hardy als Schornsteinfeger die Kamine reinigen.

SONS OF THE DESERT
(auch FRATERNALLY YOURS)
Kino: (Dick und Doof) Die Wüstensöhne; Hilfe, wir sind ertrunken (D); Abenteuer in Honolulu (Ö)
TV: Infame Lügner; Wüstensöhne
1933 – V: 29. Dezember 1933; P: Hal Roach/MGM; R: William A. Seiter; DB: Frank Craven, Bert Jordan, Byron Morgan; K: Kenneth Peach; M: Marvin Hatley; 64 Min.
Mit Mae Busch, Dorothy Christie, Charley Chase, Lucien Littlefield, John Merton, Don Brodie, Stanley Blystone
Inhalt: Laurel & Hardy als Pantoffelhelden, die ihren Ehefrauen eine Lügengeschichte auftischen und sich darin verstricken.

HOLLYWOOD PARTY
Kino: Die Löwen von Hollywood (Ö)
TV: Hollywood Party
1933/34 – V: 1. Juni 1934; P: MGM (Harry Rapf und Howard Dietz); R: nicht genannt (Richard Boleslawski, Russell Mack, George Stevens, Allan Dwan, Charles Riesner, Roy Rowland); DB: Howard Dietz und Arthur Kober; K: James Wong Howe; M: Rodgers & Hart, Arthur Freed, Gus Kahn; 68 Min.
Mit Jimmy Durante, Lupe Velez, Charles Butterworth, Tom Kennedy, Eddie Quillan, Ted Healy, The Three Stooges
Inhalt: Auf einer Party für Hollywoods Filmprominenz haben Laurel & Hardy einen Zusammenstoß mit Sex-Star Lupe Velez.

THE PRIVATE LIFE OF OLIVER VIII.
Kino: Dick und Doof auf Freiersfüßen (D); Das Privatleben Olivers des Achten (Ö)
TV: Die Gattenmörderin; Heiratskandidaten
1933/34 – V: Mitte Februar 1934; P: Hal Roach/MGM; R: Lloyd French; K: Art Lloyd; 26 Min.
Mit Mae Busch, Jack Barty, Charlie Hall
Inhalt: Eine reiche Witwe, bei der Laurel & Hardy als Heiratskandidaten vorsprechen, trachtet ihnen nach dem Leben.

GOING BYE-BYE
TV: Auf krummen Wegen; Der große Fang
1934 – V: 23. Juni 1934; P: Hal Roach/MGM; R: Charles Rogers; K: Francis Corby; 20 Min.
Mit Walter Long, Mae Busch, Harry Dunkinson, Sam Lufkin, Eleanor Vanderveer, Fred Holmes, Charles Dorety
Inhalt: Die Frau, die Laurel & Hardy auf einer Reise begleiten will, entpuppt sich als Freundin eines entflohenen Killers.

›Hollywood Party‹ (1934)

THEM THAR HILLS
Kino: Laurel & Hardy auf der Walz'; Der Zauberbrunnen
TV: Selige Campingfreuden; Eine Kur
1934 – V: 21. Juli 1934; P: Hal Roach/MGM; R: Charles Rogers; K: Art Lloyd; 19 Min.
Mit Billy Gilbert, Mae Busch, Charlie Hall, Eddie Baker, Bobby Dunn, Dick Alexander, Robert Burns
Inhalt: Aus gesundheitlichen Gründen machen Laurel & Hardy Camping in den Bergen, wo sie Streit mit einem eifersüchtigen Ehemann bekommen.

BABES IN TOYLAND
Kino: Böse Buben im Wunderland; Dick und Doof: Rache ist süß (D); Land des Lachens (Ö)
TV: Abenteuer im Spielzeugland
1934 – V: 30. November 1934; P: Hal Roach/MGM; R: Gus Meins (und ohne Nennung Charles Rogers); DB: Nick Grindle und Frank Butler

nach der Operette von Victor Herbert; K: Art Lloyd und Francis Corby; M: Harry Jackson nach Herberts Vorlage; 73 Min.
Mit Charlotte Henry, Felix Knight, Henry Brandon, Florence Roberts, William Burress, Virginia Karnes, Ferdinand Munier
Inhalt: Im Märchenland stehen Laurel & Hardy einem Mädchen gegen den listenreichen Schurken bei.

THE LIVE GHOST
Kino: Spuk an Bord; Das Gespensterschiff; Der betrunkene Geist
TV: Gespenst an Bord; Das Geisterschiff
1934 – V: 8. Dezember 1934; P: Hal Roach/MGM; R: Charles Rogers; K: Art Lloyd; 20 Min.
Mit Walter Long, Arthur Housman, Mae Busch, Charlie Hall, Leo Willis, Sam Lufkin, Charles Sullivan
Inhalt: Laurel & Hardy werben Matrosen für einen unpopulären Kapitän an und begegnen an Bord einem vermeintlichen Gespenst.

TIT FOR TAT
Kino: Wie du mir, so ich dir
TV: Die besudelte Ehre; Dick und Doof bauen ein Geschäft
1934 – V: 5. Januar 1935; P: Hal Roach/MGM; R: Charles Rogers; K: Art Lloyd; 19 Min.
Mit Mae Busch, Charlie Hall, Bobby Dunn, James C. Morton, Pete Gordon, Jack Hill, Lester Dorr
Inhalt: Am Tage ihrer Geschäftseröffnung schliddern Laurel & Hardy in einen Streit mit dem Inhaber eines benachbarten Ladens.

THE FIXER UPPERS
TV: Verlorene Liebe; Scheidungsgrund
1935 – V: 9. Februar 1935; P: Hal Roach/MGM; R: Charles Rogers; K: Art Lloyd; 19 Min.
Mit Mae Busch, Charles Middleton, Arthur Housman, Noah Young, James C. Morton, Bobby Dunn, Mazooka O'Connor
Inhalt: Laurel & Hardy sind Hausierer, die eine unglückliche Künstlerehe retten wollen und dabei in Schwierigkeiten geraten.

BONNIE SCOTLAND
Kino: Wir sind vom schottischen Infantrieregiment
TV: Die tapferen Schotten; Schottische Millionen
1935 – V: 23. August 1935; P: Hal Roach/MGM; R: James Horne; DB: Frank Butler und Jeff Moffitt; K: Art Lloyd und Walter Lundin; M: Marvin Hatley; 77 Min.
Mit June Lang, William Janney, Anne Grey, James Finlayson, David Torrence, Daphne Pollard, Lionel Belmore

Inhalt: Eine erhoffte Erbschaft in Schottland bleibt aus, so daß Laurel & Hardy Rekruten in den indischen Kolonien werden.

THICKER THAN WATER
Kino: Dick und Doof mit der Kuckucksuhr
TV: Als Nachtisch weiche Birne; Finanzgenies
1935 – V: Anfang August 1935; P: Hal Roach/MGM; R: James Horne; K: Art Lloyd; 20 Min.
Mit Daphne Pollard, James Finlayson, Charlie Hall, Bess Flowers, Harry Brown, Gladys Gale, Allen Caven
Inhalt: Laurel versucht, den von seiner Frau unterdrückten Hardy zur Emanzipation zu überreden und bringt ihn erst recht in Schwierigkeiten.

BOHEMIAN GIRL
Kino: Dick und Doof werden Papa (D); Schön ist das Zigeunerleben (Ö)
TV: Das Mädel aus dem Böhmerwald; Die entlaufene Prinzessin
1935/36 – V: 14. Februar 1936; P: Hal Roach/MGM; R: James Horne und Charles Rogers; DB: Alfred Bunn nach der gleichnamigen Oper von William Balfe; K: Art Lloyd und Francis Corby; M: Nathaniel Shilkret nach Balfes Vorlage; 67 Min.
Mit Mae Busch, Antonio Moreno, Jacqueline Wells (= Julie Bishop), Darla Hood, James Finlayson, William P. Carleton, Zeffie Tilbury
Inhalt: Als Zigeuner nehmen Laurel & Hardy ein Kind bei sich auf, das in Wahrheit die Tochter des unduldsamen Landesherrn ist.

OUR RELATIONS
Kino: Die lieben Verwandten (auch TV); Zweimal Dick und zweimal Doof; Spuk aus dem Jenseits; Die Doppelgänger von Sacramento (D); Die beiden Pantoffelhelden (Ö)
TV: Schwarze Schafe
1936 – V: 30. Oktober 1936; P: Stan Laurel für Hal Roach/MGM; R: Harry Lachman; DB: Richard Conell und Felix Adler; K: Rudolph Maté; M: LeRoy Shield; 70 Min.
Mit James Finlayson, Daphne Pollard, Betty Healy, Alan Hale, Sidney Toler, Iris Adrian, Lona Andre
Inhalt: In Doppelrollen erleben Laurel & Hardy die Abenteuer zweier braver Bürger und ihrer zur See fahrenden Zwillingsbrüder.

ON THE WRONG TREK
1936 – V: Mitte Juni 1936; P: Hal Roach/MGM; R: Charles Parrott (= Charley Chase) und Harold Law; K: Art Lloyd; 18 Min.
Mit Charley Chase, Rosina Lawrence, Bonita Weber, Jack Egan, Frances Morris, Joe Bordeaux, Eddie Parker

Inhalt: Laurel & Hardy sind nur einige Sekunden lang als Anhalter am Straßenrand zu sehen.

WAY OUT WEST
Kino: Ritter ohne Furcht und Tadel; Dick und Doof im Wilden Westen; Zwei ritten nach Texas
TV: Im fernen Westen; Das unterschlagene Testament
1936 – V: 16. April 1937; P: Stan Laurel für Hal Roach/MGM; R: James Horne; DB: Charles Rogers, Felix Adler, James Parrott; K: Art Lloyd und Walter Lundin; M: Marvin Hatley; 63 Min.
Mit James Finlayson, Rosina Lawrence, Sharon Lynne, Stanley Fields, Vivien Oakland, The Avalon Boys, James C. Morton
Inhalt: Laurel & Hardy kommen in den Wilden Westen, um ein wertvolles Dokument zu übergeben, werden dabei aber getäuscht.

PICK A STAR
Kino: Lachkatastrophe (Ö)
TV: Sternschnuppen
1936/37 – V: 21. Mai 1937; P: Hal Roach/MGM; R: Edward Sedgwick; DB: Richard Flouroy, Arthur Vernon Jones, Thomas J. Dugan; K: Norbert Brodine und Art Lloyd; M: Marvin Hatley und Arthur Morton; 69 Min.
Mit Patsy Kelly, Jack Haley, Rosina Lawrence, Lyda Roberti, Mischa Auer, Spencer Charters, Russell Hicks
Inhalt: Ein Mädchen vom Lande will unbedingt Filmstar werden und trifft in den Hollywood-Studios auch auf Laurel & Hardy.

SWISS MISS
Kino: Dick und Doof als Salontiroler; Schweizermädel (D); Die lustigen Tiroler (Ö)
TV: Das Schweizer Mädel; Krach im Alpenhotel
1937/38 – V: 20. Mai 1938; P: Hal Roach/MGM; R: John G. Blystone; DB: James Parrott, Felix Adler, Charles Melson; K: Norbert Brodine und Art Lloyd; M: Marvin Hatley (Arrangements: Arthur Morton); 69 Min.
Mit Walter Woolf King, Della Lind (= Herta Natzler), Eric Blore, Charles Judels, Ludovico Tomarchio, Charles Gemora
Inhalt: In der Schweiz müssen Laurel & Hardy ihre Schulden in einem Hotel abarbeiten und kitten die Ehe eines Musikerehepaares.

BLOCKHEADS
Kino: Lange Leitung (D); Pech im 13. Stock; Dummkopf (Ö)
TV: Klotzköpfe; Tag der Trümmer
1938 – V: 19. August 1938; P: Hal Roach/MGM; R: John G. Blystone;

DB: James Parrott, Harry Langdon, Charles Rogers, Felix Adler, Arnold Belgard; K: Art Lloyd; M: Marvin Hatley; 56 Min.
Mit Billy Gilbert, Patricia Ellis, Minna Gombell, James Finlayson, Harry Woods, Harry Stubbs, William Royle
Inhalt: Just an seinem Hochzeitstag bringt Hardy seinen Kriegskameraden Laurel mit nach Hause, der 20 Jahre lang im Schützengraben ausharrte.

A CHUMP AT OXFORD
Kino: Wissen ist Macht; Dick und Doof als Studenten; Dick und Doof in der Schule (D); Sprung ins Glück (Ö)
TV: Genies in Oxford; Das peinliche Gastmahl; Das Fenster im Nacken
1939 – V: 16. Februar 1940; P: Hal Roach/United Artists; R: Alfred Goulding; DB: Charles Rogers, Harry Langdon, Felix Adler; K: Art Lloyd; M: Marvin Hatley; 62 Min. (Fassung für den europäischen Markt, in der US-Version fehlten zunächst die ersten Szenen, wurden später aber wieder angefügt)
Mit Wilfred Lucas, James Finlayson, Anita Garvin, Forrester Harvey, Peter Cushing, Charlie Hall, Harry Bernard
Inhalt: Weil sie einen Bankraub vereitelt haben, dürfen Laurel & Hardy nach Oxford reisen, um ihre mangelnde Bildung aufzuholen.

THE FLYING DEUCES
Kino: Dick und Doof in der Fremdenlegion (D); Aus Liebeskummer in der Fremdenlegion; Die beiden Fremdenlegionäre (Ö)
TV: Fliegende Teufelsbrüder
1939 – V: 20. Oktober 1939; P: Boris Morros/RKO Radio; R: Edward Sutherland; DB: Ralph Spence, Alfred Schiller, Charles Rogers, Harry Langdon; K: Art Lloyd (Luftaufnahmen: Elmer Dyer); M: Edward Paul; 69 Min.
Mit Jean Parker, Reginald Gardiner, James Finlayson, Charles Middleton, Jean Del Val, Kit Guard, Clem Wilenchick
Inhalt: Laurel begleitet den liebeskranken Hardy in die Fremdenlegion. Sein Schwarm ist die Frau des Kommandanten.

SAPS AT SEA
Kino: Abenteuer auf hoher See (D); Helden auf hoher See (Ö)
TV: Auf hoher See; Immer wenn er es hupen hörte
1939 – V: 3. Mai 1940; P: Hal Roach/United Artists; R: Gordon Douglas; DB: Charles Rogers, Felix Adler, Gil Pratt, Harry Langdon; K: Art Lloyd; M: Marvin Hatley; 57 Min.
Mit James Finlayson, Rychard Cramer, Charlie Hall, Ben Turpin, Harry Bernard, Eddie Conrad
Inhalt: Um Ruhe zu finden, mieten Laurel & Hardy ein Schiff, auf dem sich auch ein gefährlicher Killer versteckt hält.

›Great Guns‹ (1941)

GREAT GUNS
Kino: Dick und Doof, Schrecken der Kompanie
TV: Große Kaliber
1941 – V: 10. Oktober 1941; P: 20th Century Fox (Sol M. Wurtzel); R: Monty Banks; DB: Lou Breslow; K: Glen MacWilliams; M: Emil Newman; 70 Min.
Mit Dick Nelson, Sheila Ryan, Ludwig Stössel, Edmund MacDonald, Kane Richmond, Charles Trowbridge, Mae Marsh
Inhalt: Laurel & Hardy treten der Armee bei, um einem kränklichen Jüngling auch während des Wehrdienstes beizustehen.

A-HAUNTING WE WILL GO
Kino: Dick und Doof als Geheimagenten bei FBI (D); Die Zauberlehrlinge (Ö)
TV: Fauler Zauber; Der geheimnisvolle Sarg
1942 – V: 7. August 1942, P: 20th Century Fox (Sol M. Wurtzel); R: Malcolm St. Clair; DB: Lou Breslow; K: Glen MacWilliams; M: Emil Newman; 64 Min.

Mit Dante dem Zauberer (= Harry A. Jansen), Sheila Ryan, John Shelton, Elisha Cook, Don Costello, Edward Gargan, Addison Richards
Inhalt: Durch die Verwechslung der Trickkiste eines Zauberers mit einem Sarg geraten Laurel & Hardy in eine Gangstergeschichte.

AIR RAID WARDENS
Kino: Schrecken aller Spione
TV: Bombenkerle; Die Selbstlosen
1942/43 – V: Anfang April 1943; P: MGM (B. F. Zeidman); R: Edward Sedgwick; DB: Martin Rackin, Jack Jevne, Charles Rogers, Harry Crane; K: Walter Lundin; M: Nat(haniel) Shilkret; 64 Min.
Mit Jacqueline White, Horace (Stephen) McNally, Nella Walker, Donald Meek, Edgar Kennedy, Henry O'Neill, Howard Freeman
Inhalt: Als Luftschutzwarte sind Laurel & Hardy zwar ungeeignet, können aber dennoch einen Anschlag feindlicher Saboteure vereiteln.

JITTERBUGS
Kino: Dick und Doof und die Wunderpille (D); Jitterbugs (Ö)
TV: Gauner, Blüten und Betrüger; Die Wunderpille
1943 – V: 11. Juni 1943; P: 20th Century Fox (Sol. M. Wurtzel); R: Mal-

›A-Haunting We Will Go‹ (1942)

colm St. Clair; DB: Scott Darling; K: Lucien Andriot; M: Charles Newman und Lew Pollack; 74 Min.
Mit Vivian Blaine, Bob Bailey, Douglas Fowley, Noel Madison, Lee Patrick, Anthony Caruso, Charles Halton
Inhalt: Laurel & Hardy kümmern sich um eine schöne Nachtklub-Sängerin, deren Karriere Gangster verhindern wollen.

THE TREE IN A TEST-TUBE
1943 – V: Anfang 1943; P: Landwirtschaftsministerium der Vereinigten Staaten; R: Charles McDonald; DB: (?); K: A. H. C. Sintzenich; M: Edward Craig; ca. 10 Min.
Mit Lee Vickers, Pete Smith (Sprecher)
Inhalt: In diesem Werbefilm führen Laurel & Hardy vor, welche Gebrauchsgegenstände aus Holz hergestellt sind.

THE DANCING MASTERS
Kino: Dick und Doof, die Tanzmeister (D); Die Tanzlehrer (Ö)
TV: Gehopst wie gesprungen; Die Tanzmeister

›Air-Raid Wardens‹ (1943)

›Jitterbugs‹ (1943)

1943 – V: 19. November 1943; P: 20th Century Fox (Lee Marcus); R: Malcolm St. Clair; DB: Scott Darling; K: Norbert Brodine; M: Arthur Lange; 64 Min.
Mit Trudy Marshall, Bob Bailey, Matt Briggs, Margaret Dumont, Allan Lane, Robert Mitchum, Nestor Paiva
Inhalt: Als Besitzer einer Tanzschule stehen Laurel & Hardy einem jungen Erfinder bei, der ein reiches Mädchen liebt.

THE BIG NOISE
Kino: Dick und Doof als Geheimagenten
TV: Der große Knall; Kennwort Geheimauftrag
1944 – V: September 1944; P: 20th Century Fox (Sol M. Wurtzel); R: Malcolm St. Clair; DB: Scott Darling; K: Joe McDonald; M: Cyril J. Mockridge; 74 Min.
Mit Arthur Space, Veda Ann Borg, Bobby Blake, Frank Fenton, Jack Norton, James Bush, Phil Van Zandt
Inhalt: Der Erfinder einer neuen Bombe soll von Laurel & Hardy vor feindlichen Spionen geschützt werden.

›The Big Noise‹ (1944)

NOTHING BUT TROUBLE
Kino: Die Leibköche seiner Majestät (D); Alles geht schief (Ö)
TV: Nichts als Ärger; Die Königskiller
1944 – V: März 1945; P: MGM (B. F. Zeidman); R: Sam Taylor; DB: Russel Rouse und Ray Golden; K: Charles Salerno jr.; M: Nathaniel Shilkret; 66 Min.
Mit Mary Boland, Philip Merivale, Henry O'Neill, David Leland, Connie Gilchrist, John Warburton, Edward Keane
Inhalt: Während sie als Koch und Diener arbeiten, machen Laurel & Hardy die Bekanntschaft eines jungen Exil-Königs.

THE BULLFIGHTERS
Kino: Stierkämpfer wider Willen; Dick und Doof jagen den Stier (D);
Die Stierkämpfer (Ö, auch TV)
1944 – V: 18. Mai 1945; P: 20th Century Fox (William Girard); R: Malcolm St. Clair; DB: Scott Darling; K: Norbert Brodine; M: David Buttolph; 62 Min.
Mit Margo Woode, Richard Lane, Diosa Costello, Carol Andrews, Frank McGown, Ed Gargan, Ralph Sanford
Inhalt: Durch Laurels Ähnlichkeit mit einem berühmten Stierkämpfer geraten er und Hardy bei einem Mexiko-Besuch in Schwierigkeiten.

ATOLL K
(auch: UTOPIA; ROBINSON CRUSOE LAND)
Kino: Atoll K; Dick und Doof erben eine Insel (auch TV)
1950/51 – V: 21. November 1951; P: Franco London Films/Les Films Sirius/Fortezza Films; R: Leo Joannon (und ohne Nennung John Berry); DB: John Klorer, Frederick Kohner, René Wheeler, Pierro Tellini; K: Armand Thirard; M: Paul Misraki; 88 Min.
Mit Suzy Delair, Max Elloy, Adriano Rimoldi, Luigi Tosi, Suzet Mais, Dalmatoff, Robert Murzeau
Inhalt: Auf dem Weg zu einer geerbten Insel landen Laurel & Hardy auf einem Atoll, auf dem Uran entdeckt wird.

4. Kompilationsfilme

Die Zwei von der Zankstelle
Metro-Goldwyn-Mayer 1933 (nur Ö) – Enthält SCRAM, THE MUSIC BOX und COUNTY HOSPITAL jeweils komplett

›Atoll K‹ (1952)

TOTAL VERRÜCKT
Metro-Goldwyn-Mayer 1933 (nur Ö) – Enthält Towed in a hole, Their first Mistake und Twice two jeweils komplett

HALS- UND BEINBRUCH
Metro-Goldwyn-Mayer 1934 (nur Ö) – Enthält Me and my pal, Busy Bodies und Dirty Work jeweils komplett

HABE DIE EHRE
Metro-Goldwyn-Mayer 1938 (nur Ö) – Enthält Tit for Tat, The Live Ghost und Midnight Patrol jeweils komplett

THE GOLDEN AGE OF COMEDY
Kintopps Lachkabinett
Robert Youngson 1958 – Enthält Szenen aus The Second Hundred Years, The Battle of the Century, We faw down und Two Tars

DREIMAL DICK UND DOOF
Jugendfilm 1958 – Enthält gekürzte Fassungen von Beau Hunks, Helpmates und Going Bye-Bye

DICK UND DOOFS LACHPARADE
1959 – Enthält Kurzfassungen von Scram, Brats, Me and My Pal und Twice Two

WHEN COMEDY WAS KING
Als Lachen Trumpf war
Robert Youngson 1960 – Enthält eine gekürzte Fassung von Big Business

DICK UND DOOF IN TAUSEND NÖTEN
Nordwestdeutscher Filmverleih 1961 – Enthält Below Zero, Laughing Gravy und Tit for Tat

DIE GROßE LACHPARADE
Comique-Educational 1962 – Entält gekürzte Fassungen von Scram und Twice Two

DAYS OF THRILLS AND LAUGHTER
Jubel, Trubel, Sensationen
Robert Youngson 1961 – Enthält Szenen aus verschiedenen Solo-Filmen von Laurel & Hardy.

THIRTY YEARS OF FUN
30 Jahre Spaß
20th Century Fox 1961 – Enthält Szenen aus Lucky Dog

PAT UND PATACHON JAGEN MIT DICK UND DOOF GESPENSTER
Nordwestdeutscher Filmverleih 1962 – Enthält THE LAUREL & HARDY MURDER CASE

DICK UND DOOF GANZ DOOF
Nordwestdeutscher Filmverleih 1963 – Enthält Kurzfassungen von A PERFECT DAY, NIGHT OWLS, THE HOOSE-GOW und ANY OLD PORT

DICK UND DOOF. EINE SUPERSCHAU DES LACHENS
ca. 1964 – Enthält Szenen aus BABES IN TOYLAND, THE FLYING DEUCES und ATOLL K

MGM'S BIG PARADE OF COMEDY
Die große Metro-Lachparade
Metro-Goldwyn-Mayer 1964 – Enthält Szenen aus HOLLYWOOD PARTY und BONNY SCOTLAND

DICK UND DOOF. JUBEL, TRUBEL, HEITERKEIT
Nordwestdeutscher Filmverleih 1964 – Enthält Kurzfassungen von OUR WIFE, ONE GOOD TURN, BLOTTO und BE BIG

LAUREL & HARDY'S LAUGHING TWENTIES
Laurel & Hardy im Flegelalter (D); Lachbomben mit Laurel & Hardy (Ö)
Robert Youngson 1965 Enthält Szenen aus 45 MINUTES FROM HOLLYWOOD, SUGAR DADDIES, PUTTING PANTS ON PHILIP, FROM SOUP TO NUTS, WRONG AGAIN, THE FINISHING TOUCH, LIBERTY, DOUBLE WHOOPEE, LEAVE'EM LAUGHING, YOU'RE DARN TOOTIN', THE SECOND HUNDRED YEARS, HABEAS CORPUS, CALL OF THE CUCKOO, THE BATTLE OF THE CENTURY, WE FAW DOWN und mehreren Solofilmen

THE CRAZY WORLD OF LAUREL & HARDY
Jay Ward/Hal Roach 1967 – Enthält Szenen aus BACON GRABBERS, THE HOOSEGOW, A PERFEXT DAY, BLOTTO, HOG WILD, COME CLEAN, CHICKENS COME HOME, HELPMATES, BEAU HUNKS, THE MUSIC BOX, ANY OLD PORT, TOWED IN A HOLE, DIRTY WORK, ME AND MY PAL, BUSY BODIES, SONS OF THE DESERT, GOING BYE-BYE, BOHEMIAN GIRL, WAY OUT WEST, SWISS MISS und BLOCKHEADS

THE FURTHER PERILS OF LAUREL & HARDY
Dick & Doof wie immer auf eigene Gefahr
Robert Youngson 1967 – Enthält Szenen aus FLYING ELEPHANTS, SUGAR DADDIES, DO DETECTIVES THINK, THE SECOND HUNDRED YEARS, YOU'RE DARN TOOTIN', HABEAS CORPUS, THAT'S MY WIFE, ANGORA LOVE, SHOULD MARRIED MEN GO HOME, EARLY TO BED und einigen Solo-Filmen

Grübel, grübel: Publicity-Foto (um 1930)

DICK UND DOOF, DIE UNZERTRENNLICHEN
Nordwestdeutscher Filmverleih 1968 – Enthält Szenen aus PUTTING PANTS ON PHILIP und THE FLYING DEUCES sowie eine in München (!) spielende Rahmenhandlung

THE BEST OF LAUREL & HARDY
Rindviecher unter sich
James Wolcott 1969 – Enthält Szenen aus Night owls, Below Zero, One good Turn, The Live Ghost, Pardon us, Laughing Gravy, Be Big, County Hospital, Our Wife, Their First Mistake und Our Relations

FOUR CLOWNS
Vier Clowns
20th Century Fox 1970 – Enthält The Second Hundred Years sowie Szenen mit Charley Chase und Buster Keaton.

LAUREL & HARDY SUCHEN ANSCHLUSS
Defa-Studio für Synchronisation 1972 – Enthält Szenen aus Sugar Daddies, That's my Wife, You're darn Tootin', Unaccustomed as we are und Two Tars

LAUREL & HARDY AUF DER JAGD NACH DEM MAMMON
Defa-Studio für Synchronisation 1973 – Enthält Szenen aus Liberty, Habeas Corpus, From Soup to nuts und Early to bed

Bibliografie

Über Laurel & Hardy:

Anobile, Richard J.: *A Fine Mess. The Crazy World of Laurel & Hardy* – Darien House, New York 1975

Bann, Richard/Kilgore, Al/McCabe, John: *Laurel & Hardy* – Dutton, New York 1975

Barr, Charles: *Laurel & Hardy* – Studio Vista, London 1967

Bergan, Ronald: *The Life and Times of Laurel & Hardy* – Greenwood-Press, London 1992

Bless, Christian: Laurel & Hardy – Trescher-Verlag, Berlin 1992

Borde, Raymond/Perrin, Charles: *Laurel et Hardy* – Editions Serdoc, Lyon 1965 (Reihe »Premier Plan« Nr. 38)

Caloué, Heinz: *Dick und Doof* – Heyne-Verlag, München 1987 (Reihe »Heyne-Mini«)

Clinton, Charles T.: *Laurel and Hardy* – The Saalfield Publishing-Company, New York 1934

Coursoudon, Jean-Pierre: *Laurel et Hardy* – Collection Anthologie due Cinèma, Paris 1965

Crowther, Bruce: *Laurel & Hardy. Clown Princes of Comedy* – Columbus Books, London 1987

Cuenca, Carlos Fernandez: *Rescuerdo y presencia de Stan Laurel y Oliver Hardy* – Filmfestspiele San Sebastian 1965

Everson, William K: *The Films of Laurel & Hardy* – Citadel Press, Secaucus 1967 (dt. Ausgabe: *Laurel & Hardy und ihre Filme*, München 1980)

Gehring, Wes D.: *Laurel and Hardy. A Bio-Bibliography* – Greenwood-Press, Westport 1990

Guiles, Fred Lawrence: *Stan. The Life of Stan Laurel* – Stein and Day, New York 1980

Guisti, Marco: *Laurel & Hardy* – Il Castoro Cinema, Florenz 1978

Governi, Giancarlo: *Laurel & Hardy, due teste senza cervello* – Edizione RAI, Rom 1985

Hanisch, Michael: *Über sie lach(t)en Millionen: Buster Keaton, Harold Lloyd, Laurel & Hardy* – Henschelverlag, Berlin 1976

Haydock, Ron: *The History of Laurel & Hardy* – Goldstein Enterprises, Sherman Okas 1976

Hoppe, Harry: Laurel & Hardy, Life and Magic – Trescher-Verlag, Berlin 1994

Lacourbe, Roland: *Laurel et Hardy ou l'enfance de l'art* – Editions Seghers, Paris 1975

Leeflang, Thomas: *Stan en Ollie* – Het Spectrum, Amsterdam 1977

– ders.: *De Wereld van Laurel en Hardy* – Van Holkema, Wessp 1985

– ders.: *Laurel & Hardy compleet* – Loeb Uitgevers, Amsterdam 1988

Lindberg, Ib: *Laurel & Hardy* – Det Danske Filmmuseum, Kopenhagen 1970

Lorcey, Jacques/Courtel, Basile: *Laurel et Hardy* – Editions PAC, Paris 1980

Malmkjaer, Poul: *Hr Gog og Hr Gokke* – Nosdisk Forlag, Kopenhagen 1966

Maltin, Leonard (Ed.): *The Laurel & Hardy Book* – Curtis Books, New York 1973

McGarry, Annie: *Laurel and Hardy* – Chortwell Books, London 1993

McCabe, John: *Mr Laurel and Mr Hardy* – Doubleday, New York/Museum-Press, London 1961

– ders.: *The Comedy World of Stan Laurel* – Doubleday, New York 1974

– ders.: *Babe. The Life of Oliver Hardy* – Robson-Books, London 1989

Mascati, Camillo: *Stanlio e Ollio. La Coppa della Risita* – Lo Vecchio, Genua 1989

Nollen, Scott Allen: *The Boys. The Cinematic World of Laurel & Hardy* – McFarland & Co., London 1989

o.A. *Filmographie der Kurzfilme mit Stan Laurel und Oliver Hardy* – Österreichisches Filmmuseum Wien 1967

Pantieri, José: *I magnifici Laurel & Hardy* – Centro Studi Cinetelvisivi, Forli 1986

Owen-Parson, Jenny/Mouland, Bill: *Laurel before Hardy* – Westmoreland Gazette, Kendal 1984

Reijnhoudt, Bram: *En Overzicht van zevenendertig films van Laurel & Hardy* – Van Gennep, Amsterdam 1970

– ders.: *Laurel & Hardy voor beginners en gevorderden* – Movies Select Books, Amsterdam 1992

Scagnetti, Jack: *The Laurel & Hardy Scrapbook* – Jonathan David Publishers, Middle Village 1976

Skretvedt, Randy: *Laurel & Hardy. The Magic behind the Movies* – Moonstone-Press, Los Angeles 1987

Allgemeines über Filmkomik:

Agee, James: *Agee on Film* – Grosset & Dunlap, New York 1969 (darin der Aufsatz »Comedy's Greatest Era«)

Brandlmeier, Thomas: *Filmkomiker. Die Errettung des Grotesken* – Fischer-Verlag, Frankfurt/Main 1983

Coursoudon, Jean-Pierre: *Keaton et Compagnie. Les Burlesques américains du muet* – Editions Seghers, Paris 1964

Durgnat, Raymond: *The Crazy Mirror. Hollywood Comedy and the American Image* – Delta Books, New York 1972

Franklin, Joe: *Encyclopedia of Comedians* – Citadel Press, Secaucus 1979

Giesen, Rolf: *Lachbomben. Die großen Filmkomiker,* 2 Bde. – Heyne-Verlag, München 1991 und 1994

Grun, Bernhard: *Aller Spaß dieser Welt* – Langen-Müller, München 1965

Kerr, Walter: *The Silent Clowns* – Da Capo Books, New York 1980

Leeflang, Thomas: *The World of Comedy* – Smith & Son, Leicester 1988

Maltin, Leonard: *Movie Comedy Teams* – Signet Books, New York 1970

– ders.: *The Great Movie Comedians* – Crown-Publishers, New York 1978

Nastvogel, Kurt-Uwe/Schatzdorfer, Gerhard: *Der komische Film,* 2 Bde. – Roloff & Seeßlen, Schondorf 1982

Neibaur, James L.: *Movie Comedians. The Complete Guide* – McFarland, Jefferson 1986

Nowak, Anneliese: *Die amerikanische Filmfarce* – TR-Verlagsunion, München 1991

Parish, James Robert/Leonard, William T.: *The Funsters* – Arlington House, New Rochelle 1979

Quinlan, David: *Quinlan's Illustrated Directory of Film Comedy Stars* – Batsford, London 1992

Robinson, Jeffrey: *Teamwork. The Cinema's Greatest Comedy Teams* – Proteus Books, London 1982

Seeßlen, Georg: *Klassiker der Filmkomik* – Rowohlt-Verlag, Reinbek 1982

Sinyard, Neil: *Classic Movie Comedians* – Grange-Books, London 1992

Smith, Ron: *Comic Support. Second Bananas in the Movies* – Citadel Press, Secaucus 1993

Staveacre, Tony: *Slapstick. The Illustrated Story of Knockabout Comedy* – Angus & Robertson, London 1987

Anmerkungen

1. zit. nach: Fred Lawrence Guiles: Stan. The Life of Stan Laurel, New York 1980, S. 26
2. zit. nach: Bann/Kilgore/McCabe: Laurel & Hardy, New York 1976, S. 14
3. zit. nach: John McCabe: Mr Laurel and Mr Hardy, New York 1968, S. 33
4. zit. nach: Bann/Kilgore/McCabe, a.a.O., S. 14
5. zit. nach: McCabe, a.a.O., S. 101
6. zit. nach: Guiles, a.a.O., S. 59
7. Randy Skretvedt: Laurel & Hardy. The Magic behind the Movies, Los Angeles 1987, S. 17
8. zit. nach: Hans Stempel: Gespräch mit Hal Roach, in: Hommage Hal Roach, Internationale Filmfestspiele Berlin 1992, S. 1
9. zit. nach: McCabe, a.a.O., S. 42
10. zit. nach Bann/Kilgore/McCabe, a.a.O., S. 16
11. zit. nach McCabe, a.a.O., S. 44
12. Michael Hanisch: Über sie lach(t)en Millionen: Keaton, Lloyd, Laurel & Hardy, (Ost-) Berlin 1976, S. 150
13. Wann genau der Film LUCKY DOG entstand, läßt sich nicht mehr zweifelsfrei verifizieren. Stan Laurel selbst gab die Drehzeit in einem Interview mit »1916 oder 1917« an, John McCabe nennt in seiner Hardy-Biographie »Sommer oder September 1918«, während Randy Skretvedt die Aufnahmen auf November 1919 datiert. Berücksichtigt man Laurels vage Datierung, können die Dreharbeiten nur Mitte bis Ende 1917 stattgefunden haben, da Hardy vorher nicht in Hollywood arbeitete.
14. zit. nach: John McCabe: Babe. The Life of Oliver Hardy, London 1989, S. 37
15. Skretvedt, a.a.O., S. 33
16. Rainer Dick: Anarchist in Latzhosen. Zum 100. Geburtstag von Larry Semon, in: Two Tars Tent Journal Nr. 10, Solingen 1989
17. William K. Everson: The Films of Laurel & Hardy, Secaucus 1967, S. 22
18. zit. nach: Rolf Giesen: Lachbomben. Die großen Filmkomiker, München 1991, S. 196
19. zit. nach: Guiles, a.a.O., S. 77
20. Wes D. Gehring: Laurel & Hardy. A Bio-Bibliography, Westport 1990, S. 25
21. zit. nach: Guiles, a.a.O., S. 91 f.
22. Nastvogel/Schatzdorfer: Der komische Film, Schondorf 1982, Bd. 1, S. 71
23. zit. nach: Boyd Verb: Laurel without Hardy gives a rare Interview, in: Films in Review, März 1959
24. Wes D. Gehring, a.a.O., S. 32
25. Peter Bogdanovich: Taking Chances. Interview with Leo McCarey, in: Cahiers du Cinema, Januar 1967 (englische Ausgabe)
26. zit. nach: McCabe, a.a.O., S. 83
27. zit. nach: McCabe, a.a.O., S. 78
28. zit. nach: Verb, a.a.O.
29. zit. nach Verb, a.a.O.
30. zit. nach: Skretvedt, a.a.O., S. 107
31. Buster Keaton/Charles Samuels: Schallendes Gelächter, München 1986, S. 236

[32] McCabe, a.a.O., S. 103
[33] zit. nach: Verb, a.a.O.
[34] zit. nach: McCabe, Mr Laurel and Mr Hardy, a.a.O., S. 46
[35] Leonard Maltin: The Laurel & Hardy Book, New York 1973, S. 27
[36] zit. nach: Maltin, a.a.O., S. 28
[37] zit. nach: Skretvedt, a.a.O., S. 202
[38] Maltin, a.a.O., S. 100
[39] Roland Lacourbe: Laurel & Hardy ou l'enfance de l'art, Paris 1975, S. 224
[40] Werner Schwier: ABC der Komiker. James Finlayson, in: Film Nr. 8/1964
[41] zit. nach: McCabe, Mr Laurel and Mr Hardy, a.a.O., S. 148
[42] Gehring, a.a.O., S. 9
[43] zit. nach: McCabe, a.a.O., S. 41
[44] Skretvedt, a.a.O., S. 19
[45] zit. nach: Guiles, a.a.O., S. 134
[46] Rainer Dick: Stan Laurel als Western-Produzent, in: Two Tars Tent Journal, Solingen, Mai 1993
[47] zit. nach: John McCabe: Babe, a.a.O., S. 121
[48] Raymond Borde/Charles Perrin: Laurel & Hardy, Lyon 1965, S. 102
[49] William Schelly: Harry Langdon, Metuchen 1982, S. 183
[50] zit. nach: McCabe, Babe, a.a.O., S. 142
[51] zit. nach: Skretvedt, a.a.O., S. 372
[52] Everson, a.a.O., S. 196
[53] Lacourbe, a.a.O., S. 54
[54] zit. nach: McCabe, Mr Laurel and Mr Hardy, a.a.O., S. 145
[55] Bruce Crowther: Laurel and Hardy Clown Princes of Comedy, London 1987, S. 155
[56] Biografische Filme über Show- und Filmstars waren in den 50er Jahren sehr beliebt, obwohl sie die authentische Lebensgeschichte der vorgestellten Persönlichkeiten zugunsten romantisierter Hagiografien vernachlässigten. So spielte James Cagney den Stummfilmstar Lon Chaney in MAN OF A THOUSAND FACES (1956), Donald O'Connor versuchte sich in der Titelrolle von THE BUSTER KEATON STORY (1957). – In welchem Umfang Laurel & Hardy in die Überlegungen um einen Film über das Team eingebunden waren, läßt sich nicht mehr ermitteln. Im Gespräch mit der Zeitschrift »Films in Review« (Verb, a.a.O.) regte Stan Laurel an, ihre Rollen könnten von den beiden TV-Stars Jackie Gleason und Art Carney übernommen werden: »Sie sind sehr gute und kluge Schauspieler. Sie gefallen mir. Außerdem freue ich mich über die Ähnlichkeit.« – 1988 ging die Meldung durch die Presse, Dick Van Dyke und Henry Calvin sollten in einer Filmbiografie die Rollen von Laurel & Hardy übernehmen. Auch dieser Plan wurde bisher nicht verwirklicht.
[57] Guiles, a.a.O., S. 215
[58] zit. nach: McCabe, Mr Laurel and Mr Hardy, a.a.O., S. 146
[59] zit. nach Skretvedt, a.a.O., S. 428
[60] zit. nach: o.A.: Oliver Hardy of Film Team dies, in: The New York Times, 8. 8. 1957
[61] zit. nach: Bann/Kilgore/McCabe, a.a.O., S. 9
[62] Dick Van Dyke: A Tribute, zit. nach: McCabe, Mr Laurel and Mr Hardy, a.a.O., S. 12 f.
[63] o. A.: Mister Laurel and Mister Hardy, in: Variety, 24. 11. 1976

64 Crowther, a.a.O., S. 174
65 Rainer Dick: Kränze von der Nachwelt oder: Wie Laurel & Hardy zu Bühnenhelden wurden, in: Two Tars Tent Journal Nr. 7, Solingen 1988
66 Schon in den 30er Jahren erschienen – etwa in der US-Zeitschrift »Film Fun« – regelmäßige Comic-Strips um Laurel & Hardy. Darüber hinaus waren in zahlreichen Zeichentrickfilmen Karikaturen der beiden zu sehen. Unter anderem agieren ihnen nachempfundene Cartoon-Figuren in den von Walt Disney produzierten Filmen MICKEY'S GALA PREMIERE (1933), MICKEY'S POLO-TEAM (1935) und MOOTHER GOOSE GOES HOLLYWOOD (1938). – Die Heftreihe von Larry Harmon wurde unter dem Titel »Dick und Doof« auch in der Bundesrepublik herausgegeben.
67 o.A.: Mehr Rechte für Schauspieler, in: Münchner Merkur, 12. 10. 1975
68 Der komische Elch gehörte in den 70er Jahren zur Belegschaft der ZDF-Reihe »Trickfilmzeit mit Adelheid«
69 zit. nach: Bernhard Grun, Aller Spaß dieser Welt, München 1965, S. 382
70 Everson, a.a.O., S. 19
71 o. A.: Zärtliche Chaoten, in: Tip-Magazin, Nr. 17/1988
72 Benjamin Henrichs: Lacht kaputt, was euch kaputtmacht, in: Die Zeit, 16. 6. 1989
73 Torsten Alisch: Zum ungestörten Genuß des Laurel-&-Hardy-Festivals, in: Tageszeitung, 11. 8. 1988
74 Thomas Brandlmeier: Stan Laurel und Oliver Hardy, in: Film- und Ton-Magazin, Nr. 2/1977
75 Vito Russo: The Celluloid Closet, New York 1987, S. 64
76 David Robinson: The Lighter People, in: Sight and Sound, Juli 1954
77 Claudius Seidl: Dick und Doof sind tot, es leben Laurel & Hardy, in: Süddeutsche Zeitung, 23. 6. 1988
78 Everson, a.a.O., S. 54
79 Anneliese Nowak: Die amerikanische Filmfarce, München 1992, S. 142
80 Raymond Durgnat: The Crazy Mirror. Hollywood Comedy and the American Image, London 1969, zit. nach: Joe Hembus, Einführungstexte zur Fernsehserie »Lachen Sie mit Stan und Ollie«, 1975, Typoskript, Bl. 9
81 George Seeßlen: A Fine Mess, in: epd Film Nr. 8/1988
82 Hembus, a.a.O., Bl. 24
83 Henry Miller: The Golden Age, zit. nach: McCabe, Mr Laurel and Mr Hardy, a.a.O., S. 85
84 Henrichs, a.a.O.
85 Herbert Holba: Zwei machen Spaß, in: Action Nr. 10/1966
86 W. K.: Die Toren, die das Gute wollen, in: Film Nr. 8/1965
87 Thomas Brandlmeier: Filmkomiker. Die Errettung des Grotesken, Frankfurt/Main 1983, S. 228
88 Gertrud Koch: Vom Lachen, das aus den Knochen fährt, in: Frankfurter Rundschau, 10. 11. 1976
89 Hans Scheugel: Sexualität und Neurose im Film, München 1978, S. 359
90 Eckhart Schmidt: Geschöpfe aus einer anderen Welt. Zur Komik von Laurel & Hardy, in: Stuttgarter Zeitung, 15. 7. 1966
91 Durgnat, zit. nach: Hembus, a.a.O., Bl. 14
92 Hellmuth Karasek: Die Lust, alles kurz und klein zu schlagen, in: Der Spiegel Nr. 33/1988
93 Christian Pfluger: Die semiotischen Zwillinge, in: Weltwoche, 17. 7. 1986

94 Seidl, a.a.O.
95 Josef Schnelle: Filmkomödie als Lebensphilosophie, in: Filmkorrespondenz Nr. 17/1988
96 Hanisch: a.a.O., S. 192
97 Verena Zimmermann: Der Aberwitz eines ungleichen Paares, in: Basler Zeitung, 15. 7. 1978
98 Fritz Göttler: Das Prinzip Wie-du-mir-so-ich-dir, in: Böblinger Zeitung, 15. 2. 1992
99 McCabe, Mr Laurel and Mr Hardy, a.a.O., S. 64
100 Everson, a.a.O., S. 34 f.
101 zit. nach: Verb, a.a.O.
102 Hanisch, a.a.O., S. 144
103 zit. nach: Licht-Bild-Bühne, 15. 4. 1937
104 Edith Hamann: Bühne und Film in der Karikatur. Dick und Dof, in: Lustige Blätter, 2. 4. 1937
105 o. A.: Hinter Schloß und Riegel, in: Kinematograph, 26. 5. 1932
106 o. A.: Dick und Dof und Diavolo, in: Berliner Morgenpost, 7. 9. 1933
107 G. G.: Die Kreidestimme. Zum Tode von Walter Bluhm, in: Tagesspiegel, 4. 12. 1976
108 Während Walter Bluhm stets für neue Synchronfassungen herangezogen wurde, wechselten die Sprecher für Hardy bisweilen. Unter anderen haben ihm Gerd Duwner und Bruno W. Pantel ihre Stimmen geliehen. Als 1975 für die ZDF-Reihe »Lachen Sie mit Stan und Ollie« eine Neusynchronisierung vorgenommen wurde, sprach Michael Habeck den Part Hardys, während Laurel erneut von Walter Bluhm gesprochen wurde. Kurz nach der Fertigstellung starb Bluhm.
109 Hembus, a.a.O., Bl. 3
110 Georg Seeßlen: Klassiker der Filmkomik, Reinbek 1982, S. 169
111 Hanisch, a.a.O., S. 198
112 Werner Schwier: Sind Laurel & Hardy dick und doof?, in: Zwei ritten nach Texas. Atlas-Filmheft Nr. 56, Duisburg 1965
113 o. A.: Europa-Tournee von Laurel & Hardy, in: Film-Kurier, 6. 4. 1937
114 Licht-Bild-Bühne, 15. 4. 1937
115 Brief von Lucille Hardy an Markus Maier, zit. nach: Two-Tars-Tent Journal Nr. 11, Solingen 1990. Inzwischen, wie sollte es anders sein, werden Laurel-&-Hardy-Filme auch auf Video angeboten.

Register

A

Abbott, Bud 67, 115
A Chump at Oxford (1939) *71*, 81, 105, 108, 123, 160, 189, 203, 265
Agee, James 140
A-Hounting we will go (1942) 112f., 198, *265*, 266
Air Raid Wardens (1942/43) 113, 185, *267*, 268
Alles in Schlagsahne (The Battle of the Century) (1927) 52, 57, 79, 180, 239
Als Lachen Trumpf war (When Comedy Was King) 223
Altman, Robert 139
Anderson, Gilbert M. 31, 38, 40
Anderson, Maxwell 120
Andrews, Dana 135
Angora Love (1929) 160, 245, *245*
Another Fine Mess (Zwei Kuckuckseier) (1930) 13, 49, 68, 160, 203, 251, *251*
Any Old Port (1931) 78f., 150, 157, 183, 255
A Perfect Day (1929) 54, 83, 148f., 172, 189, 246
Arbuckle, Fatty 181
Ardell, Alyce 59f., 75, 98
Around The World in 80 Days (In 80 Tagen um die Welt) 129
Arp, Philip 138
Assmann, Arno 220
Atoll K (Dick und Doof erben eine Insel) (1950/51) 123ff., *124*, 208, 222, *271*, 271
Aubrey, Jimmy 34

B

Babes in Toyland (1934) *69*, 80, 92, 94, 143, 150, 157, 160, 191, 212, 222, 261f.
Bacon Grabbers (1929) 83, 244
Das Bad auf der Tenne 218
Banditenlied (The Rogue Song) (1929) 62, *64*, 73, 144, 212, 217, 247
Bara, Theda 48
Barrymore, John 63
The Battle of the Century (Alles in Schlagsahne) (1927) 52, 57, 79, 180, 239
Be Big (1930) 72, 79, 81, 151, 160, 170, 172, 252
Bean, Orson 140
Beau Hunks/Beau Chumps (1931) 158, 191, 253
Beery, Wallace 73
The Bellboy (Der Page) 135, 139
The Bellhop (1921) 36
Below Zero (1930) 72, 84, 194, *207*, 208, 222, 250
Benny, Jack 62
Berth Marks (1929) 65, 169f., *228*, 246
Der betrunkene Gast (The Live Ghost; Spuk an Bord; Das Gespensterschiff) (1934) *186*, 186, 194, 262
Big Business (Das große Geschäft) (1928) 79, 86, 169, 175ff., *175*, 180, 244
The Big House (Menschen hinter Gittern) 73
The Big Noise (1944) 113, 269, *270*
Bleka Greven 222
Blockheads (Lange Leitung) (1938) 84, 87, 100, 102f., 159, 194, *199*, 199, 201, 227f., 264
Blood and Sand 40
Blotto (1929) 79, 81, 151, 159, 247
Bluhm, Walter 218ff.

Bohemian Girl (1935/36) *57*, 80, 86, 96, 150, 157, 170, 191, 208, 211f., 222, 263
Bonnie Scotland (1935) 94, *95*, 96, 146, *147*, 184, 208, 218, *220*, 262
Böse Buben im Wunderland (Dick und Doof: Rache ist süß; Babes in Toyland) (1934) *69*, 80, 92, 94, 143, 150, 157, 160, 191, 212, 222, 261f.
Brandon, Henry 143
Brats (Glückliche Kindheit) (1930) 71f., 88, 148, *187f.*, 192f., 203, 210, 212, 248, *248*
Bromo and Juliet (1926) 37
Browning, Tod 49
Brownlow, Kevin 140
Buell, Joe 98
The Bullfighters (1944) 114, 116, 270
Bunds and Bunglers (1919) 34
Buñuel, Luis 198
Burckman, Clyde 79
Burns, George 19
Busch, Mae *67*, 80f., *82*, 84, *155*, *157*
Busy Bodies (1933) 84, 194, 214, 259

C

Cagney, James 113
Call of the Cockoos (1927) 239
Campbell, Eric 30
Capra, Frank 122
Chaplin, Charles 13–16, *15*, 20, 43, 66, 73, 76, 79, 84, 97, 145, 148, 181, 210, 226
Chase, Charley 37f., 44, 46, 49, 79, 85, 92, 96
Chickens Come Home (Sowas kommt von sowas; Den Glücklichen schlägt keine Stunde) (1931) 80, 86, 153, 155, 166, 184, 189, 252
The Chimp (1932) 160, 255
Christie, Dorothy *155*
City Lights (Lichter der Großstadt) 79
Clyde, Andy 136
Coburn, Charles 122
Coburn, Dorothy 84
Colbert, Claudette 113
Cole, Kay 137
Collins, Monte 122
Come Clean (1931) 80, 151, 155, *157*, 253
Cook, Clyde 38, 136
Cooke, Alice und Baldwin 17, 43
Costello, Lou 67, 115
County Hospital (1932) 221, 255f.
Coursoudon, Jean-Pierre 140
Cramer, Rychard 84
Crawford, Joan 62f., 137
Crazy to Act 37
The Crazy World Of Laurel & Hardy 223
Crosby, Bing 89, *90*, 113, 122
Crossley, Syd 49
Croy, Homer 71
Cumacho, Avila 110

D

Dahlberg Cuthbert, Mae (Stan Laurels »Gewohnheitsehefrau«) 17, 19f., *21*, 38, 40–44, 60, 98
Dali, Salvador 198
Dames and Dentists (1920) 34
The Dancing Masters (1943) 160, 268

Davidson, Max 46
Davies, Marion 40
Day, Ron 138
Delair, Suzy 123
Delfont, Bernard 118ff., 125f., 129
Den Glücklichen schlägt keine Stunde (Chickens Come Home; Sowas kommt von sowas) (1931) 80, 86, 153, 155, 166, 184, 189, 251
Deren, Maya 206f.
Dick und Dof auf Abwegen (We Faw Down) (1928) 150, 165, 242, *244*
Dick und Dof auf Heimaturlaub (Two Tars) (1928) 180, 241
Dick und Dof hinter Schloß und Riegel (Pardon Us) (1930) 72ff., 87, *171*, 187, 210, 217, 226, 249
Dick und Dof in Freiheit dressiert (Liberty) (1928) *167*, 168, 242
Dick und Dof spielen Golf (Should Married Men Go Home) (1928) 58, 65, 148, 159, 178, 190, 240
Dick und Doof als Geheimagenten bei FBI (A-Hounting we will go) (1942) 112 f., 198, *265*, 268
Dick und Doof als Geheimagenten (The Big Noise) (1944) 113, 270f., *270*
Dick und Doof als Rekruten (Pack Up Your Troubles; Zwei Musketiere) (1932) 84, 150, 161, *163*, 184, 208, 256
Dick und Doof als Salontiroler (Swiss Miss; Schweizermädel) (1937/38) 100, 102, 158, 195f., *196*, 208, 212, 266
Dick und Doof als Schornsteinfeger (Dirty Work) (1933) 149, 171, 189f, 194, 259
Dick und Doof als Studenten (Wissen ist Macht; Dick und Doof in der Schule; A Chump at Oxford) (1939) *71*, 81, 105, 108, 123, 160, 189, 203, 266
Dick und Doof auf Freiersfüßen (Private Life of Oliver VIII.) (1933/34) 81, 156, 260
Dick und Doof auf Gespensterjagd (The Laurel & Hardy Murder Case; Spuk um Mitternacht) (1930) 72, 148, 217, 222, 249
Dick und Doof bei Tante Klara (One Good Turn) (1931) 87, 148, 184, 190, 253, *254*
Dick und Doof erben eine Insel (Atoll K) (1950/51) 123 ff., *124*, 208, 222, *271*, 272
Dick und Doof im Wilden Westen (Way out West; Ritter ohne Furcht und Tadel; Zwei ritten nach Texas) (1936) 58, 79, 87, 97f., 131, 143, 150, 155, 157, 165, 182, *183*, 189, 193f., 201, *202*, 211, *213*, 225, 264
Dick und Doof in der Fremdenlegion (The Flying Deuces) (1939) 105f., *158*, 158, 184, 191, 195, 208ff., 222, 266f.
Dick und Doof in der Schule (Wissen ist Macht; Dick und Doof als Studenten; A Chump at Oxford) (1939) *71*, 81, 105, 108, 123, 160, 189, 203, 266
Dick und Doof in tausend Nöten (Kompilationsfilm) 222
Dick und Doof jagen den Stier (Stierkämpfer wider Willen; The Bullfighters) (1944) 114, 116, 271 f.
Dick und Doof mit der Kuckucksuhr (Thicker Than Water) (1935) 66, 87, 151, 170, 203f., 263
Dick und Doof und die Wunderpille (Jitterbugs) (1943) 113f., 116, 160, 223, 268, *269*
Dick und Doof und die Wundersäge (Busy Bodies) (1933) 84, 194, 214, 259
Dick und Doof, die Hüter des Gesetzes (The Midnight Patrol; Mitternachts-Patrouille) (1933) 259

Dick und Doof, die Schwerenöter (Be Big; Sei ein Mann) (1930) 72, 79, 81, 151, 160, 170, 172, 251
Dick und Doof, die Tanzmeister (The Dancing Masters) (1943) 160, 269
Dick und Doof, die Unzertrennlichen (Kompilationsfilm) 222
Dick und Doof, die Vollmatrosen (Men O'War) (1929) 65, *86*, 156, 165, 230, 245
Dick und Doof. Eine Superschau des Lachens (Kompilationsfilm) 222
Dick und Doof: Die Wüstensöhne (Sons of the Desert; Hilfe, wir sind ertrunken) (1933) 80, 92, *141*, 151f., *155*, 182, 190f., 210, 260
Dick und Doof: Hände hoch oder nicht (Fra Diavolo; Die Teufelsbrüder; Die Sittenstrolche) (1933) 80f., 92, 123, 184, 191, 211, 218, 257f.
Dick und Doof: Rache ist süß (Babes in Toyland; Böse Buben im Wunderland) (1934) *69*, 80, 92, 94, 143, 150, 157, 160, 191, 212, 222, 261 f.
Dick und Doof (Fernsehserie) 224
Dieterle, Wilhelm 217
Dietrich, Marlene 129
Dirty Work (1933) 149, 171, 189f., 194, 259
Do Detectives Think? (1927) 51, 56, 146, 238
Dohm, Will 218f
Die Doppelgänger von Sacramento (Our Relations; Die lieben Verwandten; Zweimal Dick und zweimal Doof; Spuk aus dem Jenseits) (1936) *47*, 87, 96f., 153, 156, 203 f., 233, 264
Das Doppelleben der Sister George (The Killing of Sister George) (1968) 139
Double Whoopee (1929) 148, 205, 244
Douglas, Gordon 105
Do You Love your Wife? (1918/19) 21
Drei Frauen erobern New York (Two Tickets to Broadway) 129
Dressler, Marie 64
Dr. Pyckle and Mr. Pryde 42
Duck Soup (1926) 13, 49, 68, 236
Durante, Jimmy 63 f.
Dwan, Dorothy *35*, 37

E

Early to Bed (Marsch ins Bett) (1928) 188, 241
Edwards, Blake 138f.
The Egg 39
Ein andalusischer Hund (Un Chien Andalou) 198, 202
Ein Hundewetter (Laughing Gravy) (1931) 72, 84, 160, *162*, 206, 208, 222, 252
Elisabeth, Königin von England, Gemahlin George VI. 120
Enough to do (1926) 44
Es darf gelacht werden (Fernsehserie) 223

F

Fazenda, Louise 85
Fernandel (Fernand Constantin) 122f
Fields, W. C. 73, 87
The Fighting Kentuckian (1949) 121, *121*
The Finishing Touch (Das ideale Wochenendhaus) (1927) 55, 83, 172, 185, 198, 215, 240, *241*
Finlayson, James 44, 56, 84–87, *86*, 138, 175, *175*, 184, 193
The Fixer Uppers (1935) *67*, 156, 262
Fluttering Hearts (1927) 37
The Flying Deuces (1939) 105f., *158*, 158, 184, 191, 195, 208ff., 222, 265
Flying Elephants (1927) 165, 238

Foolish Wives (Törichte Frauen) 80
Ford, John 120
45 Minutes from Hollywood (1926) 48ff., 236
Foster, Lewis 79
Fra Diavolo (1933) 80f., 92, 123, 184, 191, 211, 218, 257f.
Frische Fische (Towed in a Hole; Segler ahoi) (1932) *209*, 221, 256
Fröhlich, Gustav 217
From Soup to Nuts (1927/28) 51, 81, 138, 151, 240
Funès, Louis de 87

G

Garbo, Greta 63, 71
Garland, Judy 113
Garvin, Anita 81, *151*
George VI., von England 120
George, Heinrich 217
Das Gespensterschiff (Der betrunkene Gast; The Live Ghost; Spuk an Bord) (1934) *186*, 186, 194, 262
Get'em Young 44, 48, 53
Gilbert, Billy 84, *85*, *174*
Gilbert, John 62
Glückliche Kindheit (Brats) (1930) 71f., 88, 148, *187*f., 192f., 203, 210, 212, 248, *250*
Going Bye-Bye (1934) 80, *82*, 146, 170, 187, 260
The Gold Rush (Goldrausch) 210
The Golden Age Of Comedy 223, 272
Golf (1922) 36
Goulding, Alf 123
Grand Hotel (Menschen im Hotel) 63
Grant, Cary 113
The Great Dictator (Der große Diktator) 84
Great Guns (Dick und Doof, Schrecken der Kompanie) (1941) 112f., 198, *266*, 266
The Great Race 138
The Great Train Robbery (1903) 31
Das große Geschäft (Big Business) (1928) 79, 86, 169, 175ff., *175*, 180, 243
Das große Rennen rund um die Welt (The Great Race) 138
Guiol, Fred 48f., 79
Günther, Wolfgang 141

H

Habeas Corpus (1928) 65, 187, 242
Hadfield, Mark 138
Half a Man (1925) *18*
Hall, Charlie 83, *83*
Hals- und Beinbruch (County Hospital; Harte Eier und Nüsse) (1932) 221, 255f.
Hardy, Emily (Mutter Oliver Hardys) 22, 24
Hardy, Lucille (dritte Ehefrau Oliver Hardys) 106, *108*, 108f., *111*, 126, *127*, 132f., 139, 229
Hardy, Madelyn (erste Ehefrau Oliver Hardys) 27, *30*, 31-34, 99
Hardy, Myrtle (zweite Ehefrau Oliver Hardys) *33*, 33, *35*, 48, *59*, 60ff., 76, 78, 98f., 135
Hardy, Oliver (d. i. Norvel Hardy) *passim* 22
Hardy, Oliver d. Ä. (Vater Oliver Hardys) 22
Harmon, Larry 139
Harte Eier und Nüsse (Hals- und Beinbruch; County Hospital) (1932) 221, 255f.
Harun, Helmut 222
Hatley, Marvin 212, 214, 231
Hats Off (Hut ab) (1927) 144, 239
Das Haus der 1000 Freuden (Call of the Cockoos) (1927) 239

Helpmates (Wenn die Maus aus dem Haus ist; Die Strohwitwer) (1931) 69, 79, 147, 154, 170, 172, *173*, 190, 205, 255
Hembus, Joe 224
Her Boy Friend (1924) 36
Heston, Charlton 135
Hilfe, wir sind ertrunken (Sons of the Desert; Dick und Doof: Die Wüstensöhne) (1933) 80, 92, *141*, 151f., *155*, 182, 190f., 210, 260
Hog Wild (1930) 149, 172, 195, 250
Hollywood Party (Die Löwen von Hollywood) (1933/34) *152*, *154*, 166, 178, 260, *261*
Hollywood Revue of 1929 (Wir schalten um auf Hollywood) 62, 73, 217, 246
The Hoose-Gow (1929) 247, *248*
Hope, Bob 115, 149
Horn, Camilla 217
Horne, James W. 79f
Horton, Edward Everett 185
Houseman, Arthur *47*
Hube, Jörg 138
Hughes, Howard 129
Hurley, Edgar und Wren 17
Hut ab (Hats Off) (1927) 144, 239

I

Das ideale Wochenendhaus (The Finishing Touch) (1927) 55, 83, 172, 185, 198, 215, 240, *241*
Ihr könnt mir mal was blasen (You're Darn Tootin') (1928) 148, 168f., 180, 190, 240, *243*
In 80 Tagen um die Welt (Around The World in 80 Days) 129
In letzter Sekunde (The Fighting Kentuckian) (1949) 121, *121*
Insley, Charles 29
Ireland, Ian 137

J

Jane B. Vu Par Agnès V. (Jane B. par Agnès V.) (1987) 139
Jefferson, Arthur J. (Vater von Stan Laurel) 11, 76f.
Jefferson, Stanley Robert (Sohn Stan Laurels) 75
Jefferson, Teddy (Bruder Stan Laurels) 92
Jefferson, Venitia (Stiefmutter Stan Laurels) 77
Jitterbugs (1943) 113f., 116, 160, 223, 267, *270*
Joannon, Leo 123, 125
Jones, Richard F. 37, 49
Jones, Virginia Lucille s. Hardy, Virginia
Der Jüngling aus der Fremde (Putting Pants On Philip) (1927) 56f., 79, 165f., 222, 239
Just Rambling Along (1918/19) 21

K

Karno, Fred 13–16, 34, 76, 84
Kavaliere für 24 Stunden (The Second Hundred Years) (1927) 56, 215, 238
Kaye, Danny 116, 134f.
Keaton, Buster 37, 62ff, 70f., 73, 129, 134, 136, 145, 148, 181, 217, 226
Kelly, Patsy 92, 94 f., 136
Kennedy, Edgar *58*, 82f., 184
Kilgore, Al 141
Kill or Cure 42
The Killing of Sister George (1968) 139
The King of the Wild Horses (1924) *26*, 37
King, Dennis 211f.
Kintopps Lachkabinett (The Golden Age Of Comedy) 223

Die kleinen Strolche (Our Gang) (1922) 46
Kora Terry 218

L

Lach' und wein' mit mir (Riding High) (1950) 122
Lachman, Harry *233*
Laemmle, Carl 20
Landwehr, Michael 137
Langdon, Harry 73, 103f., *104*, 114, 121, 148, 181, 187
Laughing Gravy (Ein Hundewetter) (1931) 72, 84, 160, *162, 206*, 208, 222, 252
Laurel & Hardy als Frauen (Twice Two) (1932) 91, 159f., 192, 203, 221, 257
Laurel & Hardy als Landstreicher (1932) *53*, 76, 165, 221, 256
Laurel & Hardy auf der Walz (1934) 80, 84, 148, 178, 210, 261
Laurel & Hardy in der Wüste (1931) 158, 191, 253
The Laurel & Hardy Murder Case (1930) 72, 148, 217, 222, 250
Laurel, Ida Kitaeva (fünfte Ehefrau Stan Laurels) 116, *117*, 118, 122, 126, *127*, 133, 136
Laurel, Illeana (dritte Ehefrau Stan Laurels) 98ff., *101*, 102, *103*, 109, 118
Laurel, Lois (erste Ehefrau Stan Laurels) 43, *45*, 74f., 91, 93
Laurel, Lois jr. (Tochter Stan Laurels) *45*, 58f., *75*
Laurel, Stan (d. i. Arthur Stanley Jefferson) *passim*
Laurel, Virginia Ruth (zweite und vierte Ehefrau Stan Laurels) 92, *93*, 94, *95*, 97-100, 109, *109*, 116, 133
Lawrence, Rosina 143
Leave 'em Laughing (Nur mit Lachgas) (1927) 57, *58*, 160, 194, *216*, 239
Lebrun, Albert 78
Die Leibköche seiner Majestät (Nothing But Trouble) (1944) 114, *115*, 116, 271
Leno, Dan 11, 134
Lesser, Sol 106
Lewis, Jerry 135, 139, 187
Liberty (1928) *167*, 168, 243
Lichter der Großstadt (City Lights) 79
Die lieben Verwandten (Our Relations; Zweimal Dick und zweimal Doof; Spuk aus dem Jenseits; Die Doppelgänger von Sacramento) (1936) *47*, 87, 96f., 153, 156, 203f., 233, 264
Liewen, Werner 220
Lingen, Theo 224
Lions and Ladies (1919) 34
The Live Ghost (1934) *186*, 186, 194, 262
Lloyd, Harold 20, 40, 44f., 66, 70, 73, 136, 145, 148, 181, 226
Locke, Sam 118
Long, Walter 84
Love 'em and Weep (1927) 86, 237
Lucky Dog (1917) 31f, 34, 38, 236

M

MacCarey, Leo 79
MacWilliams, Glen 112
Mad Wednesday (Verrückter Mittwoch) 118
Madame Mystery (1926) 44
Madsen, Harald (Patachon) 222
Man about Town (1923) 42
Mandarins Mix-up (1924) 42
Marceau, Marcel 10, 123, *134*, 134
Marsch ins Bett (Early to Bed) (1928) 188, 241

Marx Brothers 73, 115, 145, 178, 210
Marx, Harpo 166, 187
Maté, Rudolph *233*
McCabe, John 140f.
McCann, Chuck 140
McCarey, Leo 49-52, 54ff., 129, 136, 230
McFarland, George »Spanky« *63*, 94f.
McGrath, Tom 137
Me and my Pal (1933) 87, 214, 258f.
Mein Onkel (Mon Oncle) 134
Meins, Gus 80
Men O'War (1929) 65, *86*, 156, 165, *230*, 246
Menjou, Adolphe 90
Menschen hinter Gittern (The Big House) 73
Menschen im Hotel (Grand Hotel) 63
The Merry Widower (1925) 44
Metcalfe, Magde (Mutter von Stan Laurel) 11
Middleton, Charles 84
The Midnight Patrol (1933) 259
Miller, Henry 181
Minicino, John 141
Die Mitgiftjäger (Me and my Pal) (1933) 87, 214, 258f.
Mitternachts-Patrouille (The Midnight Patrol; Dick und Doof, die Hüter des Gesetzes) (1933) 259
Modern Times (Moderne Zeiten) 210
Mon Oncle (Mein Onkel) 134
Monroe, Marilyn 166f.
Monsieur Don't care 42
Moreny, Harry 119
Morris, Chester 73
Morros, Boris 105
Morse, Viola 60, *61*, 108
Mud and Sand 40
The Music Box (1931) 78f., 84, *85*, 135, 149, 166, 170, 172f., *174*, 194, 208, 221, 255
Die musikalische Kiste (1931) 78f., 84, *85*, 135, 149, 166, 170, 172f., *174*, 194, 208, 221, 255
Myers, Harry 48

N

Near Dublin (1924) 21, 42
Neilsen, Lois s. Laurel, Lois
Never Too Old (1925) 44
The Nickel Hopper 38
Night Owls (1929) 72, 126, 247
No Man's Law (1927) 38, 85
No Place like Jail (1918/19) 21
Normand, Mabel 37f., 46, 48, 85
Nothing But Trouble (1944) 114, 115, 116, 270
Now I'll Tell One (1927) 238
Nur mit Lachgas (1927) 57, *58*, 160, 194, *216*, 239
Nuts in May (1917) 20, 38

O

Oakland, Vivien 84
Oberon, Merle 113
Ode, Erik 218
O'Hara, Maureen 120
On the Front Page 42f.
On the Loose (1931) 95, 254
On the Wrong Trek (1936) 263
One Good Turn (1931) 87, 148, 184, 190, 253, *254*
Oranges and Lemons 42
Our Gang (Die kleinen Strolche) (1922) 46
Our Relations (Die lieben Verwandten; Zweimal Dick und zweimal Doof; Spuk aus dem Jenseits; Die Doppelgänger von Sacramento) (1936) *47*, 87, 96f., 153, 156, 203f., 233, 263

Our Wife (1931) 68, 79, 87, 170, 189, 253
Outwitting Dad (1914) 26 f.

P

Pack Up Your Troubles (1932) 84, 150, 161, *163*, 184, 208, 256
The Paperhanger's Helper (1915) 27, 37
Pardon Us (1930) 72 ff., 87, *171*, 187, 210, 217, 226, 250
Parker, Jean *158*
Parrott, James 79
The Party (Der Partyschreck) (1968) 138
Pat und Patachon als Detektive (Bleka Greven) 222
Pat und Patachon jagen mit Dick und Doof Gespenster (Kompilationsfilm) 222
Paul, Stephen 139
Paule, Nicky 138
Paulsen, Arno 220
Pembroke, Percy 41, 43
The Perfect Clown (1925) 37
Peron, Eva 137
Pick a Star (1936/37) 264
Pietrek, Erich J. A. 222
Pitts, Zasu 95
Pius XII., Papst 119
Playmates (1918) 88
Pollard, Daphne 84
Pollard, Snub 20, 46, 85
Postage Due (1924) *16*, 42
Private Life of Oliver VIII. (1933/34) 81, 156, 260
Putting Pants On Philip (Der Jüngling aus der Fremde) (1927) 56 f., 79, 165 f., 222, 239

R

Raggedy Rose 48
Ramish, Adolph 19 f.
Raphael, Ida Kitaeva s. Laurel, Ida Kitaeva
Ray, Bobby 28, 37
Reeves, Myrtle s. Myrtle Hardy
Riding High (Lach' und wein' mit mir) (1950) 122
Ritter ohne Furcht und Tadel (Way out West; Dick und Doof im Wilden Westen; Zwei ritten nach Texas) (1936) 58, 79, 87, 97 f., 131, 143, 150, 155, 157, 165, 182, *183*, 189, 193 f., 201, *202*, 211, *213*, 225, 264
Roach, Hal E. 8, 20 ff., 37 f., *39*, 40 ff., 44, 46, 49 f., 54 ff., 58 f., 65 f., 70, 73 f., 76, 78 ff., 82, 85, 90–98, 100, 102–106, *107*, 111 f., 114, 116, 129 f., 136, 139, 212, 217, 222 f., 226 ff.
Roach, Hal jr. 129 f.
Robbins, Jesse 31, 34
Rock, Joe 41–44, 48, 59
Rock, Murray 43
Rogers, Charles 80
Rogers, Ruth 93
Rogers, Roy 130
Rogers, Virginia Ruth s. Laurel, Virginia Ruth
Rogers, Will 40
The Rogue (1918) 31
The Rogue Song (Banditenlied) (1929) 62, *64*, 73, 144, 212, 217, 247
Ross, Budd 34
Roughest Africa 42

S

Sage, Elizabeth 24
Sailors, Beware! (1927) 50, 237
Sakall, S. Z. 122

Saloshin, Madelyn s. Hardy, Madelyn
Sanford, Tiny 84
Saps at Sea (1939) 105 f., 108, 220, 265
Schenström, Carl (Pat) 222
Die Schimpansendame (The Chimp) (1932) 160, 255
Schrecken aller Spione (Air Raid Wardens) (1942/43) 113, 185, *267*, 268
Schuvalova, Vera Iwanowa »Illeana« s. Laurel, Illeana
Schweizermädel (Swiss Miss; Dick und Doof als Salontiroler) (1937/38) 100, 102, 158, 195 f., *196*, 208, 212, 266
Schwier, Werner 140, 223, 225
Scorching Sands 42
Scotland, Bonnie 86
Scott, Fred 98
Scram (1932) *53*, 76, 165, 221, 256
The Second Hundred Years (1927) 56, 215, 238
Seeing the World (1926) 44
Segler ahoi (Towed in a Hole; Frische Fische) (1932) *209*, 221, 256
Sei ein Mann (1930) 72, 79, 81, 151, 160, 170, 172, 251
Seiter, William A. 92
Sellers, Peter 134, 139
Semon, Larry 34–38, *35*, 89
Sennett, Mack 8, 15, 37 f., 46, 49, 51, 80, 82, 85, 102 f., 135, 181 f.
The Seven Year Itch (Das verflixte siebte Jahr) 166
Shearer, Norma 62
Shedden, John 137
Shield, LeRoy 214, 231
Shipman, Ben 99, 106, 110, 130
Short Kilts 41
Should Married Men Go Home (1928) 58, 65, 148, 159, 178, 190, 240
Sinatra, Frank 129
Die Sittenstrolche (1933) 80 f., 92, 123, 184, 191, 211, 218, 257 f.
Skelton, Red 116
Slapstick (1982) 139
The Sleuth 43
Slipping Wives (1926) 49 f., 237
Smithy (1924) 85
The Soilers (1923) 42
Sons of the Desert (1933) 80, 92, *141*, 151 f., *155*, 182, 190 f., 210, 260
Sordi, Alberto 218
Sowas kommt von sowas (Den Glücklichen schlägt keine Stunde; Chickens Come Home) (1931) 80, 86, 153, 155, 166, 184, 189, 251
Spuk an Bord (Das Gespensterschiff; Der betrunkene Gast; The Live Ghost) (1934) *186*, 186, 194, 262
Spuk aus dem Jenseits (Our Relations; Die lieben Verwandten; Zweimal Dick und zweimal Doof; Die Doppelgänger von Sacramento) (1936) *47*, 87, 96 f., 153, 156, 203 f., 233, 264
Spuk um Mitternacht (Dick und Doof auf Gespensterjagd; The Laurel & Hardy Murder Case) (1930) 72, 148, 217, 222, 249
Stallings, Lawrence 120
St. Clair, Malcolm 112
Sterling, Ford 16
Stick Around (1925) 37
Stierkämpfer wider Willen (Dick und Doof jagen den Stier; The Bullfighters) (1944) 114, 116, 271 f.

St. John, »Fuzzy« Al 98, 222
The Stolen Jools (1931) 252
Stroheim, Erich von 80
Die Strohwitwer (Helpmates; Wenn die Maus aus dem Haus ist) (1931) 69, 79, 147, 154, 170, 172, *173*, 190, 205, 255
Sugar Daddies (1927) 160, *161*, 203, 238
Swiss Miss (1937/38) 100, 102, 158, 195f., *196*, 208, 212, 264

T

Tanz auf dem Vulkan 218
Tati, Jacques 134
Die Teufelsbrüder (Dick und Doof: Hände hoch oder nicht; Die Sittenstrolche; Fra Diavolo) (1933) 80f., 92, 123, 184, 191, 211, 218, 257f.
That's my Wife (1928) 159, 203, 244
Their First Mistake (1932) 80, *162*, 164, 221f., 256, 257
Their Purple Moment (1928) 150, 153, 215, 240
Them Thar Hills (1934) 80, 84, 148, 178, 210, 261
They Go Boom (1929) 160, 246
Thicker Than Water (Dick und Doof mit der Kuckucksuhr) (1935) 66, 87, 151, 170, 203f., 263
Thomas, Dylan 206ff.
Three Ages (1923) 37
The Three in a Test-Tube (1943) 268
Tibbett, Lawrence 62
Tit For Tat (Wie du mir, so ich dir) (1934) *63*, *83*, 84, 146, 149, 169, 177f., 180, 222, 262
Todd, Michael 129
Todd, Thelma 95f., 212
Tootsies and Tamales (1919) 34
Törichte Frauen (Foolish Wives) 80
Total verrückt (Kompilationsfilm) 221, 272
Toto 20, 38, 122f.
Towed in a Hole (Segler ahoi; Frische Fische) (1932) *209*, 221, 256
Tryon, Glenn 48
Twice Two (1932) 91, 159f., 192, 203, 221, 257
Two Tars (1928) 55, 57, 79, 156, 169, *179*, 179f., 241
Two Tickets to Broadway 129

U

Un Chien Andalou 198, 202
Unaccustomed As We Are (1929) 65, 80, 159, 245
Unsere Hochzeit (1931) 68, 79, 87, 170, 189, 245

V

Valentino, Rudolph 39
Van Dyke, Dick 134, 136
Varda, Agnès 139
Velez, Lupe *154*
Das verflixte siebte Jahr (The Seven Year Itch) 166
Verkehrt verheiratet (Our Wife; Unsere Hochzeit) (1931) 68, 79, 87, 170, 189, 253
Das verrückte Klavier (The Music Box; Die musikalische Kiste) (1931) 78f., 84, *85*, 135, 149, 166, 170, 172f., *174*, 194, 208, 221, 255
Verrückter Mittwoch (Mad Wednesday) 118
Vom Regen in die Traufe (Laurel & Hardy als Landstreicher; Scram) (1932) *53*, 76, 165, 221, 256

W

Waggner, George 121
Walker, Harley M. 80
Waller, Kenneth 138

Wandering Papas (1925) 38, 44
Ward, Jay 223
Way out West (Ritter ohne Furcht und Tadel; Dick und Doof im Wilden Westen; Zwei ritten nach Texas) (1936) 58, 79, 87, 97f., 131, 143, 150, 155, 157, 165, 182, *183*, 189, 193f., 201, *202*, 211, *213*, 225, 264
Wayne, John 120f., *121*
We Faw Down (1928) 150, 165, 242, *243*
The Weekend-Party 39
Wenn die Maus aus dem Haus ist (Helpmates; Die Strohwitwer) (1931) 69, 79, 147, 154, 170, 172, *173*, 190, 205, 255
West, Billy 30f., 88
Whelan, Tom 122
When Comedy Was King 223
When Knights were bold 40
When Knights were cold (1923) 40
Whitelaw, Arthur 137f.
Why Girls Love Sailors (1927) 52, 237
Widmer, Urs 138, 214
Wild Poses (1933) 95, 193, 259
Wilder, Billy 125
Williamson, Robin E. 20
Wir schalten um auf Hollywood (Hollywood Revue of 1929) 62, 73, 217, 245
Wir sind vom schottischen Infanterieregiment (Bonnie Scotland) (1935) 94, *95*, 96, 146, *147*, 184, 208, 218, *220*, 262
Wissen ist Macht (Dick und Doof als Studenten; Dick und Doof in der Schule; A Chump at Oxford) (1939) *71*, 81, 105, 108, 123, 160, 189, 203, 266
With Love and Hisses (1927) 49, 165, 237
The Wizard of Oz (1925) *35*, 37
Woolley, Monty 122
Wrong Again (1928) *197*, 198, 244
Wurtzel, Sol M. 112

Y

Yes, Yes Nanette (1925) 44
You're Darn Tootin' (1928) 148, 168f., 180, 190, 240, *243*
Youngson, Robert 223

Z

Der Zauberbrunnen (Them Thar Hills; Laurel & Hardy auf der Walz) (1934) 80, 84, 148, 178, 210, 261
Zenobia (Zenobia, der Jahrmarktselefant) (1939) *104*
Zwei Kuckuckseier (Another Fine Mess) (1930) 13, 49, 68, 160, 203, 251, *252*
Zwei Musketiere (Pack Up Your Troubles; Dick und Doof als Rekruten) (1932) 84, 150, 161, *163*, 184, 208, 256
Zwei ritten nach Texas (Way out West; Ritter ohne Furcht und Tadel; Dick und Doof im Wilden Westen) (1936) 58, 79, 87, 97f., 131, 143, 150, 155, 157, 165, 182, *183*, 189, 193f., 201, *202*, 211, *213*, 225, 264
Die Zwei von der Zankstelle (Kompilationsfilm) 221, 271
Zweimal Dick und zweimal Doof (Our Relations; Die lieben Verwandten; Spuk aus dem Jenseits; Die Doppelgänger von Sacramento) (1936) *47*, 87, 96f., 153, 156, 203f., 233, 264